法人職員・公務員のための
労働法 判例編

小嶌典明 著

まえがき

タイトルからもわかるように、本書は、拙著『法人職員・公務員のための労働法72話』(ジアース教育新社、平成二十七年)の姉妹編(companion volume)に当たる。人事労務の現場にとって、本当に必要な労働法の知識(knowledge)、知恵(wisdom)とは何か。それが自然と体得できるようにすることを、本書もその目的としている。

第一部「現場からみた労働判例 —— 40 Stories」は、『文部科学教育通信』の三六九号(平成二十七年八月十日号)から四〇八号(平成二十九年三月二十七日号)に掲載された「新・国立大学法人と労働法」(第1回から第40回〔最終回〕)をベースとしている。

第一部の前半では、「任用に関する判例」を素材として、免職(解雇)や休職といった、現場が直面する問題のなかでも、とりわけ解決が難しいテーマに焦点を当てた。また、後半では、「大学の事件簿」というサブタイトルのもと、大学を一方の当事者とする、最近の判例や労委命令を題材として、その問題点や実務上の留意点について論じた。

そして、第二部「重要労働判例とその解説 —— 4 Important Cases」には、筆者が著した判例評釈(解説)のなかから、とりわけ法人職員や公務員にとって参考になると思われるものを四編選んで、これを収録している。

労働法の世界は、ことのほか変化が速い。そこで、第一部、第二部ともに、初出当時の内容を基本的には維持したものの、現在読んでも違和感を覚えない程度に、必要最小限の修正を行うこととした（表記法については、目次の末尾を参照）。

判例は、基本となるルールや作法に関する知識（前掲・拙著『法人職員・公務員のための労働法72話』二四五―二六八頁を参照）さえあれば、これを読むこと自体はさほど困難なことではない。ただ、筆者自身のゼミ等における経験からいって、判例の勘所が読めばわかるというレベルに到達するには、少なくとも一〇〇件以上の判例（主文を含む判決の全文）を実際に読む必要がある。本書では、約一七〇件の事件を取り上げている（巻末の判例・命令索引を参照）が、騙されたと思って、一度はトライして欲しい。

なお、本書の出版に当たっては、今回もまた、ジアース教育新社の加藤勝博代表取締役社長および同社編集部の中村憲正氏に、大変お世話になった。最後になったが、深謝の意を表したい。

平成二十九年十二月　中宮キャンパスにて　小嶌典明

目　次

3 福岡雙葉学園事件＝平成十七年八月二日福岡高裁判決……303
学校法人における人事院勧告に準拠した給与の減額と、期末勤勉手当による減額調整

4 国立病院機構事件＝平成十八年十二月二十七日東京地裁判決……331
国立病院・療養所の独立行政法人化に伴う新たな就業規則の制定と、就業規則の不利益変更法理

判例・命令索引……358

【略語表】（第二部）

民集　最高裁判所民事判例集
判時　判例時報
労判　労働判例

【表記法】

① 年月日および法令番号については、次のような表記法に統一。
例　平成二十七年六月十八日
　　昭和六十一年法律第八十七号
② 拗音や促音についても、大書きではなく、小書き表記に統一。
例　「あつて」　↓　「あって」

第一部

現場からみた労働判例 ——40 Stories

第一話　イントロダクション

判例ベースの司法試験

判例こそが実務である。法曹実務家の養成を使命とするロースクール（法科大学院）では、このように教わる。そこで、司法試験においても、過去の判例をベースとした事例をもとに出題がなされる。例えば、平成二十七年の司法試験「労働法」第一問では、以下のような事例が示されることになった。

【事　例】

Ｙ１社は、主に製造業務の請負等を目的として、平成元年頃から、一般労働者派遣事業の許可を取得して労働者派遣事業を展開しつつ、業務請負事業も行っていた。Ｙ１社は、自動車製造を業とするＹ２社とは平成十八年頃から業務請負契約を締結して取引を行っていた。当該業務請負契約の契約書によれば、契約期間は六か月とされ、Ｙ１社がＹ２社から設備、事務所等を無償で借り受け、Ｙ１社の雇用する従業員をＹ２社Ａ工場（以下「Ａ工場」という。）の自動車組立てラインに派遣して組立て作業に従事させ、Ｙ２社は月間生産台数に応じた額の報酬をＹ１社に毎月支払うものとされていた。Ｙ１社・Ｙ２社間に資本関係や人的関係はない上、Ｙ１社の取引先はＹ２社に限られておらず、また、Ｙ１社によるＸを含む作業員（以下「Ｘら」という。）の採用面接にＹ２社の社員が立ち会ったなどの事情は認められない。

Ｘらは、Ｙ１社との間で雇用期間六か月、就労開始日を平成二十年四月一日とする雇用契約を締結し、雇用契約で指定されたＡ工場の就業場所において自動車組立て作業に従事すること、これに対してＹ１社はＸらにＹ１社就業規則に定めた給与を支給することとされていた。雇用期間の始期と終期は、Ｙ１社・Ｙ２社間の業務請負期間のそれと一致していた。Ｘらは、自動車組立てラインにおいて自動車部品をＹ２社作成のマニュアルに従って取り付ける作業を行い、同ラインにおいてＹ２社の従業員と一緒に作業していた。Ａ工場にはＹ１社の正社員が常駐していたが、Ｘらは作業についてＹ２社の社員からも直接指示を受けていた。

Ｙ１社及びＹ２社は、平成二十二年九月一日、Ａ工場の所在する地域を管轄する労働局から、Ａ工場におけるＸらの勤務実態は業務請負ではなく労働者派遣であり、労働者派遣事業の適正な運営の確保及び派遣労働者の保護等に関する法律（以下「労働者派遣法」という。）違反の事実があると認定され、業務請負契約を解消して新たに労働者派遣契約を締結するようにとの行政指導を受けた。

これを受けて、Ｙ１社及びＹ２社は業務請負契約の期間満了日である同年九月三十日をもって業務請負契約を終了し、同年十月一日から新たに六か月の契約期間を定めた労働者派遣契約を締結した。それと同時に、Ｙ１社はＸらを派遣労働者とする雇用契約を締結した。新たな雇用契約は、従前と同一の労働条件で同一の就業場所において同一の作業に従事することを内容としたものであった。Ｘらは、同年十月一日から就労を開始し、その後、同一内容の雇用契約を反復更新した。

（以下、略）

そして、右の引用部分に関連した設問としては、「Ｘは、本件就労は労働者派遣法違反であるのでＹ１社との雇用契約は無効であり、Ｙ２社との間に雇用契約が成立していたと主張し、Ｙ２社との雇用関係上の地位の確認を請求して訴えを提起した。予想されるＹ２社からの反論を踏まえつつ、法的な論点を指摘して、Ｘの請求の当否を論じなさい」という問いが用意されていた。

とはいえ、当該引用部分には、明確な誤りが一か所ある（文中にある「労働者派遣法」の正式名称は、平成二十四年改正後のもの）ほか、想定に無理があると思われる部分も、三か所存在する。

まず、製造業務の請負等を主な目的とする会社が、一方で製造派遣を業として行うために派遣事業の許可を取得することは、今でこそ珍しくないものの、製造派遣が解禁されたのは平成十六年三月一日のことであり、平成元年頃に派遣事業の許可を得ていた、という冒頭の想定には大きな無理がある。

また、Y1社はY2社から「設備、事務所等を無償で借り受けていた」というが、派遣事業と請負事業の区分に関する基準を定めた、いわゆる三七号告示（昭和六十一年労働省告示第三十七号）や、平成十一年にこれを具体化した判断基準に照らせば、機械設備等について賃貸借契約（有償契約）が必要となることは、平成十八年当時、普通の請負業者であれば、知らないはずはなかったといえる。

さらに、平成二十二年になって、労働局が派遣法違反＝偽装請負を理由に派遣への転換を指導したというのも、およそ考えにくい話である。確かに、製造派遣の解禁当初はそのような指導も行われたが、偽装請負から派遣に転換した場合には、双方の期間を通算するという立場を遅くとも平成二十一年春頃には、厚生労働省も明確にするに至っている（拙著『労働市場改革のミッション』（東洋経済新報社、平成二十三年）一四七頁を参照）。

つまり、派遣に転換した時点で派遣受入れ期間の上限である三年を既に超過している本事例のようなケースについては、偽装請負の派遣への転換など、労働局が指導できるわけがなかったのである。

先にみた設問にあるXの派遣法違反の主張も、このような期間制限違反を理由とするものと考えられるだけに、笑ってすますことのできる問題ではない。最低限の「時代考証」

は司法試験にも必要といえよう。

現場を当惑させた判例

右にみた司法試験の事例は、**パナソニックプラズマディスプレイ事件＝平成二十一年十二月十八日最高裁第二小法廷判決**をモデルとしているが、業種も違うし、時期も異なる。請負業者も、設備等を無償で借り受けるようなミスは、もちろんしていない。

試験問題は、解答（採点）しやすいように作成するものであり、加工によって、それはフィクションにより近いものとなる。

では、生の判例を数多く読めば、労働関係の現実への理解が深まるかというと、理解が深まるどころか、逆に現場を当惑させただけという判例も少なくない。例えば、次のように述べる、**日本航空事件＝平成二十七年六月十八日東京高裁判決**は、その典型ともいえる判例であった。

「労使双方が交渉によって一定の合意に至らず、争議行為が実施されることとなり、その結果、会社の収益や社会的信用が悪化するなどして倒産するに至り、結果的に労働組合に属する労働者も職を失うことになったとしても、それは会社とその労働者とが自ら選択した結果であって、いわば自己責任というべき事柄であるから、会社も労働者もそのような結果を甘受するほかはなく、会社の存立を優先させるために、会社が使用者等を通じて労働組合の運営等に介入してもよいということになるものではない」。

「会社がその存立のために争議行為を阻止したいのであれば、労働組合が求めるところをも踏まえて、労働組合との間で何らかの妥協を図るしかないのであって、そのような妥協を図る方法によることなく、一方的に労働組合の運営に重大な影響を及ぼすようなことを述べるなどして、その運営に介入しようとすることは、……労働組合の自主性や独立性を脅かすものであって、労働組合法七条三号が禁止しているところというべきである」。

本件の場合、労働組合の運営に対する介入とはいっても、「争議権が確立されたならば、それが撤回されるまで、……本件更生計画案で予定されている三五〇〇億円の出資をすることはできないなどと告げて、争議権を確立すれば、確実に更生計画は頓挫して、破綻に至ることを示唆した」にすぎない。更生計画案が認可される前の日航の状況を考えれば、十分あり得る話であった。

それはともかく、会社を潰してでも、労働組合法は守るべきなのか。打開策として労働組合への妥協を求めるなど、それこそ大きなお世話というべきであろう（本件の場合、仮に労働組合と妥協していた場合、更生計画案が認可されない可能性もあった。なお、本件は、その後、遺憾ながら、上告棄却・不受理という形で終局をみた。**平成二十八年九月二十三日最高裁第二小法廷決定**を参照）。

第二話　任用に関する判例（1）

当然退職の法理――公務員時代

人事院規則八―一二（職員の任免）には、同規則が平成二十一年三月十八日に全面改正（同年四月一日施行）されるまで、次のように定める規定が存在した。昭和二十七年五月二十三日の規則制定以来、規定内容が基本的に変わることのなかった七十四条（二項を除き、現行規則五十二条もほぼ同旨）がそれである。

（免職及び辞職以外の退職）

第七十四条　次の各号の一に該当する場合においてその任用が更新されないときは、職員は、当然退職するものとする。法第六十条第三項の規定により臨時的任用が取り消されたときもまた同様とする。

一　臨時的任用の期間が満了した場合

二　法令により任期が定められている場合において、その任期が満了した場合

三　前号の場合を除くほか、任期を定めて採用された場合において、その任期が満了

した場合

２　前項第三号の場合において、日日雇い入れられる職員が引き続き勤務していることを任命権者が知りながら別段の措置をしないときは、従前の任用は、同一の条件をもって更新されたものとする。

最高裁が、**大阪大学事件＝平成六年七月十四日第一小法廷判決**において、「上告人は、期限付任用に係る非常勤の国家公務員である日々雇用職員、すなわち、任期を一日と定め、任用予定期間内は任命権者が別段の措置をしない限り任用を日々更新し、任用予定期間が経過したときは任期満了により当然に退職する職員として任用されたものである」として、「上告人は、昭和五十九年三月三十日に任用予定期間が満了したことによって当然に退職したものとした原審の判断は、正当として是認する」ことができる、としたのも、右にみた規定（一項三号）をその根拠としていた。

本判決の最も大きな意義は、このような任用予定期間の満了による退職（当然退職）を前提として、「上告人が、任用予定期間の満了後に再び任用される権利若しくは任用を要求する権利又は再び任用されることを期待する法的利益を有するものと認めることはできないから、大阪大学学長が上告人を再び任用しなかったとしても、その権利ないし法的利益が侵害されたものと解する余地はない」と、明確に判示したことにある。

確かに、判決はこれに続けて「もっとも、任命権者が、日々雇用職員に対して、任用予定期間満了後も任用を続けることを確約ないし保障するなど、右期間満了後も任用が継続されると期待することが無理からぬものとみられる行為をしたというような特別の事情がある場合には、職員がそのような誤った期待を抱いたことによる損害につき、国家賠償法に基づく賠償を認める余地があり得る」とはしたものの、本件の場合、「原審の適法に確定した事実関係の下においては、右のような特別の事情があるということはできない」ともしている。

また、以上のように判示するに先だって、判決はこうも述べている（以下、読みやすさを重視して、適宜改行を行っている）。

「任用当時、上告人が配属された大阪大学付属図書館閲覧課第一閲覧掛の事務量は、正規任用に係る常勤職員のみによって処理することができる範囲を超えていたが、直ちに常勤職員の定員を増加することは実際上困難であり、同掛の業務のうち図書の貸出し、返却図書の受領等のいわゆるカウンター業務は、特別の習熟、知識、技術又は経験を必要としない代替的事務であって、日々雇用職員によっても適正に処理することができるものであったとみることができる」。

「このような事情の下においては、日々雇用職員として任用することを明示した上で、上告人をカウンター業務に従事させることを予定して任用したことが、職員の任用を原則として無期限とした国家公務員法の趣旨に反するものとまでは解し難い」。

「したがって、大阪大学学長が上告人を日々雇用職員として任用したことを違法ということはできないとした原審の判断は、正当として是認する」ことができる。

事件当時、人事院規則八―一二には、「任命権者は、臨時的任用及び併任の場合を除き、恒常的に置く必要がある官職に充てるべき常勤の職員を任期を定めて任用してはならない」と定めた規定（十五条の二第一項本文、現行の四十二条一項も同旨）があり、本件の場合、上告人が従事していた業務が、この「恒常的に置く必要がある官職」には当たらない、という必要があった。

右の判示部分は、任期の定めのない任用を原則とする、こうした公務員の世界におけるルールを意識したものだったのである。

法人化を前にした不再任用事件

いわゆる大学共同利用機関法人の一つに、情報・システム研究機構がある。事件は、同機構が平成十六年四月一日に設立される前に、同日をもって機構に統合された「国立情報学研究所」（国情研）で起きた。**情報・システム研究機構（国情研）事件＝平成十八年十二月十三日東京高裁判決**がそれである。

事案は、平成元年五月一日以降、一三回にわたって退職・再任用を重ねることにより、継続して被告Ｙに雇用されてきた非常勤職員である原告Ｘが、平成十五年四月一日以降、再任用されなかったことにつき、解雇権濫用法理の類推適用等を理由にこれが無効であるとして、労働契約上の地位の確認等を求め、争ったものであったが、判決は以下のように述べ、Xの請求を棄却した。

「国家公務員の任用は国家公務員法及び人事院規則に基づいて行われる公法上の行為であって、これに基づく本件勤務関係が公法上の任用関係であることは明らかである。そして、その任用形態の特例及び勤務条件は細部にわたって法定されているのであって、当事者の個人的事情や恣意的解釈によってその規制内容をゆがめる余地はなく、Xの非常勤職員としての地位はその雇用期間が満了すれば当然に終了するものというほかない」。

「また、退職した職員を再任用するか否かは任命権者の行う行政処分としての新たな任用行為であって、その裁量に委ねられており、退職した非常勤職員にその行政処分を要求する権利を認めた法規はない」。

「しかるに、本件勤務関係についてXの主張する解雇権濫用法理を類推適用し、本件不再任用を無効として、Xが本件不再任用以降も非常勤職員としての地位を有すると解することは、法に何ら規定がないにもかかわらず、非常勤職員に行政処分としての任用行為を要求する権利を付与することとなるのみならず、任命権者の任用行為が存在しないのに、実質的に雇用期間の定めのない非常勤職員を生み出す結果をもたらし、非常勤職員の給与等に関する予算に法の予定しない制限を設け、円滑な行政の実施を阻害するおそれを生じさせるのであって、これは、法解釈の限界を超えるものというほか」ない。

「したがって、本件勤務関係に解雇権濫用法理が類推適用されることを前提とするXの主張は理由がない」。

本件の場合、一審（**平成十八年三月二十四日東京地裁判決**）は、任用更新回数の多さに加え、不再任用の告知を任用終了間際（平成十五年一月二十三日）までYが行わなかったこと等を理由に、労働契約上の地位確認を認めるものであったが、損害賠償の問題は別として、地位確認まで認めることには、大きな無理があった。

他方、二審（本判決）は、雇用期間をその都度明示した人事異動通知書の交付を通じて、Xは「非常勤職員としての地位はその雇用期間が満了すれば当然に終了することを認識していた」等として、期待権侵害を理由とする損害賠償請求についても、これを一蹴するものとなっている。

極端から極端へ。担当裁判官が違えば、判決内容も大きく変わる。本件は、その典型ともいえる事件だったのである。

第三話　任用に関する判例（２）

職員としての身分の承継

国立大学法人法（国大法）は、制定当初、附則四条に次のような定めを設けた。

（職員の引継ぎ等）

第四条　国立大学法人等の成立の際現に附則別表第一の上欄に掲げる機関の職員である者（略）は、別に辞令を発せられない限り、国立大学法人等の成立の日において、それぞれ同表の下欄に掲げる国立大学法人等の職員となるものとする。

同法附則三条一項により、右にいう「国立大学法人等の成立の日」は、国立学校設置法等の廃止について規定した「整備法（注：国立大学法人法等の施行に伴う関係法律の整備等に関する法律）第二条の規定の施行の時」（平成十六年四月一日、整備法附則一条を参照）とされたが、このような身分承継規定については、既に先例があった。

例えば、「会社の成立の際現に公社の職員である者は、会社の成立の時に会社の職員となるものとする」と定めた「日本電信電話株式会社等に関する法律」（昭和五十九年法律第八十五号）附則六条一項や、「公社の解散の際現に公社の職員として在職する者は、会社の成立の時において、会社の職員となるものとする」と規定した「日本たばこ産業株式会社法」（同年法律第六十九号）附則十三条一項は、その代表例といっても差し支えはない（なお、会社成立の日と公社解散の日は同日）。

このように、電電公社や専売公社の民営化（昭和六十年四月一日）に当たっては、身分承継方式が採られたものの、人員削減が至上命題とされた国鉄の分割民営化（昭和六十二年四月一日）においては、すべての国鉄職員を、ＪＲ各社でそのまま採用するというわけにはいかなかった。

こうした事情から、「日本国有鉄道改革法」（昭和六十一年法律第八十七号）には、次のような定めが置かれることになる。

（承継法人の職員）

第二十三条　承継法人の設立委員（略）は、日本国有鉄道を通じ、その職員に対し、それぞれの承継法人の職員の労働条件及び職員の採用の基準を提示して、職員の募集を行うものとする。

２　日本国有鉄道は、前項の規定によりその職員に対し労働条件及び採用の基準が提示されたときは、承継法人の職員となることに関する日本国有鉄道の職員の意思を確認し、承継法人別に、その職員となる意思を表示した者の中から当該承継法人に係る同項の採用の基準に従い、その職員となるべき者を選定し、その名簿を作成して設立委員等に提出するものとする。

3　前項の名簿に記載された日本国有鉄道の職員のうち、設立委員等から採用する旨の通知を受けた者であって附則第二項の規定の施行の際現に日本国有鉄道の職員であるものは、承継法人の成立の時において、当該承継法人の職員として採用される。

4　以下、略

また、同法十七条は、「国は、日本国有鉄道の改革の実施に伴い一時に多数の日本国有鉄道の職員が再就職を必要とすることとなることにかんがみ、これらの者に関し、再就職の機会の確保及び再就職の援助等のための特別の措置を講ずるものとする」と規定する等、ＪＲ各社に採用されなかった旧国鉄職員については相当手厚い措置が講じられたとはいえ、それでも一大法廷闘争にこれが発展することは避けられなかった（**ＪＲ不採用（北海道）事件＝平成十五年十二月二十二日最高裁第一小法廷判決**ほかを参照。なお、上記判決については、本書第二部[2]の解説を併せ参照）。

そして、国鉄と同様に身分承継方式が採用されなかった、社会保険庁の廃止（日本年金機構の設立）に関しても、法廷闘争が繰り広げられることになる（**京都社会保険事務局事件＝平成二十七年三月二十五日大阪地裁判決**ほかを参照）。

確かに、職員としての身分の承継は、労働条件の承継を直ちに意味するものではない。

そこで、法人化が給与等の引下げを伴う場合には、裁判沙汰になることもある。**国立病院機構事件＝平成二十三年三月三十日東京高裁判決**は、その典型ともいえる事件であったが、判決は「国立病院・療養所の正職員は当然に被控訴人の常勤職員となったものの、その労働条件までは承継されなかった」とした上で、「控訴人らの被控訴人における労働条件は、新たに定められたものであって、従前の労働条件が変更されたものではない」として、「控訴人らの労働条件が、国立病院・療養所当時の労働条件より不利益になったとしても、就業規則不利益変更法理が適用又は準用される余地はない」と判示した（なお、同事件の一審判決に当たる**平成十八年十二月二十七日東京地裁判決**については、本書第二部［4］の解説を参照）。

他方、国立大学の法人化に際しては、労働条件の維持（ソフトランディング）が基本的なスタンスとされたため、訴訟への対応に現場が煩わされることもなかった。ただ、今後予想される国立大学法人の統廃合においては、労働条件の維持はもとより、身分承継さえも困難になる可能性がある。

次のように定める国大法改正（平成十九年法律第八十九号）附則は、当時も現場に混乱を招くものでしかなかったが、いずれ過去の遺物と化す。そういって誤りはあるまい。

（大阪外国語大学法人の解散等）

第二条　国立大学法人大阪外国語大学（略）は、この法律の施行の時において解散するものとし、次項の規定により国が承継する資産を除き、その一切の権利及び義務は、その時において国立大学法人大阪大学（略）が承継する。

2　以下、略

外国人教師と身分の承継

法人化前の国立大学には、学長と雇用契約を締結することにより、教授・研究の業務に従事する外国人教師が相当数いた。その根拠は、国家公務員法（国公法）二条七項。「政府は、一般職又は特別職以外の勤務者を置いてその勤務に対し俸給、給料その他の給与を支払ってはならない」と定める同条六項の例外として、「前項の規定は、政府又はその機関と外国人の間に、個人的基礎においてなされる勤務の契約には適用されない」とする定めがそれであった（以上につき、拙著『法人職員・公務員のための労働法72話』（ジアース教育新社、平成二十七年）一五七頁以下を参照）。

したがって、「原告が外国人教員として国に任用されたものではなく、国家公務員法二条七項に基づき外国人教師として雇用されたものであると認められる以上、原告には国立大学法人法附則四条の適用はなく、A大学総長と原告との間の雇用契約を被告が当然に承継することはない」。**名古屋大学事件＝平成十七年十月二十八日名古屋地裁判決**において、裁判所はこう判示した。

外国人教師は、国大法附則四条にいう「別表第一の上欄に掲げる機関」、つまり法人化前の国立大学等に任用された職員ではない。判旨の理屈をかみくだいていえば、およそこのようになる。

「そうすると、被告と原告との間の平成十六年四月一日以降の雇用契約は、A大学総長と原告との間の雇用契約（公法上の契約）が更新されたものということはできず、被告と原告との間で平成十七年三月三十一日までの期間の定めのある雇用契約（私法上の契約）が改めて締結されたものといわざるを得ない」とも判決はいうが、国立大学法人のなかには、今なお、学長が外国人教師と雇用契約を締結している法人もあると聞く。

国公法二条七項による雇用契約については、これを私法上の契約と解する判例（**筑波大学事件＝平成十一年五月二十五日東京地裁判決**）もあり、法人化の前後を問わず、学長が契約当事者となっている大学の場合、法人化によって契約関係がリセットされたと考えることは事実上不可能に近い（ただし、右の事件の場合、このことが更新拒否を有効とする判断要素の一つにはなった）。

そもそも、法人化後においても学長を契約当事者とする必要がどこにあるのか。法人化の意味がまったくわかっていないといわれても、仕方あるまい。

第四話　任用に関する判例（3）

整備法による任期法の改正

大規模な制度改革は、多数の法律改正を必要とする。そのために活用されるツールに、いわゆる整備法がある。国立大学の法人化も、その例外ではなかった。

「この法律は、国立大学法人法（略）、独立行政法人国立高等専門学校機構法（略）、独立行政法人大学評価・学位授与機構法（略）、独立行政法人国立大学財務・経営センター法（略）及び独立行政法人メディア教育開発センター法（略）の施行に伴う関係法律の整備等を行うものとする」。

一条でその趣旨をこのように定める「国立大学法人法等の施行に伴う関係法律の整備等に関する法律」（以下「整備法」と略称する）は、平成十五年七月十六日、国立大学法人法（国大法）ほか四法に続く、同年の法律第百十七号として、公布をみた。

整備法は、本則の二条で、国立学校設置法および国立学校特別会計法を廃止するとしたほか、三条から五十一条までの規定において、学校教育法を含む、計四八本の法律の一部を改正（五十条および五十一条は、ともに文部科学省設置法の一部改正規定）。附則九条から十三条までの規定においても、五本の法律の一部改正が行われている。

国立大学の法人化によって、何がどう変わったのか。国大法本体よりも、整備法を読むと、変化の有り様がよくわかる。騙されたと思って、見出しだけでも、ざっと眺めてみることをお薦めしたい。

確かに、一部改正規定それ自体は、読みやすいものではない。例えば、「大学の教員等の任期に関する法律」（任期法）の一部改正規定は、整備法の場合、次のようになる。

（大学の教員等の任期に関する法律の一部改正）

第三十九条　大学の教員等の任期に関する法律（略）の一部を次のように改正する。

第二条第三号中「国立学校設置法（略）第三章の三、第三章の五及び第三章の六に規定する機関（」を「国立大学法人法（略）第二条第三項に規定する大学共同利用機関法人、独立行政法人大学評価・学位授与機構、独立行政法人国立大学財務・経営センター及び独立行政法人メディア教育開発センター（次号及び」に、「大学共同利用機関等」を「大学共同利用機関法人等」に改め、同条第四号中「、又は」の下に「国立大学法人(国立大学法人法第二条第一項に規定する国立大学法人をいう。以下同じ。)、大学共同利用機関法人等若しくは」を加え、「教員との」を「教員等との」に改め、「又は同一の」の下に「国立大学法人、大学共同利用機関法人等若しくは」を加える。

第三条の前の見出し並びに同条第一項及び第二項中「国立又は」を削る。

第五条の見出しを「（国立大学又は私立大学の教員の任期）」に改め、同条第一項中「学校法人は、当該」を「国立大学法人又は学校法人は、当該国立大学法人又は」に改め、同条第二項及び第四項中「学校法人」を「国立大学法人又は学校法人」に改める。

第六条を次のように改める。

（大学共同利用機関法人等の職員への準用）

第六条　前条（第三項を除く。）の規定は、大学共同利用機関法人等の職員のうち専ら研究又は教育に従事する者について準用する。

第七条中「国立又は」を削る。

「加える」、「削る」、「改める」。このような改正条文の書き方に習熟していなければ、法制執務の現場は務まらない。就業規則を改正する場合には、新旧対照表を示せばすむ話であっても、法律改正となると、それではすまなくなる。多少のミスはあって当然であり、わずかなミスでも責め立てる昨今の一部国会議員の姿勢には、首を傾げざるを得ない。

ちなみに、整備法による改正前の任期法は、次のように定めていた。

（定義）

第二条　この法律において、次の各号に掲げる用語の意義は、当該各号に定めるところによる。

一〜三　略

四　任期　国家公務員としての教員等若しくは地方公務員としての教員の任用に際して、又は学校法人（略）と教員との労働契約において定められた期間であって、国家公務員である教員等にあっては当該教員等が就いていた職若しくは他の国家公務員の職（略）に、地方公務員である教員にあっては当該教員が就いていた職若しくは同一の地方公共団体の他の職（略）に引き続き任用される場合又は同一の学校法人との間で引き続き労働契約が締結される場合を除き、当該期間の満了により退職することとなるものをいう。

（国立又は公立の大学の教員の任期）

第三条　国立又は公立の大学の学長は、教育公務員特例法（略）第二条第四項に規定する評議会（評議会を置かない大学にあっては、教授会）の議に基づき、当該大学の教員（常時勤務の者に限る。以下この条及び次条において同じ。）について、次条の規定による任期を定めた任用を行う必要があると認めるときは、教員の任期に関する規則を定めなければならない。

2　国立又は公立の大学は、前項の規定により学長が教員の任期に関する規則を定め、又はこれを変更したときは、遅滞なく、これを公表しなければならない。

３　略

そして、この法人化前における任期法の定めに基づく任期の更新拒否（再任拒否）が、裁判にまで発展する。以下にみる、**京都大学事件＝平成十七年十二月二十八日大阪高裁判決（原審：平成十六年三月三十一日京都地裁判決）**がそれである。

法人化前の再任拒否事件

事案は、任期五年で学内の任期規程により再任が「可」とされていたＡ研究所の教授が任期満了後、再任されなかったというものであったが、一審判決は却下、二審判決は控訴棄却と、原告（控訴人）による処分取消しの訴えを全面的に斥けるものとなった。

そうなった理由は、任命権者である総長による「任期満了退職日通知」の処分性の有無が主たる争点となったことによる（一審ではこの処分性が否定されたため、不適法の訴えとして却下された）が、行政事件訴訟に固有の問題でもあり、これ以上深入りはしない。

ただ、このことに関連して、二審判決が次のように述べ、控訴人のいう「再任請求権」を否定していることは注目に値する。

「任期法二条四号は、任期付き教員は、その任期が満了すれば当然に退職すると定めており、同法には、いったん任用された任期付き教員について、再任されるのを原則とするような規定は一切存在しない。再任されるのが原則とすることは、任期を定めて任用することとした任期法の趣旨を否定し、これに相反するものであり、与することができない」。

「また、任期付き教員の再任とは、当該任期の満了する場合において、それまで就いていた職に引き続き任用されることをいい（略）、再任の場合でも採用の選考が行われるのであって、期間の満了によりいったん退職することを前提としているものであるというべきである」。

先にみたように、整備法による任期法の改正も、二条四号の規定内容に本質的な変更をもたらすものではなく、改正後の規定（現行規定に同じ）も、任期付き教員については、「当然退職の法理」（**第二話**を参照）をいわば法定したものとなっている。

したがって、同種の事件が現在の国立大学法人において起きたとしても、再任拒否を無効とする主張は認められない。つまり、労働契約法十九条一・二号のいずれにも該当せず、地位確認請求は棄却されることになろう。

とはいえ、本件の場合、大学側の対応には相当問題があった。損害賠償請求訴訟であれば、法人化前であっても結論は違っていた。そう考えるのが順当かもしれない。

第五話　任用に関する判例（4）

解雇とは異なる雇止めの原則

労働法に精通した裁判官として知られる、渡辺弘氏の著書『労働関係訴訟』（青林書院、平成二十二年）には、次のように述べる箇所がある。

「期間の定めのある労働契約の約定の趣旨に素直に従えば、期間満了により契約は当然に終了するのであるから、使用者が、労働者に対して、契約を更新しないことを表明（これを通常、『雇止め』と称している。）すれば、当然に契約が終了するのが原則である」（三七頁）。

意外かもしれないが、渡辺裁判官（本書執筆当時は、東京地裁労働部に所属）を含め、裁判官の多くはこう考えている。

確かに、同書もいうように「期間の定めのある労働契約に契約の形態を変えれば、直ちに解雇権濫用法理の適用の有無が決するというのは、バランスを欠いているというべきであり、期間の定めのある労働契約の期間満了の場合にも、判例法理により、一定の場合に解雇権濫用法理を類推適用することが認められ、期間の定めのない労働契約に準じて、その解雇権の適用に規制をかけられている」（同）という一面はあった。

そして、このような状況を踏まえて、労働契約法も、平成二十四年の法改正により、次のような定めを置く（同年八月十日施行、翌二十五年三月三十一日までは十八条）。

（有期労働契約の更新等）

第十九条　有期労働契約であって次の各号のいずれかに該当するものの契約期間が満了する日までの間に労働者が当該有期労働契約の更新の申込みをした場合又は当該契約期間の満了後遅滞なく有期労働契約の締結の申込みをした場合であって、使用者が当該申込みを拒絶することが、客観的に合理的な理由を欠き、社会通念上相当であると認められないときは、使用者は、従前の有期労働契約の内容である労働条件と同一の労働条件で当該申込みを承諾したものとみなす。

一　当該有期労働契約が過去に反復して更新されたことがあるものであって、その契約期間の満了時に当該有期労働契約を更新しないことにより当該有期労働契約を終了させることが、期間の定めのない労働契約を締結している労働者に解雇の意思表示をすることにより当該期間の定めのない労働契約を終了させることと社会通念上同視できると認められること。

二　当該労働者において当該有期労働契約の契約期間の満了時に当該有期労働契約が

更新されるものと期待することについて合理的な理由があるものであると認められること。

判例法理も条文に姿を変えると、途端に難解なものとなる。労働契約法十九条も、その例外ではなかった。条文の大意をつかむためには、雇止めに関する判例法理を次のように最高裁が要約した、**パナソニックプラズマディスプレイ事件＝平成二十一年十二月十八日第二小法廷判決**を読んだほうが早い。

「期間の定めのある雇用契約があたかも期間の定めのない契約と実質的に異ならない状態で存在している場合、又は、労働者においてその期間満了後も雇用関係が継続されるものと期待することに合理性が認められる場合には、当該雇用契約の雇止めは、客観的に合理的な理由を欠き社会通念上相当であると認められないときには許されない」。

そこにいう「客観的に合理的な理由を欠き社会通念上相当であると認められないとき」との表現は、解雇権濫用法理を判例上明確にした**日本食塩製造事件＝昭和五十年四月二十五日最高裁第二小法廷判決**のそれを踏襲したものであった（労働契約法十九条と十六条を比較参照）が、「雇止めが権利濫用に該当するか否かの判断基準は、解雇権濫用法理が直接問題となる期間の定めのない労働契約の労働者の場合と同一であるとは考えがたい」とも、渡辺裁判官はいう（前掲書四五頁）。

その代表例としては、解雇権濫用法理の類推適用を認めつつ、雇止めを有効とした**日立**

メディコ事件＝昭和五十五年十二月十六日東京高裁判決（最高裁も、**昭和六十一年十二月四日第一小法廷判決**において、原審の認定判断を「原判決挙示の証拠関係及びその説示に照らしていずれも肯認することができ」る、として維持）が挙げられるが、解雇と雇止めの最も大きな違いは別のところにある。

先にみた**パナソニックプラズマディスプレイ事件最高裁判決**のいう「期間の定めのある雇用契約があたかも期間の定めのない契約と実質的に異ならない状態で存在している場合、又は、労働者においてその期間満了後も雇用関係が継続されるものと期待することに合理性が認められる場合」でなければ、つまり、労働契約法十九条一号および二号のいずれにも該当しない場合には、濫用法理そのものが適用されない。この点にこそ、解雇にはない雇止めの特徴がある。

その場合、期間の定めのある労働契約は、冒頭にみた原則に従い、期間満了により当然に終了することになる。こうしたルールにも留意しなければならない。

任期法と「当然退職」――再論

「大学の教員等の任期に関する法律」（任期法）二条は、現在、その四号で、同法にいう「任期」を次のように定義している。

四　任期　地方公務員としての教員の任用に際して、又は国立大学法人（略）、大学共同利用機関法人等、公立大学法人（略）若しくは学校法人（略）と教員等との労働契約において定められた期間であって、地方公務員である教員が就いていた職若しくは同一の地方公共団体の他の職（略）に引き続き任用される場合又は同一の国立大学法人、大学共同利用機関法人等、公立大学法人若しくは学校法人との間で引き続き労働契約が締結される場合を除き、当該期間の満了により退職することとなるものをいう。

当該規定が、任期付き教員について「当然退職の法理」を、いわば法定したものであることは、**第四話**でみた。

確かに、任期法の適用を受ける教員についても、解雇権濫用法理の類推適用を認めた裁判例がないわけではない。**ノースアジア大学事件＝平成二十四年十月十二日秋田地裁判決**がそれである。

「原告と被告は、当初期間の定めのない雇用契約を締結しており、また、その職務内容も専任教員として被告の常用的な職務を行っていたことからすれば、原告と被告との間の雇用契約は、一年又は二年という極めて限定された期間ではなく、少なくとも数年程度の継続の可能性をその前提としていたものと認められる」。

そして、「原告には、特段の問題がない限り期間満了後も再任用されることについての合理的期待が存在していたというべき」であり、「本件不再任については、解雇権濫用法理が類推適用されるというべきである」。

判決はこのようにいうものの、後段部分にしても、任期制の導入に当たって「被告代表者が原告に対し、任期制は特に問題のある教員等を排除するために導入したものであり原告は全く問題はない旨説明していた」という事実があったにすぎない。

他方、本件の場合、人事委員会等における審議の結果、再任用が不適当とされたため、被告に再任用されなかった教員が相当数いた（平成二十年度は任期満了教員一五名のうち四名。翌二十一年度は一七名中、原告を含む二名）という事実もある。だとすれば、任期制は、任期法の趣旨に沿って十分に機能していたとも考えられる。

任期法に定める任期であっても、再任への合理的期待は認められる。そのような法解釈が、先にみた同法二条四号の規定に抵触することは明らかであり、同号所定の「任期」については、労働契約法でいえば、十九条二号該当を問題とする余地はないという話になる。

「論文をまったく発表していない」という事実があっても、再任を強制される。本件の場合、懲戒処分の濫用問題の延長で事件が処理されたこともあって、そんな結論になったが、濫用法理の安直な適用がこうした事態を招いた、ともいうことができよう。

第六話　任用に関する判例（5）

非常勤講師と〝地位の臨時性〟

「契約期間の満了時に当該有期労働契約が更新されるものと期待することについて合理的な理由がある」と認められる場合には、**第五話**でみたように、期間満了による雇止めについても、濫用の有無が問題となる（労働契約法十九条二号に該当するものとして、労働契約の承諾みなし規定が適用される）。

継続雇用年数がわずかに一年（二か月契約の五回更新）という場合であっても、この理は等しく妥当する。**第五話**で言及した**日立メディコ事件＝昭和五十五年十二月十六日東京高裁判決**は、そんな事件でもあった。

とはいえ、契約期間が二〇年を超えるような場合にも、更新への合理的期待が認められないケースはある。大学における非常勤講師の世界がそれである。

例えば、その先例ともいうべき**亜細亜大学事件＝昭和六十三年十一月二十五日東京地裁判決**において、裁判所は次のようにいう。

「専任教員はその職務及び責任の面で全般的な拘束を受けその地位が期間の定めなく継続するのに対し、非常勤講師は限られた職務を本来短期間担当する地位にあり、大学から全般的な拘束を受けないことを前提としており、非常勤講師の賃金等の雇用条件も専任教員とは異なっている。仮に被告が原告との契約の更新を予定していた時期があったとしても、被告において非常勤講師につき期間を定めて雇用するという形態は、その限られた職務内容と責任を反映したもので、その嘱託に当っては大学が裁量に基づき適任者を選任することを予定したものであり、被告はいつでも適任者を選任することができるというべきである」。

「また、非常勤講師の側から見ても、他に本務・兼務をもつことはさしつかえなく、他にも収入を得ることは十分可能である。……その拘束の度合等からして被告との結び付きの程度は専任教員と比べると極めて薄いものであって、原告は、被告との雇用契約がそのような性質のものであることを十分に知り又は知り得たというべきである」。

「以上のような諸事情を考慮すると、原・被告間の雇用契約は、二〇回更新されて二一年間にわたったものの、それが期間の定めのないものに転化したとは認められないし、また、期間の定めのない契約と異ならない状態で存在したとは認められず、期間満了後も雇用関係が継続するものと期待することに合理性があるとも認められない。したがって、被告の更新拒絶につき解雇に関する法理を類推して制約を加える必要があるとはいえない」。

さらに、本件の場合、二審（**平成二年三月二十八日東京高裁判決**）は、これに付け加えて、次のように述べるものであった。

「控訴人は、［亜大の非常勤講師中］最も勤続年数の長い外国人の非常勤講師であること、控訴人の担当するヒンディー語の講座は亜大において恒常的に開設されている講座であり、その職務は臨時的なものではないこと、控訴人は、昭和五十一年から昭和五十八年まで亜大においてヒンディー語の講座を担当した唯一の教員であり、この間、特に、昭和五十三年に新設された経済学部国際関係学科においてヒンディー語を教授するなど亜大の発展に貢献したことなどの諸事情を考慮してみても、右の判断を動かすには足りない」。

非常勤講師のように〝地位の臨時性〟が認められる者については、いわゆる「純粋有期契約タイプ」に該当するものとして、「原則どおり契約期間の満了によって当然に契約関係が終了する」。

旧労働省に置かれた「有期労働契約の反復更新に関する調査研究会」の報告（平成十二年九月）は、従前の裁判例の分析をもとに、このように説く（なお、平成十五年の労働基準法改正（翌十六年一月一日施行）により、新設された同法十四条二項の規定に基づき、制定をみた「有期労働契約の締結、更新及び雇止めに関する基準」（大臣告示）は、本報告に負うところが大きい）。

かなり割り切った考え方とはいえるものの、こうしたリーズニングは、その後の裁判例においても基本的に維持されている。

例えば、**桜花学園名古屋短大事件＝平成十五年二月十八日名古屋地裁判決**がそれであるが、「本件労働契約は更新が一九回も繰り返されて二〇年近くも存続してきており、「他の」非常勤講師の多くも同様に長期間にわたって雇用が存続されていることからすれば、本件労働契約について、雇用継続の期待を保護する必要性を全く否定して、期間満了によって契約が当然に終了するとまで断ずることは躊躇されるのであって、本件の場合にも、雇止めには相応の理由を要するものと考えるのが相当である」とした控訴審（**平成十五年十二月二十六日名古屋高裁判決**）も、「一応の相当性が認められれば足りる」として、雇止めを有効とする結論までは変えなかった。

また、最近の判例には、**加茂暁星学園事件＝平成二十四年二月二十二日東京高裁判決**のように、同様の考え方を、勤務期間が二五年ないし一七年と長期に及ぶ高校の非常勤講師について採用した例もある。

このように、非常勤講師に対して〝地位の臨時性〟を認める裁判所の考え方には、相当頑固なものがある。こういっても、間違いはあるまい。

補　非常勤講師の〝労働者性〟

「非常勤講師については、法人化後『短時間労働者の雇用管理の改善等に関する法律』（いわゆる『パートタイム労働法』）の適用を受けることになりますので、法人化後における非常勤講師の給与については、労働基準法及び短時間労働者の雇用管理の改善等に関する法律等（別紙1）の規定に則り、また、非常勤講師の給与に関する現行の取り扱い及び最近の動向（別紙2）を十分に踏まえ、適切に対応願います」。

平成十六年三月十五日、「法人化後における非常勤講師の給与について」と題する上記の通知が、文部科学省大臣官房人事課長名で、各国立大学事務局長等に宛て発出された。

非常勤の職員に対して労働基準法やパートタイム労働法が適用されるのであれば、教員（非常勤講師）にも適用されるはず。通知に添付された別紙2にあるように、平成十五年の国会では、そんなラフな質疑が交わされた事実もあったが、通知の狙いは、あくまでも非常勤講師の給与が法人化を機に不当に引き下げられることのないよう、国立大学に注意を促すことにあり、法令の適用関係を明確にすることにはなかった。

非常勤講師の場合、〝労働者性〟の有無の判断を抜きに、労働基準法等の適用を一律に論じることなど、およそできない相談だったからである。

非常勤講師との契約が、労働契約と準委任契約のいずれに近いかと問われれば、「法律行為でない事務の委託」（民法六百五十六条）を意味する後者と答える。アンサーとしては、それがむしろ素直といえる。

確かに、裁判例のなかには、高校の非常勤講師について、準委任契約であるとの被告の主張を認めなかった、**東筑紫学園事件＝昭和五十八年五月二十四日福岡地裁小倉支部判決**のようなケースもある。しかし、同事件は、原告が「常勤の教員と同様週一八時間の授業を担当していたこと」、「共済組合への加入を認められ、加入していたこと」といった事実が認定された事件であり、非常勤講師一般について妥当するような事案ではなかった。

時間的・場所的拘束を受けるといっても、それは非常勤講師が委託された業務＝講義の性格に由来するものであって、〝労働者性〟を肯定するための要素となる、指揮監督関係をそこに見出すことは難しい（詳細については、拙著『法人職員・公務員のための労働法**72話**』（ジアース教育新社、平成二十七年）三〇八―三一〇頁を参照）。

他方、無期転換権の発生に要する五年を一〇年に延長する、労働契約法の特例が認められた（平成二十六年四月一日に該当部分が施行された「研究開発システムの改革の推進等による研究開発能力の強化及び研究開発等の効率的推進等に関する法律及び大学の教員等の任期に関する法律の一部を改正する法律」を指す。詳しくは、前掲・拙著一二八―一三二頁を参照）とはいうものの、有期が無期に変われば、いずれにせよ〝地位の臨時性〟は意味を失う。そのときになって、〝労働者性〟をあわてて問題にしても遅い。事前の備えが必要といえよう。

第七話　任用に関する判例（6）

非常勤職員の雇止め

教員と職員。同じく非常勤が冠に付く場合であっても、非常勤講師と非常勤職員との間には、少なからず違いがある。**第六話**で言及した非常勤講師には認められる地位の〝臨時性〟も、多くの場合、非常勤職員にこれを認めることは難しい。

確かに、公務員の世界における非常勤職員については、政府も、次のような答弁を繰り返してきた（以下、平成十六年四月二十二日の参議院総務委員会における総務省行政管理局長の答弁による）。

○政府参考人（松田隆利君）　……非常勤職員につきましては、……常時勤務を要しない、あるいは臨時的業務や変動的な業務に対応するということで各府省が予算の範囲内で業務の実情に応じてその都度任用され、必要な期間だけ雇用、任用が行われる、そういうものでございまして、内容的には、……非常に多様な職種から成っておりまして、保護司さんのような方を始め委員会の各種の委員、それから大学におけるいろんな助手さんですとか、いろんな職種があるわけでございます。したがいまして、そういうものでございますので、恒常的な業務を行う常勤の職員の正に定員という、行政機関の定員法で定められている定員内の職員とは行う業務が基本的に性格が異なるというものでございます。

そこにいう「常時勤務を要しない」官職を占める職員とは、国家公務員法（国公法）に定める非常勤職員の定義そのものであり（六十五条一項七号のほか、八十一条の二第三項を参照。ただし、非常勤職員という言葉は、国公法には登場しない）、「予算の範囲内」で給与を支給する、とも「一般職の職員の給与に関する法律」（給与法）には、明文をもって定められている（非常勤職員の給与について規定した二十二条二項を参照）。

他方、「恒常的に置く必要がある官職」には常勤の職員を充てるタテマエがある（人事院規則八―一二（職員の任免）四十二条一項を参照）以上、非常勤職員には臨時的・補助的な業務しか任せられない。それが、公務員の世界でもあった。

また、公務員の場合、非常勤職員のように任期の定めのある職員については、任期が満了し、「その任期が更新されないときは、職員は、当然退職するもの」とされ（人事院規則八―一二第五十二条）、たとえ裁判になっても、敗訴するリスクは小さかった（詳しくは、**第二話**を参照）。

なるほど、非公務員化した法人化後の国立大学においても、被告である国立大学法人が裁判で、次のように主張した例はある**（京都大学事件＝平成二十三年三月三十一日京都地裁判決）**。

「原告ら時間雇用職員は、正規職員とは異なり、正規職員を補助するものに限られるほか、予算の裏付けがあって、初めて採用することができる。予算が確保できなければ採用することができないことは、ことあるごとに原告らに伝えており、……原告らも、予算がなければ雇用されないことは、当然に認識していた。このように、原告ら時間雇用職員の業務は、補助的・臨時的なもので、更新について合理的な期待が生じるものではない」。

ただ、本件の場合、大学側が敗訴を免れた主な理由は、このような一般論を裁判所が認めたことにあったのではない。

事案はやや複雑ではあるものの、原告らがそのために採用された図書の遡及入力業務が最大五年以内に完了すべきものとされていたとはいえ、業務の進捗状況いかんによっては短期間で終了する可能性もあり、労働契約の更新時に、次回は「更新されることなく終了となる可能性があることを知らされていた」。このような本件に固有の認定事実が、結論を左右したといってよい。

「これまでの判例・裁判例が一定の場合に雇用継続の合理的期待という概念を持ち込んで権利濫用と判断してきた」のは「有期労働契約という雇用形態は、原則として期間を定めなければならない理由がある場合にのみ採用されるべきであり、本来こうした有期労働契約にはなじまない労働であるのに、必要以上に短い雇用期間を設定し、その期間を反復更新するという法的なテクニックを用いることによって労働者を不安定な地位に置き、自らはいつでも雇用を切ることができるというアンフェアーな契約関係を設定することが信義則に反することを考慮したことに基づくものであると解するのが相当である」。

判決は、このように述べる一方で「原告らの労働契約は、一週間あたりの労働時間が三〇時間を超えないことを想定したものであり、時給も補助的な職務内容であることを考慮した金額に設定されている。このような労働は、家計補助的労働と呼ばれるもので、労働契約が更新されなかった場合に当該労働者の生活そのものが崩壊するというようなことを想定しなければならない類型の労働とはいい難い」ともする。

「京都大学を卒業した原告らが、既に説示したような家計補助的労働にしか従事できない客観的かつ合理的な事情があることを窺わせるような証拠は全くなく、原告らが、どのような世界観・人生観の下に、こうした就労形態を選択したのかは明らかではない。社会一般から見れば、生活を維持するために必要な労働をするというのであれば、それだけで生活を営むことが可能な程度の収入が得られ、逆に言えば、そうした収入に見合う責任・職責を果たすべき職業に就くべきものであり、客観的かつ合理的な理由がないのに、家計補助的労働に従事しておきながら、家計補助的労働とは質の異なる労働形態に係る労働契約の場合における解雇権濫用［法理］の類推適用の基準と同一の基準による解決を求めることはできないというほかない」。

判決としては異例といえるが、このような説教を原告らに垂れることに、裁判官の本心はあったのかもしれない。

雇用可能期間の制限

非常勤職員については、更新期間を含めた労働契約の期間（大学が継続して雇用することのできる期間）に、一定の上限を設ける。法人化に当たって、多くの国立大学ではこうした措置が講じられた。

上限となる期間は、当初、三年から六年と法人によって異なるものであったが、平成二十四年の労働契約法改正により、同法十八条に無期転換規定が設けられたこと（二十五年四月一日施行）に伴い、上限期間を五年以内とするものが多数を占めるに至っている。

非常勤職員の雇用可能期間について、このように制限を設けることは、法律上何ら妨げなく、裁判所もこのことを当然の前提として判断を行っている（例えば、**北海道大学事件＝平成二十五年八月二十三日札幌地裁判決**においては、「三年雇用の方針」そのものは問題とされず、これを認識した時期のみが争点となっている）。

雇用可能期間にこうした上限が設けられ、それが厳格に守られている場合には、上限を超える雇用継続への（合理的）期待は、当然のことながら生じない（**北海道大学事件**は、一年の延長を大学が認めたケースであったが、雇用継続への合理的期待が認められない例外的な措置と、裁判所は判断した。ただ、こうした措置は、誤った期待を職員に与えるものとして、できる限り避けるべきである）。

なお、常勤職員と非常勤職員との間で処遇の均衡を図るためにも、雇用可能期間の制限は必要となる。

採用後五年程度であれば、均衡を確保することもできるが、それを超えると均衡の確保が難しくなる。昇進など問題にならない能力不足の常勤職員であっても、毎年なにがしかの昇給はしていく。他方、非常勤職員の給与が、国立大学法人の多くがそうであるように職務給をベースとしたフラットなものであれば、勤続年数が長くなればなるほど、格差が拡大していくことは避けられない。雇用可能年数の制限は、そうした現場のかかえる問題への回答でもあったのである（以上につき、**第三六話**を併せ参照）。

第八話　任用に関する判例（7）

過員対策としての臨時待命

総定員法と一般に呼ばれる「行政機関の職員の定員に関する法律」の前身ともいうべき法律に、行政機関職員定員法（昭和二十四年制定、同三十六年廃止）がある。昭和二十九年六月十七日に公布をみた同法の一部を改正する法律（原則として、即日施行）は、その附則で次のように定めた。

10　各行政機関においては、この法律の施行に伴い施行日（略）において新法第二条第一項の定員（略）又はこれに基き定められる配置定数をこえることとなる員数の職員で、配置転換が困難な事情にあるものについては、……昭和二十九年七月十五日までの間（略）において、職員にその意に反して臨時待命を命じ、又は職員の申出に基いて臨時待命を承認することができる。

12　臨時待命を命ぜられ、又はその承認を受けた職員（以下「臨時待命職員」という。）は、国家公務員としての身分を保有するが、職務に従事しない。

14　臨時待命職員には、その臨時待命の期間中は、……一般職の職員の給与に関する法律（略）に基く俸給、扶養手当及び勤務地手当（略）を支給するものとし、その他の給与は、支給しないものとする。

15　臨時待命職員は、……臨時待命を命ぜられ、又はその承認を受けた日から起算して臨時待命期間（注：一か月～一〇か月）の満了する日の翌日から当然に国家公務員としての身分を失うものとする。

第二次大戦後、吉田茂内閣のもとで、行政整理（公務員の人員整理）は都合三度にわたって実施されている（昭和二十四年の行政整理が最大規模）が、臨時待命なる方式が採用されたのは、このときが最初で最後であり、最終的には六八五二名が待命リストに上ったという（吉田茂著『回想十年(下)』（中公文庫、平成二十七年）一〇二頁（初出：新潮社、全四巻、昭和三十二年～三十三年刊）を参照）。

他方、昭和二十九年六月二十二日には「地方公務員法の一部を改正する法律」（原則として即日施行。なお、このときの法改正により「条件附任用」は「条件附採用」と改められ、国家公務員法とは異なり、「昇任」がその対象から除かれる）が公布され、その附則には、次のような定めが置かれる。

3　地方公共団体は、条例で定める定員をこえることとなる員数の職員については、昭和二十九年度及び昭和三十年度（略）において、国家公務員の例に準じて条例で定めるところにより、職員にその意に反して臨時待命を命じ、又は職員の申出に基いて臨時待命を承認することができる。

そして、右の附則第三項にいう「条例」の定めにより臨時待命を命じられた職員が待命処分の無効確認等を求めて提訴し、最高裁で決着をみた事件に、**富山県立山町事件＝昭和三十九年五月二十七日大法廷判決**があった。

本件は、被上告人立山町長が新たに制定された待命条例に基づき、「職員定員条例による定員を超過する職員の整理を企図し、合併前の旧町村の町村長、助役、収入役であった者で年令五五歳以上のものについては、後進に道を開く意味でその退職を望み、右待命条例に基づく臨時待命の対象者として右の者らを主として考慮し、右に該当する職員約一〇名位（当時建設課長（注：元町長）であった上告人を含む）に退職を勧告した後、上告人も右に該当する者であり、かつ勤務成績が良好でない等の事情を考慮した上、上告人に対し本件待命処分を行った」というものであったが、最高裁は次のように判示し、憲法違反等の主張を斥けるものとなる。

「一般に国家公務員につきその過員を整理する場合において、職員のうちいずれを免職するかは、任命権者が、勤務成績、勤務年数その他の事実に基づき、公正に判断して定めるべきものとされていること（昭和二十七年人事院規則一一—四、七条四項（注：現五項）参照）にかんがみても、前示待命条例により地方公務員に臨時待命を命ずる場合においても、何人に待命を命ずるかは、任命権者が諸般の事実に基づき公正に判断して決定すべきもの、すなわち、任命権者の適正な裁量に任せられているものと解するのが相当である。これを本件についてみても、……任命権者たる被上告人が、五五歳以上の高令であることを待命処分の一応の基準とした上、上告人はそれに該当し（本件記録によれば、上告人は当時六六歳であったことが明らかである）、しかも、その勤務成績が良好でないこと等の事情をも考慮の上、上告人に対し本件待命処分に出たことは、任命権者に任せられた裁量権の範囲を逸脱したものとは認められず、高令である上告人に対し他の職員に比し不合理な差別をしたものとも認められないから、憲法十四条一項及び地方公務員法十三条に違反するものではない」。

「憲法十四条一項及び地方公務員法十三条にいう社会的身分とは、人が社会において占める継続的な地位」をいい、「事柄の性質に即応して合理的と認められる差別的取扱をすることは、なんら右各法条の否定するところではない」。本判決は、このような判例の考え方を明確にしたケースとして有名であるが、それが臨時待命という〝時代の産物〟と関わる事件であったことは、あまり知られていない。

職務には従事しないものの、一定の給与は支給する。先にみたように、臨時待命のポイントはここにあり、それは行政整理を円滑に進めるための〝知恵〟でもあった。

普通退職の場合の二倍、退職手当を出す。先行して実施された特別待命とは違い、こうした整理退職（当時の国家公務員等退職手当暫定措置法五条一項を参照）としての扱いはされなかったとはいえ、国と地方を問わず、附則に定めを設けることによって、臨時待命期間も、退職手当の額の算定に当たっては、在職期間として通算された。緊縮財政のもとでも可能なことは何か。政府が懸命に考えた結果が、これだったのである。

国鉄改革と一〇万人合理化計画

国鉄改革の立役者の一人、葛西敬之ＪＲ東海名誉会長は、「私の履歴書」（平成二十七年十月二十二日付け『日本経済新聞』）のなかで次のように語る。

昭和六十一年の「五月には希望退職法が成立し、速やかに募集に入った。二万人の計画に対し四万人近くが応募する結果となった。再雇用については、最終的に、国や地方公共団体に二万二千人、民間に一万二千人、国鉄関連企業に一万二千人が就職した。不可能と言われた雇用対策は大成功をおさめた」。

そこにいう希望退職法とは、五月三十日に公布、即日施行された「日本国有鉄道の経営する事業の運営の改善のために昭和六十一年度において緊急に講ずべき特別措置に関する法律」を指す。その眼目は、五五歳以上の職員は全員勇退することを前提として、五五歳未満の希望退職募集に応じた職員に対して、国家公務員等退職手当法五条一項に規定する整理退職に係る退職手当の割増に加え、俸給等の一〇か月分を特別給付金として支給することにあった。

また、昭和六十一年十二月四日には「日本国有鉄道退職希望職員及び日本国有鉄道清算事業団職員の再就職の促進に関する特別措置法」が公布（原則として、即日施行）され、国が国鉄職員の再就職を全面的にバックアップする体制が整えられる。当時の国立大学も国の機関として、応分の受入れを行ったことは記憶にとどめられてよい。

当初は無理があると考えられた「一〇万人合理化計画」も、こうした官民一体の取組みがあってこそ達成できたのである。

ただ、国鉄改革に最後まで抵抗し、当局への協力を頑なに拒んだ労組も一部にはあった。このような行動も組合活動として行われれば、不当労働行為の問題となる（当該活動を理由として、ＪＲへの採用の可否を決定することは許されない）。それが裁判所の立場（**ＪＲ不採用（北海道）事件＝平成十五年十二月二十二日最高裁第一小法廷判決**）ではあるものの、世間の常識からは程遠い（詳しくは、本書第二部[2]に収録した、同判決の解説を参照）。こういえば、言い過ぎであろうか。

第九話　任用に関する判例（8）

社会保険庁の廃止と分限免職

国鉄方式に倣う。社会保険庁（社保庁）が廃止され、全国健康保険協会（協会）と日本年金機構（機構）が設立されたとき、社保庁の職員の身分は、協会や機構にそのまま承継されることはなかった。

例えば、平成十九年七月六日に公布をみた日本年金機構法は、附則八条において、日本国有鉄道改革法二十三条をモデルとして、次のように定めることになる（「健康保険法等の一部を改正する法律」（平成十八年六月二十一日法律第八十三号）附則十五条もほぼ同旨。なお、身分承継方式によらない職員の採用は「独立行政法人雇用・能力開発機構」の解散に伴い、その業務の一部が「独立行政法人高齢・障害・求職者雇用支援機構」に移管された際にも行われている（「独立行政法人雇用・能力開発機構法を廃止する法律」（平成二十三年四月二十七日法律第二十六号）附則十五条を参照））。

（職員の採用）

第八条　設立委員は、社会保険庁長官を通じ、その職員に対し、機構の職員の労働条件及び機構の職員の採用の基準を提示して、機構の職員の募集を行うものとする。

２　社会保険庁長官は、前項の規定によりその職員に対し、機構の職員の労働条件及び機構の職員の採用の基準が提示されたときは、機構の職員となることに関する社会保険庁の職員の意思を確認し、機構の職員となる意思を表示した者の中から、当該機構の職員の採用の基準に従い、機構の職員となるべき者を選定し、その名簿を作成して設立委員に提出するものとする。

３　前項の名簿に記載された社会保険庁の職員のうち、設立委員から採用する旨の通知を受けた者であってこの法律の施行の際現に社会保険庁の職員であるものは、機構の成立の時において、機構の職員として採用される。

４　以下、略

社保庁の場合、業務外の目的で被保険者の情報を閲覧する等の不祥事が、廃止・解体という運命をもたらした。そこで、機構における職員の採用に当たっては、「国民の公的年金業務に対する信頼回復」や「国民から『信頼』される組織」としての再生といった観点から、「懲戒処分を受けた者は、機構の正規職員及び有期雇用職員には採用されない」、「民間人はもとより、他省庁の職員も含め外部から優れた能力を有する人材を積極的に採用する」との方針が採られる。

その結果、最終的には平成二十一年十二月時点で一万二五六六名いた社保庁職員のうち、一万〇〇六九名が翌二十二年一月一日に発足する機構に、四五名が既に二十年十月一日に発足していた協会にそれぞれ採用され（なお協会発足時に、社保庁から一八〇〇名採用）、一二八四名が厚生労働省に、九名が公正取引委員会等に転任し、六三一名が勧奨により、三名が自己都合によりそれぞれ退職。結局、五二五名（そのうち懲戒処分歴のある者は二五一名）が、国家公務員法（国公法）七十八条四号に基づく分限免職処分を受けた。

「官制若しくは定員の改廃又は予算の減少により廃職又は過員を生じた場合」には、その意に反して、職員を免職することができる。国公法七十八条四号はこう規定するが、これを受けた人事院規則一一—四（職員の身分保障）は、七条五項で「法第七十八条第四号の規定により職員のうちいずれを……免職するかは、任命権者が、勤務成績、勤務年数その他の事実に基づき、公正に判断して定めるものとする」と規定するにとどまる。

他方、このような廃職等に伴う分限免職については、国家公務員退職手当法五条が退職手当の割増しを規定（一項二号および三項を参照）。このことを理由に、退職勧奨ではなく分限免職の道を選んだ者も多い（五二五名中四〇一名）という事実もあった。

こうしたなか、厚生労働省への転任を希望したがその希望が叶えられず、分限免職処分を受けた社保庁の元職員一五名が、当該処分の取消しおよび国家賠償法に基づく損害賠償（慰謝料等の支払い）を求めて提訴（なお、一五名の原告のうち四名には懲戒処分歴がなく、その余の一一名についても、うち三名はその後人事院が分限免職処分を取り消す旨の裁定を行ったことから、当該処分の取消しを求める訴えを取り下げている。ただし、賠償請求は維持）し、注目を集めた。

京都社会保険事務局事件＝平成二十七年三月二十五日大阪地裁判決がそれである（当初訴えは京都地裁に提起されたが、処分行政庁の廃止を理由に大阪地裁に移送された。**平成二十三年四月二十八日京都地裁決定**を参照）が、主たる争点は、判決のいう分限回避義務の履行の有無にあった。

つまり、任命権者には分限免職処分をするか否かについて裁量権が認められるものの、「任命権者において、同処分を回避することが現実に可能であるにもかかわらず、同処分を回避するために努力すべき義務（分限回避義務）を履行することなく同処分をした場合には、当該処分は、任命権者が有する裁量権の範囲を逸脱し又はこれを濫用したものとして、違法なものになる」というのが、裁判所の基本的な考え方であった。

他方、「いわゆる整理解雇四要件（四要素）」については「労働契約関係における解雇権濫用法理（労働契約法十六条）にその基礎を有するものであって、……憲法の規定する行政の民主的統制の要請を受けた国公法に基づく任用関係にある国家公務員に適用する基礎を欠く」と、判決はいう。

そして、詳細な事実認定に基づく検討を行った結果、本件の場合、「社保庁長官等において、本件各処分をするに当たり、現実に可能な分限回避義務の履行を怠ったり、また、厚労大臣が分限回避義務の履行を怠っているのを漫然と放置したりしたということはできず、社保庁長官等が本件各処分をしたことが裁量権の範囲を逸脱し又はこれを濫用したものということはできない」とした。

分限免職と職員団体等との協議

こうした考え方は、従前、廃職または過員を生じた場合における地方公務員の分限免職について採用されてきたものであって、国家公務員に固有の考え方というわけでは決してない。例えば、「過員整理の必要性、目的に照らし、任免権者において被処分者の配置転換が比較的容易であるにもかかわらず、配置転換の努力を尽くさずに分限免職処分をした場合に、権利の濫用となる」とした、**北九州市病院局事件＝昭和六十二年一月二十九日福岡高裁判決**は、その好例といえる。

また、最近の裁判例としては「地方公務員の勤務関係は、地方公務員法に定める任用という行政行為によって設定される公法上の関係であって、合意によって成立する労働契約関係ではない。地方公務員の分限免職事由は、地方公務員法二十八条で法定されているのであって、行政処分の画一性・形式性を定めた現在の関係法令を適用する限り、分限免職処分の適法性の判断において、……整理解雇の四要件に拘束されるものではない」とした上で、右にみた福岡高裁判決のフレーズをコピー・ペーストした（といえなくもない）、**阿賀野市（水原郷病院）事件＝平成二十七年四月二十七日新潟地裁判決**がある。

ただ、地方公営企業の事案である**阿賀野市事件**では「処分の手続的合理性を確保する趣旨から、労働組合と可能な限り団体交渉を開くなど、人員整理案につき被処分者及び組合等の納得を得るために十分な方策を講じることが要請されていると解され、任免権者がこのような方策をとることなく、分限免職処分をした場合にも、当該処分は裁量権の逸脱・濫用として違法となる」とされたのに対して、**京都社会保険事務局事件**では、現行法上「職員団体との協議は、その手続要件とされていない」こと等を理由に、「職員団体との誠実な協議がされなかったとしても」、「処分が違法なものとなるとはいえない」とされている。

いわゆる企業職員とピュアな公務員との違いによるものとも考えられるが、こうした差異にも留意する必要はあろう。

第一〇話　任用に関する判例（9）

整理解雇と四要件

平成十五年の労働基準法（労基法）改正に伴い、労基法には、解雇権濫用法理を成文化した、次のような規定が設けられる（翌十六年一月一日施行）。現在は、労働契約法十六条に位置する「解雇」の規定がそれである。

（解雇）

第十八条の二　解雇は、客観的に合理的な理由を欠き、社会通念上相当であると認められない場合は、その権利を濫用したものとして、無効とする。

こうしたなか、平成十五年六月二十六日に労基法改正案を可決した参議院厚生労働委員会では、以下の一項を含む、附帯決議が採択される。

1　本法における解雇ルールの策定については、最高裁判所判決で確立した解雇権濫用法理とこれに基づく民事裁判実務の通例に則して作成されたものであることを踏まえ、解雇権濫用の評価の前提となる事実のうち圧倒的に多くのものについて使用者側に主張立証責任を負わせている現在の裁判上の実務を変更するものではないとの立法者の意思及び本法の精神の周知徹底に努めること。また、使用者に対し、**東洋酸素事件（東京高裁昭和五十四年十月二十九日判決）**等整理解雇四要件に関するものを含む裁判例の内容の周知を図ること。

しかし、後段にいう**東洋酸素事件**は、整理解雇に関する著名なリーディングケースではあるものの、これを整理解雇に四要件を要求した裁判例の代表ということにはいささか無理がある。判決は、実際には三要件の充足を求めるにとどまっていたからである。

本件における争点は、特定事業部門の閉鎖に伴う従業員の整理解雇が「就業規則にいう『やむを得ない事業の都合による』ものと言い得るか否か」という点にあったが、判決は具体的には次のように述べるものであった。

「解雇が右就業規則にいう『やむを得ない事業の都合による』ものに該当するといえるか否かは、畢竟企業側及び労働者側の具体的実情を総合して解雇に至るのもやむをえない客観的、合理的理由が存するか否かに帰するものであり、この見地に立って考察すると、特定の事業部門の閉鎖に伴い右事業部門に勤務する従業員を解雇するについて、それが『やむを得ない事業の都合』によるものと言い得るためには、第一に、右事業部門を閉鎖することが企業の合理的運営上やむをえない必要に基づくものと認められる場合であること、第二に、右事業部門に勤務する従業員を同一又は遠隔でない他の事業場における他の事業部門の同一又は類似職種に充当する余地がない場合、あるいは右配置転換を行ってもなお全企業的に見て剰員の発生が避けられない場合であって、解雇が特定事業部門の閉鎖を理由に使用者の恣意によってなされるものでないこと、第三に、具体的な解雇対象者の選定が客観的、合理的な基準に基づくものであること、以上の三個の要件を充足することを要し、特段の事情のない限り、それをもって足りるものと解するのが相当である」。

「なお、解雇につき労働協約又は就業規則上いわゆる人事同意約款又は協議約款が存在するにもかかわらず労働組合の同意を得ず又はこれと協議を尽くさなかったとき、あるいは解雇がその手続上信義則に反し、解雇権の濫用にわたると認められるとき等においては、いずれも解雇の効力が否定されるべきであるけれども、これらは、解雇の効力の発生を妨げる事由であって、その事由の有無は、就業規則所定の解雇事由の存在が肯定されたうえで検討されるべきものであり、解雇事由の有無の判断に当たり考慮すべき要素とはならないものというべきである」。

確かに、解雇手続きの妥当性も、濫用判断には影響を与えるとはいえ、三要件との間には、明らかに判断レベルの違いがある。

「普通解雇事由がある場合においても、使用者は常に解雇しうるものではなく、当該具体的な事情のもとにおいて、解雇に処することが著しく不合理であり、社会通念上相当なものとして是認することができないときには、当該解雇の意思表示は、解雇権の濫用として無効になる」。最高裁は、**高知放送事件＝昭和五十二年一月三十一日第二小法廷判決**においてこのようにいうが、解雇事由の存在が肯定される場合には、解雇が「著しく不合理」または「著しく苛酷にわたる」(**東芝柳町工場事件＝昭和四十九年七月二十二日第一小法廷判決**）といえる場合でなければ、解雇権の濫用として無効となることはない。

解雇事由該当性の判断と解雇権濫用の判断とは、本来、このように判断レベルを明確に異にする（ただし、**高知放送事件**では「合理性を欠くうらみなしとせず」というレベルで、解雇権の濫用と判断された。このような前提と結論が矛盾する判断は、ルール違反といわれても仕方あるまい。拙著『労働法の「常識」は現場の「非常識」——程良い規制を求めて』（中央経済社、平成二十六年）六〇—六一頁を参照)。

解雇事件においては、就業規則所定の解雇事由に該当するか否かが、まず判断される。整理解雇もまた、その例外ではない。四要件（①人員整理の必要性、②解雇回避の努力、③解雇対象者選定の合理性、④解雇手続きの妥当性）ないし三要件（①～③）の充足も、こうした就業規則の解釈適用をあくまでその前提としており、それが就業規則の規定を離れて、ア・プリオリに導かれる命題ではないことに留意する必要がある。

なお、**東洋酸素事件**の場合、東京高裁は、本件解雇は右の三要件をすべて充足していたとして、就業規則所定の解雇事由に該当すると判断した後、会社が組合と十分な協議を尽くさないで事業部門の閉鎖と従業員の解雇を実行したことについても「いささか性急かつ強引であった感がないではない」としつつ、「右の一事をもって本件解雇通告が労使間の信義則に反するものということはできない」とした（希望退職者募集を行わなかったことについても、同様に信義則違反を認めず）。

本件を含む、整理解雇に関する「裁判例の内容の周知を図る」というのであれば、このような事件の〝帰結〟についても、その正確な周知を図る必要があろう。

四要素と裁判の現実

要件と要素とでは、その意味が違う。前者の場合、一要件の充足を欠いても整理解雇は無効となるが、後者の場合、総合判断で解雇がなお有効とされる余地はある。

しかし、要素説の採用を明らかにした判例のなかにも、全要素についてこれを具備していないとして、会社側の全面敗訴に終わった**山田紡績事件＝平成十八年一月十七日名古屋高裁判決**のようなケースもあり、要件か要素かで決着がつくほど、事は単純ではない。

本来は、能力不足を理由とする解雇であるにもかかわらず、会社の経営が苦しいことを解雇理由として付け加えたために、整理解雇の事件として処理され、人員整理の必要性そのものが否定される。実務上より大きな問題は、そんな裁判例が実際にも少なくないことにあるといってよい。

景気が良ければ、能力に多少問題があっても会社は解雇に踏み切らないが、景気が悪くなれば、貢献度の低い従業員の解雇を会社は考え始めるようになる。しかし、会社の業績が良くないことを解雇理由に挙げると、これを整理解雇の事案として考える傾向が裁判官にはあり、このことを前提とした主張立証を行うよう、使用者（被告）に対して訴訟指揮がなされる例も多いと聞く。

経営の苦しさを前面に出せば、解雇の効力判断にも有利に働く。そう信じたい使用者の気持ちもわからなくはないが、かえって裏目に出る可能性が高い。

そもそも、解雇の主たる狙いが能力の劣る特定の従業員に辞めてもらうことにある以上、解雇回避の努力など、端から念頭にはない。解雇対象者は最初から決まっており、一定の基準に基づいてこれを選定するというわけでもない。整理解雇の事案と決まった段階で、敗訴が濃厚となる。それが裁判の現実であることにも、注意が必要といえよう。

第一一話　任用に関する判例（10）

少子化と教育機関

今からおよそ四〇年前、ピーター・F・ドラッカー（一九〇九―二〇〇五）は、その著書『見えざる革命――来たるべき高齢化社会の衝撃』（佐々木実智男・上田惇生訳、ダイヤモンド社、昭和五十一年／原著 The Unseen Revolution: How Pension Fund Socialism Came to America の出版年も同じ）のなかで、次のように記した（日本語版への序文）。

「日本では、いかなる欧米諸国よりも大幅に出生率が低下した。アメリカでは一九五九年から六二年の間に、出生率は二五パーセント低下し、そのまま今日にいたっている。これに対し日本では、五〇年代の前半において、出生率は四〇パーセント以上も低下している」。他方、「高等教育を受ける者の数は、ほとんどいかなる国よりも急速かつ大幅に増加している。それはアメリカをも凌ぐ。日本の奇跡的な経済成長が始まった一九五〇年代の前半、中学を卒業した者のうち、高校へ進学する者は半分以下であった。それが今日では、ほとんど全員が高校へ進学している。……さらに、高卒のうち大学へ進学する者は、二五年前には八分の一にすぎなかったのに対し、いまでは三分の一に達している」。

ただ、昭和五十一年当時の出生率（一人の女性が一生に産む子供の平均数＝合計特殊出生率）は、厚生省「人口動態統計」によると、なお二・〇をわずかに下回る程度の水準（一・八五）にあり、大学進学率も、文部省「学校基本調査」によれば、当時は三〇％台後半（三八・六％）と、将来にまだ伸び代を残す状況にあった（平成二十八年の出生率は一・四四、平成二十九年度の大学進学率は五七・三％）。

わが国の人口が実際に減少局面に入ったのは、ほんの数年前（平成二十三年以降。人口のピークは平成二十年）のことであり、少子化も高齢化と同様、四〇年余り前の日本は、これを深刻な問題として考える環境にはなかったといえる。

しかし、今や状況は一変した。人口の減少は、教育機関にとっても、生徒数や学生数が確実に減ることを意味している。

例えば、このことに関連して、文部科学省の「平成二十九年度学校基本調査（速報値）調査結果のポイント」は、在学者数の動向について、次のように述べる。
○　小学校は、六四四万九千人で、前年度より三万五千人減少し、過去最低を更新。
○　中学校は、三三三万三千人で、前年度より七万三千人減少し、過去最低を更新。
○　高等学校は、三二八万人で、前年度より二万九千人減少。

○　大学（学部）は、二五八万三千人で、前年度より一万六千人増加。
○　大学（大学院）は、二五万一千人で、前年度より一千人増加。
「大学全体（学部・大学院・専攻科・別科の学生等を含む。）の在学者数は、昨年度に引き続き増加」との指摘もそこにはみられるとはいえ、在学者数が実際に増加したのは私立大学（一万五九一〇人増）や公立大学（二三八一人増）に限られ、国立大学ではその数が減少を余儀なくされている（九七三人減、学部では二二八三人減）。

長期的なトレンドという点では、国公私立に関わりなく、「過去最低を更新」した小学校や中学校の現状が、近未来における大学の姿ということになろう。

このように少子化が急速に進むなか、安倍晋三内閣は、新しい三本の矢の一つとして、「希望出生率（国民の希望が叶った場合の出生率）一・八」の実現を掲げた。二〇二五年にこの目標を達成し、さらにその一〇年後の二〇三五年に「人口を維持するために必要な出生率（人口置換水準）二・一」を実現することができれば、日本の総人口は約九五〇〇万人の水準で安定するという。

だが、たとえ右にみた目標が首尾よく実現したとしても、わが国の総人口が現在よりも三〇〇〇万人以上減少する、という事実に変わりはない。

国の借金が一〇〇〇兆円を超える、厳しい国家財政の現実に加え、公立大学や私立大学の経営にも一方では配慮しなければならない（国立大学の場合、入学定員は、入学者数を確保できたとしても、これを減らさざるを得ない）という要請を考慮に入れれば、学生数や教員数の削減を伴う国立大学の統廃合は、今後避けられない。シビアに考えれば、こういうことになろう。

教員の整理解雇――高校編①

生徒や学生が集まらなければ、学校経営はそもそも成り立たない。一般に、学校法人における教員の整理解雇は、このような状況下で起きる。ただ、**第一〇話**で指摘したように、整理解雇とはいっても、教員の能力不足を理由とする解雇としての一面を有するケースもある。以下にみる**杉森学園事件＝平成二十七年七月二十九日福岡地裁判決**も、その例外ではなかった。

本件の場合、S高校を設置・運営する被告の就業規則には、解雇について規定した次のような定めがあり、本件解雇は、これら各号のいずれにも該当するものとして行われた。

（解雇）
第二十五条　学校は、職員が次の各号の一に該当する場合は、その職員を解雇することができる。
二　勤怠不良で改善の見込みがないと認められるとき
三　業務遂行能力または能率が著しく劣り、上達の見込みがないとき

五　一部学級の閉鎖等、業務の縮小その他やむを得ない都合により必要を生じるとき

十六　その他前各号に準ずるやむを得ない事由が生じたとき

確かに、解雇理由証明書には、二学科の入学者募集停止に伴って「余剰教員を整理解雇する措置が不可避の見込み」となり、国語科については「現在四名の専任教諭を一名削減する必要がある」との記載があったが、一方でそれは、本件解雇が就業規則に定める解雇事由（前記各号）に該当することを、次のように説明するものでもあった。

「原告は、国語科の授業を平成二十四年度は週一〇時間しか担当していない（注：被告の主張によれば、他の専任教諭は週一八時間授業を担当していた）。同和推進教育については、他の教諭に代替が可能である。平成十年度から平成二十四年度の一五年間において、原告は三年間しか担任業務についていない。他の国語科教諭一名は、広報主任、進路指導主任に就いているため担任業務を免除され、他の二教諭は一一年間、及び九年間（三年間育児休暇）それぞれ担任業務をした。原告の力量不足、改良未達によるものである」。

他方、S高校の入学者数は、過去三年間に半減（平成二十二年度の三〇三名が、二十五年度には一四九名まで減少）しており、裁判所も、被告の経営状態が「不採算部門の廃止等を通じた経営合理化が図られるべき状況」にあったことは認めている。

しかし、判決は「本件解雇は、労働者の私傷病や非違行為などの労働者の責めに帰すべ

き事由による解雇ではなく、使用者の経営上の理由による解雇であるから、その効力は、人員削減の必要性の有無及び程度、解雇回避努力の有無及び程度、被解雇者の選定の合理性の有無及び程度、解雇手続の相当性の有無及び程度等を総合考慮して、客観的に合理的な理由があり、社会通念上相当であると認められるか否かによって判断すべきである」ともする（傍線は筆者による）。

そして、判決は、希望退職者の募集が解雇前には行われず、解雇後に行われたその募集が、国語科を含む複数の教科の教員を対象とするものであったこと等を理由に、解雇回避措置が尽くされておらず、「国語科の教諭のみを被解雇者として選定」したことにも合理性がないとして、本件解雇を無効とした。

もっぱら整理解雇の事案として判断されたがために、こうなった。そんな感想をいだくのは、おそらく筆者だけではあるまい。

第一二話　任用に関する判例（11）

教員の整理解雇──高校編②

「学校経営上、過員が生じたとき、その他経営上やむを得ない理由が生じたとき」。この就業規則に定める解雇事由に該当する事実が存在するかどうかが、**泉州学園事件＝平成二十一年十二月十八日大阪地裁判決（一審）、同二十三年七月十五日大阪高裁判決（二審）**では、最大の争点となった。

そして、一審と二審では多少表現が異なるものの、このような「整理解雇が、使用者における業務上の都合を理由とするものであり、解雇される労働者にとっては、落ち度がないのに、一方的に収入を得る手段を奪われるのであって、労働者に重大な不利益をもたらすものであるから、〔1〕人員削減の必要性、〔2〕解雇回避努力義務の遂行、〔3〕解雇対象者の選定の合理性、〔4〕解雇手続の相当性を総合考慮して判断するべきである」（一審判決から引用。傍線は筆者による）との判断枠組みを裁判所は採用する。

このように、整理解雇をめぐる訴訟では、「解雇される労働者には、落ち度がない」という前提から、裁判所の判断が始まるのが常とはいえ、本件がそうであったように、解雇対象者選定の基準として懲戒処分歴が問題とされることもあり、整理解雇の中身とは無関係に、こう言い切ってよいかどうかについては疑問もある（第一一話で言及したような教員の能力不足を理由とする解雇としての一面を有する場合には、尚更である）。

本件の場合、整理解雇された七名の教員のうち、五名が地位確認等を求めて提訴。一審判決は、うち一名については、解雇対象者選定の際に問題とされた懲戒事案が「あまりに古すぎる」等として、解雇を無効としたが、その余の四名については、解雇を認めるものとなった。しかし、二審判決では、この四名についても、解雇が無効とされる。「整理解雇は最後の手段」。「直ちに経営が破綻する状況に立ち至っていたものとはいえない」以上、整理解雇は認め難い。そんな裁判官の心情が「逆転」判決をもたらしたともいえる。

被告法人の設置した高校では、平成元年度には一八四三名いた生徒が、整理解雇が年度末に実施された十九年度には、四分の一にも満たない四一二名にまで減少。主な収入源である授業料や入学金等の納付金も、平成八年度の四億六五七九万円が十九年度には半分以下の二億八九〇万円にまで減少している。

そうした深刻な状況のもとで、法人は一八名の人員削減が必要と判断。希望退職者募集を行った（六名がこれに応じたほか、一名が自主退職し、他に常勤講師四名を雇止めした結果、計一一名が退職）上での、七名の整理解雇ではあったが、二審判決は「人員削減を視野に入れた人件費の削減策を検討する必要性があったと認めることができる」とはしたものの、裁判所独自の計算により「整理解雇すべき人数は二名」であったとして、原告＝控訴人ら五名全員の解雇を無効とした。

このような場合、たとえ二名について人員削減の必要性が認められたとしても、その二名を特定する責任（特定の二名の解雇についてその必要性を主張立証する責任）は法人側にある。それゆえ、特定の二名を「選定する作業が実際に行われていない以上、結局のところ、本件解雇すべてについてその必要性が主張立証されなかったことに帰する」（**関西金属工業事件＝平成十九年五月十七日大阪高裁判決**を参照）。二審判決は、こう考えたのではないかと思われる。

人員削減の必要性は、経営者（使用者）が本来、自らの責任において判断すべき事柄であって、裁判所がいたずらに介入すべき事柄ではない。例えば、このことに関連して、**東洋酸素事件＝昭和五十四年十月二十九日東京高裁判決**（**第一〇話**を参照）を担当したことでも知られる、鬼頭季郎裁判官が、以下のような発言を行っていることが注目される。

「法律家の世界には、『経営判断の法理』という言葉がある。……司法は企業の経営判断が正しいかどうかについては原則介入しないという意味である。これは経営判断が法律家の知見を超えた高度で専門的な領域のものだからと解釈されている。しかし理由はそれだけではない。

裁判官の判断は、確定した過去の事実などを前提とした静止的なものである。これに対し経営を舵取りする際の判断は、将来の事態を予測して計画などを立てるものであり、絶えず修正可能な極めて動態的なものだ。動きのある経営判断を、動かない事実だけを基に判断するのは適切でない。それがもう一つの理由だ」（『日経ビジネス』平成二十年四月二十八日・五月五日号一頁「有訓無訓」）。
裁判官ならずとも、熟読玩味すべき箴言といえよう。

教員の整理解雇――大学編①

入学者数が、入学定員を大きく割り込む。そのような悩みは、私立大学を中心に大学にも等しくみられる。**獨協学園事件＝平成二十五年四月十九日神戸地裁判決（一審）、同二十六年六月十二日大阪高裁判決（二審）**も、そうした事件の一つに数えられる。

被告法人が設置するＨ大学の外国語学部では、平成十二年度以降、入学者数が定員割れを起こし、十九年度には三〇〇名の入学定員に対して、入学者数が一三六名にとどまり、五割を切る危機的な状況に陥った。

こうしたなか、外国語学部では、入学定員の大幅削減を伴う学部改組を平成二十年度に実施。従来の六学科制から一学科制へと移行する過程で、新学科に配属されず、退職勧奨にも最後まで応じなかった原告＝被控訴人ら五名（うち一名は控訴審で和解）が、旧学科所属の学生がほぼいなくなる二十二年度末に行われた整理解雇の対象となった。

本件解雇も「業務の整理又は機構の縮小その他やむを得ない事由によって冗員となったとき」を解雇事由の一つとして規定した就業規則の定めに基づいて行われており、これに該当する事実が認められるかどうかの判断に当たっても、先にみた**泉州学園事件**を含む他の整理解雇判例と同様の半ば定型化した判断枠組みが採用されている。

ただ、本件においては、**泉州学園事件**とは逆に、一審では敗訴した法人が二審では勝訴するという結果となった。なかでも、一審と二審で、希望退職者募集に対する解釈や認識が明確に異なっていたことが、こうした結論の違いをもたらしたと考えられる。

すなわち、本件の場合、その前提として、勤続一〇年以上の者に対しては規定退職金のほか二年間の年収分を上乗せ支給する等の優遇措置を伴う希望退職者募集が平成十九年度に実施され、募集人員を上回る応募があったところ、本件整理解雇に当たっては、このような希望退職者募集が行われず、冗員による退職金として、通常の退職金に三〇%の特別加算金が加算して支給されるにとどまった、という事実が認定されている。

こうした事実をもとに、一審判決は、本件希望退職の目的は既に完全に満たされており、その「実施を被告が解雇回避努力を果たしたかどうかの判断の要素に組み入れること［自体が］相当ではない」とする一方、本件整理解雇においても「本件希望退職と同様の優遇措置を伴う新たな希望退職を実施することは、十分に可能であった」とした。

これに対して、二審判決は、本件希望退職者募集により「学部改組に伴う冗員が明らかに減少している」として、これを「本件解雇を回避するための一つの措置と認めるのが相当である」とする。

また、「本件解雇前に再度、希望退職者の募集を行うことを求めることは、本件大学の資金力、……平成十九年の希望退職者募集に応じた職員や平成二十二年六月に退職勧奨に応じた職員との公平性、希望退職募集の数年後に再度、同様の優遇措置を伴う希望退職者の募集を行うと、今後の希望退職制度の実効性が失われることなどを考慮する」と、相当ではないとも、二審判決はいう。

裁判官の考え方一つで、結論が変わる。解雇事件の場合、それが必ずしも例外ではないことを思い知らされる事件であった。

第一三話　任用に関する判例（12）

教員の整理解雇──大学編②

平成二十九年の新年を迎えるに当たって、総務省統計局が行った推計によれば、過去一年間に、新たに成人に達した人口（二十九年一月一日現在二〇歳の人口）は一二三万人。前年比で二万人増えたとはいうものの、その総人口に占める割合は〇・九七％と、長期的にみた人口の減少傾向に変わりはない。

また、毎年六月に公表される「人口動態統計月報年計（概数）の概況」によれば、平成二十八年における出生数は、九七万六九七九人と、明治三十二年（一八九九年）に統計を取り始めて以来、初めて一〇〇万人を下回るものとなった。

このような出生数の減少が、将来たとえ増加に転ずることがあったとしても、その効果が新成人人口の増加となって現れるのは、そのまた二〇年先の話であって、それまでは新成人人口の減少が続く。大学が新入生を迎えるのはもう少し早いとはいえ、たった二年の違いなど、大学経営に与える者にとっては気休めにもならない。

他方、法人経営者も神ならぬ身。見通しを誤ることは当然ある。**第一二話**で取り上げた**獨協学園事件**を例にとると、法人が設置するH大学の外国語学部では、入学定員を半分に減らす改組を実施したにもかかわらず、これが入学者数の増加をもたらすどころか、初年度から入学者数（一〇二名）が入学定員（一五〇名）を大幅に割り込み、三年後にはその数がさらに半減する（五三名）という〝番狂わせ〟を経験したという事実が、二審（**平成二十六年六月十二日大阪高裁判決**）では認定されている。

とりわけ定員割れが深刻な短期大学の場合、廃校に至る例も少なくない（注：文部科学省「学校基本調査」によれば、私立の短大数は平成九年度の五〇四校（ピーク）が、二〇年後の平成二十九年度には三二〇校にまで減少している）。その際、併設の四年制大学に不用意に受け皿を設けると、裁判ではそれがかえってアダになるケースもある。**金蘭会学園事件＝平成二十六年二月二十五日大阪地裁判決（一審）、同年十月七日大阪高裁判決（二審）**は、その典型ともいうべき事件であった。

平成十九年度における学生納付金に占める人件費比率は約一九九％。この尋常ならざる数字からも、本件法人がかかえていた問題の深刻さはわかる（注：国立大学法人の場合、その割合は四〇〇％を超える（拙著『法人職員・公務員のための労働法72話』（ジアース教育新社、平成二十七年）二〇一頁を参照）。国民の税金＝運営費交付金によるサポートがあればこその話ではあるが、そうである以上、国立大学に私立大学の人件費比率を云々する資格はない)。

こうしたなか、被告法人は、文部科学省から「学校法人の経営に関する中長期的な見通しや構想の下に、経営改善計画の作成等により経営基盤の安定確保に努めること」との指導を受け、平成二十年五月末には、慢性的な赤字体質を解消することを目的に、大幅な定員割れを生じている短期大学部等の学生募集を翌二十一年度に停止し、二学部三学科制への再編を行うこと等を骨子とする「経営改善計画」を策定。これに伴って、共通教育機構が新たに設置される。

共通教育機構が、廃止＝学生募集の停止の対象となった短期大学部等の教員の受け皿として設けられたことは明らかであるが、平成二十二年六月には、早くも機構に所属する教員等(同年三月末まで短期大学部に所属していた教員を含む)を対象として、最初の希望退職者募集が実施されており、法人の側には機構を恒久的な受け皿とする意思は当初からなかったとも考えられる。

しかるに、右にみたような事情もあって、共通教育機構については、教養教育の見直しやカリキュラム改革の一環として位置づける体裁を採らざるを得なかった。そして、このことが裁判における勝敗を決することになる。

その結論は、一審と二審のいずれにおいても、原告＝被控訴人の整理解雇を無効とするものであったが、本件の場合、一審・二審を通じて、判決が特に注目した事実に、短期大学部等の廃止に際して、法人が「その所属教員を『過員』として人員整理の対象とすることを検討した形跡は窺われず、むしろ、選考を経た者については共通教育機構に配置し、教養科目の授業担当者及び教養教育改革の管理責任主体として雇用を継続すること」とした、という認定事実がある。

たとえ法人にとってはタテマエにすぎないことであっても、それが文書(経営改善計画)にまとめられ、短期間であれ、現実の行動として足跡を残していると、裁判官もこれを無視するわけにはいかなくなる。なぜ、法人は雇用継続の方針を一転して放棄し、人員削減(希望退職者募集とこれに続く整理解雇)に踏み切ったのか。その理由を明快に説明できない限り、法人の側に勝ち目はない。

なるほど、学生納付金に占める人件費の比率が平成二十一年度には約九三％へと、二年間に一〇〇ポイント以上低下したとはいうものの、それは「超」の付く異常から「超」の字がとれたというレベルにとどまる。法人があくまで人員削減にこだわったのも、必ずしも理解できないわけではない。

ただ、本件の場合、当初策定した「経営改善計画」にそもそも無理があった。将来展望のないまま、体裁だけを繕うと、ろくなことはない。本件は、そんな教訓を与えてくれる事件でもあった。

教員の整理解雇――大学編③

学校法人について定める私立学校法には、国立大学法人法にはない、法人の「破産」を理由とする「解散」の規定が存在する。

昭和二十四年の私立学校法制定当初、学校法人の解散事由の一つとして、同法五十条一項五号に規定された「破産」は、現行破産法の施行に伴って、平成十六年には「破産手続開始の決定」と改められ、二十年には、一般社団法人及び一般財団法人に関する法律の施行に伴い、五十条の二以下に、破産手続に関する詳細な定めが置かれる。だが、それ以外の点では大きな変更をみることなく、現在に至っている。

確かに、学校法人が「破産」により解散したというニュースは、耳にしたことがない。しかし、学校法人が設置運営する短期大学が廃校を余儀なくされた例は、先にみたようにかなりある。**専修大学事件**（**①平成二十五年十二月二日札幌地裁判決**、**②同二十七年四月二十四日札幌高裁判決**）も、そうしたケースにほかならなかった。

学生募集の停止とそれに続く廃校＝閉鎖に追い込まれたのは、S大学H短期大学。同じH短大の事件（残留学生の関係で解雇時期が一年先となった副学長を原告とする）である**③平成二十七年九月十八日札幌地裁判決**を含め、判決はいずれも、教員らの地位確認等の請求を斥けるものとなっている。

廃校の理由は、二度にわたる入学定員の削減にもかかわらず、平成十一年度に入学者数が定員を下回って以来、一貫して定員割れの状況が続いたことにあり、二十二年度の入学者数が定員二〇〇名中一四四名にとどまったことを受け、二十三年度末および二十四年度末に、本件整理解雇は行われた。

法人の設置運営する大学には、H短大以外に、S大学等複数の大学があり、法人の要請により、これらの大学では、H短大の教員を対象とした補充人事を実施。合計五名の教員が採用されるという経緯もあった。

ただ、一方で大学には教学権があり、それぞれの大学で資格審査要件を満たしていると判断されない限り、教員が採用されることはない。労働契約を締結する者＝使用者が同一法人であっても、この理に変わりはない（なお、同一法人の設置運営する四年制大学と短期大学が教員採用のための横断組織を有し、そこで資格審査等が行われているような場合には、例外もあり得る。③判決を参照）。

本件の場合、解雇回避措置の判断においても、こうした大学の特殊性が十分に配慮されている。大学がそれなりの措置を講じ、裁判でも丁寧な主張立証を行えば、整理解雇訴訟にも勝算はある、ということであろうか。

第一四話　任用に関する判例（13）

余剰教員の配置転換

教員数削減の一環として、教員を教員以外の職種に配置転換する。そのような配転命令の効力が争われた近年のケースに、**鈴鹿医療科学大学事件＝平成二十五年六月二十八日津地裁判決（一審）、平成二十六年一月三十日名古屋高裁判決（二審）**がある。

本件は、被告＝控訴人Yが設置・運営するS大学の鍼灸学部鍼灸学科において講師の任にあった原告＝被控訴人Xが、同学部鍼灸センター講師への配置転換を命じられたところ、当該配転命令を無効であるとして、Xがこれに従う義務を負わない地位にあることの確認等を求めたものであったが、一審・二審ともに、右の地位確認に加え、不法行為に基づく損害賠償請求を認めるものとなった（認容額は請求額の四分の一弱にとどまったものの、弁護士費用を含む二審の認容額（一三二万円）が一審（一一〇万円）より多かったため、原告と被告による訴訟費用の負担割合も、三対二から一対一に変更されている）。

右にいう鍼灸センターは、YがT研究所の付属施設として開院した鍼灸治療院を前身とするものであり、同センターでは、鍼灸学部の教育職員のうち鍼灸師の資格を有する者が、一週間に一回ないし三回程度（一回は半日）の頻度で外来患者の施術を担当しており、有資格者であるＸも、従前より週に一回ないし二回程度は施術業務に従事していた。

しかるところ、鍼灸センターへの配置転換に伴い、Ｘは講義の担当から外れる一方で、同センターが休診となる水曜日の午後（補助員に対する指導に充てる）を除き、平日には外来患者への施術（一部は実習補助を兼ねる）を担当することになる。

講師という「職名」は変わらず、給与額にも変更はなかったとはいえ、右の認定事実からもわかるように、本件配転は、教育職員から医療職員への異動を事実上意味していた。ただ、本件の場合、Ｙの就業規則には職種の変更を伴う異動を認めた明文の規定（文言上は「職務の変更」であるが、「職種の変更」を含むと解釈された）があり、ＹがＸに対し「職種の変更を伴う配置転換を命じることができる」との判断は、一・二審を通じてこれが維持されている。

他方、本件においては、Ｘが配転前に所属していた鍼灸学科の入学者数が著しく減少していた（配転が行われた平成二十三年度の入学者は、一三名（定員四〇名）まで減少）との事実も認定されていた。授業数が減少していないことをもって、一審は「入学者の減少により授業を担当する教員に余剰が生じたということはできない」としたが、右のような事情を勘案すれば、同学科の教育職員を減員する必要性も十分あったように思われる。

だとすれば、なぜYは敗訴したのか。その主たる理由は、本件配転によって「研究者・教育者としてのキャリアを積み重ねてきたX」が「通常甘受すべき程度を著しく超える不利益を受けることになった」(なお、最高裁も、**東亜ペイント事件＝昭和六十一年七月十四日第二小法廷判決**において、このような事情が認められる場合には、配転命令が権利の濫用として無効となることを認めている)と裁判所が判断したことにある。例えば、このことに関連して、判決(二審による変更後のもの)は、次のようにいう。

「Xは、大学卒業後、教育者・研究者の職務に従事し(注：この間、日米の大学でそれぞれ理学修士を取得している)、……平成十八年四月に鍼灸学科の講師に任命された後は、学生に対する実習、講義及び卒業研究指導を務めるとともに研究に従事し、S大学以外でもA医科大学の解剖学セミナーの研究員やM大学医学部における非常勤講師を務め、平成二十三年三月には博士(医学)の学位も取得し、研究者・教育者としてのキャリアを着実に積み重ねてきた」。

そして、Xは、その主張を認める仮処分決定(**平成二十四年三月二十九日津地裁決定**)があったことを受け、「平成二十三年五月二十五日以降は鍼灸センターが休診となる水曜日の午後(約四時間)に研究を行うことが認められるようになったものの、本件配置転換前には授業期間中は一週間に約一二時間、授業期間外は一週間に約三六時間を研究に充てることができたのであるから、本件配置転換により研究をすることができる時間が大幅に減少したことは明らかであり、M大学と共同で行っていた文部科学省の科学研究費補助金の支給対象となっていた二つの研究についても、同大学に行く時間が確保できなくなって研究の継続に著しい支障が生じたのであるから、本件配置転換により原告の研究に多大な支障が生じている」。

確かに、本件の場合、地位確認のみならず、不法行為に基づく損害賠償請求まで認められている（二審は「研究者・教育者としての評価や昇進の場面でも不利益を受ける」とする）ところからみて、Yに対する裁判官の心証がかなり悪かったことは間違いない。

とはいえ、いったん大学が教員として採用した者については、例外なく研究者・教育者としてのキャリアパスを用意しなければならない、と裁判官が考えているとすれば、行き過ぎとの感もある（本件の場合、就業規則の定めに照らし、異職種への配転を可能とした判断とも矛盾する）。

本件の場合、Xの高学歴とその就職先との間には明らかにギャップがあった。このことは、Xにとっても当初からわかっていたはずであり、裁判に勝ったとはいっても、それで展望が開けるわけではない。

世の中には、裁判では解決できない問題も沢山ある。本件は、そんな感想をいだかせる事件でもあった。

高学歴社会の現実——余録

ハーバード大学教授、リチャード・B・フリーマン（一九四三年生まれ）の著書の一つに、*The Overeducated American*（Academic Press, Inc. 1976）がある。

わが国では、原著が刊行された翌年には、『大学出の価値——教育過剰時代』として、その翻訳（小黒昌一訳、竹内書店新社）が出版されているが、先にみた**鈴鹿医療科学大学事件**の判決文を読みながら頭に浮かんだのが、原著のタイトルを模した The Overeducated **Japanese** という言葉であった。

本書が書かれたのは、およそ四〇年前。次のような現実が、既にアメリカではみられたという事実は注目に値する（以下の引用は、右の訳書の一〇七—一〇九頁による）。

「大学教育の場における需要の先細りは博士号取得者の大規模な供給増と結びついて、アメリカ大学史上博士にとって最悪の雇用市場を生み出した。……国立科学アカデミー・国立研究委員会の年度調査によると、一九七〇年代半ばに異常な数に上った新博士号取得者——一九七四年にはクラスの二六％——が、博士号を受けても〝将来の見通しが暗い〟まま就職先を探すという不本意な状態にあった。それに引きかえ、六年前は卒業早々にはまだはっきりした職場が見つからなかったという者は六％に過ぎなかった。最大の打撃を受けた専攻分野の一つは英語英文学であるが、一九七四年の調査時にまだ就職先の決まっていない者が博士号取得者の三分の一以上にも上っていた。一九五九年にはわずか八％に過ぎなかったのだが」。

他方、「物理科学では博士号を取って、将来の職待ちの意味で、安い給料で特別研究員のアルバイトをする者が増えている。大学側としては、助教授として採用するより〝特別研究員〟として雇えば給料が三分の一以下で済ませられた。一九六七年には物理学及び天文学の博士号取得者のうち、二三％が主として教育と研究のため特別研究員の途を選んだが、一九七四年になると、三四％が特別研究員になっており、さらにそれに加えて一三％が大学教師の職がないため、やむを得ずその口に就こうとしていた。化学でも状況は似たようなもので、一九七四年修了者の約半数が〝特別研究員〟の途に入った」。

右にみた本書の内容は、現在の日本にも、ほぼそのまま当てはまる。高度な教育を受けたいという希望は叶えられるべきであるとはいえ、受けた教育に見合った仕事が常に存在しているわけではない。むしろ、そうした僥倖に恵まれる機会は、ますます希少なものとなっている。〝古き良き時代〟に生きた者のいうことではないが、それが現実であることもまた、確かなのである。

第一五話　任用に関する判例（14）

公務員の世界にみる傷病休職

「心身の故障のため、長期の休養を要する場合」。国家公務員法（国公法）は、七十九条一号で、いわゆる傷病休職の事由をこのように定めるとともに、八十条一項前段において「前条第一号の規定による休職の期間は、人事院規則でこれを定める」と規定する。

これを受け、人事院規則一一―四（職員の身分保障）には、現在、次のような定めが置かれている。

（**休職の期間**）

第五条　法第七十九条第一号の規定による休職の期間は、休養を要する程度に応じ、……三年を超えない範囲内において、それぞれ個々の場合について、任命権者が定める。この休職の期間が三年に満たない場合においては、休職にした日から引き続き三年を超えない範囲内において、これを更新することができる。

２　以下、略

他方、休職者の給与については、一般職の職員の給与に関する法律（給与法）に、以下のような定めが設けられている。

（休職者の給与）

第二十三条　職員が公務上負傷し、若しくは疾病にかかり、又は通勤（国家公務員災害補償法（略）第一条の二に規定する通勤をいう。以下同じ。）により負傷し、若しくは疾病にかかり、国家公務員法第七十九条第一号に掲げる事由に該当して休職にされたときは、その休職の期間中、これに給与の全額を支給する。

２　職員が結核性疾患にかかり国家公務員法第七十九条第一号に掲げる事由に該当して休職にされたときは、その休職の期間が満二年に達するまでは、これに俸給、扶養手当、地域手当、広域異動手当、研究員調整手当、住居手当及び期末手当のそれぞれ百分の八十を支給することができる。

３　職員が前二項以外の心身の故障により国家公務員法第七十九条第一号に掲げる事由に該当して休職にされたときは、その休職の期間が満一年に達するまでは、これに俸給、扶養手当、地域手当、広域異動手当、研究員調整手当、住居手当及び期末手当のそれぞれ百分の八十を支給することができる。

４　以下、略

この給与法の規定が「休職者は、その休職の期間中、給与に関する法律で別段の定めをしない限り、何らの給与を受けてはならない」とした、国公法八十条四項後段にいう「別段の定め」に当たる。

その歴史は古く、休職の期間にせよ、休職者の給与にせよ、いずれも今から半世紀以上前に、ほぼ原型が完成をみた。

昭和二十六年七月に施行された、休職の期間について定める、その後廃止された人事院規則一一―一の改正規定(一条)、および同年十一月に施行され、十月に遡って適用された、給与法の第二次改正規定（現在と同じ二十三条）がそれである。

ただ、国公法は、昭和二十二年十月の制定当時、次のように定めていたことも失念すべきではない。翌二十三年十二月の第一次改正により、その内容は現行規定と概ね同じものに改められたとはいえ、改正後およそ三年間にわたり、休職者については無給扱いとする時代が続く。そんな経緯もあったのである。

（休職の効果）

第八十条　前条第一号の規定による休職の期間は、満一年とし、休職期間中その故障の消滅したときは、速やかにこれに復職を命ずるものとし、休職のまま満期に至ったときは、当然退職者とする。

②　略

③　休職者は、職員としての身分を保有するが、職務に従事しない。休職者は、その休

職の期間中俸給の三分の一を受ける。

この間、人事院規則の制定や改正により、休職期間については、一年が二年、二年が三年へと、順次その延長が図られる（二年への延長は、国公法の第一次改正を受けて、昭和二十四年六月に制定された、人事院規則一一―一の定めによる。なお、これらの休職期間の延長に先行して、昭和二十四年一月には、教育公務員特例法の制定により、結核性疾患に係る休職期間（有給）が二年とされ、昭和二十六年六月には、同法の改正に伴い、その三年への延長が可能とされるに至っている。同法十四条の新旧規定を比較参照）。

しかし、その一方で、公務災害による場合を含め、休職期間（最長三年）が満了すれば当然退職したものとする取扱いについては、明文の規定こそなくなったものの、今日まで事実上これが変更をみることなく、維持されているという事実もある。

一般職の国家公務員には労働基準法（労基法）が適用されないこと（国公法附則第十六条を参照）から、業務災害による傷病に係る療養のための休業に関しても、休業期間中の解雇を禁止した労基法十九条について、その適用を考慮する必要はない。

したがって、国家公務員の場合には、休職期間の満了を理由とする退職扱いが、労基法十九条違反の解雇に当たるとして無効とされ、賃金の支払い義務が場合によってはエンドレスに続くという問題（詳しくは、拙著『労働法改革は現場に学べ！――これからの雇用・労働法制』（労働新聞社、平成二十七年）一三〇―一三二頁を参照）も生じない。

公務災害（通勤災害を含む）による場合には、休職期間中「給与の全額を支給する」とした給与法の規定（二十三条一項）も、あくまで三年を超えて休職期間が継続することはないという前提に立っている。このことも、忘れてはなるまい。

休職期間満了による分限免職

復職できないまま、傷病休職の期間が満了する。そのような職員については、退職願の提出を促し、自己都合退職の扱いとするのが通例といえる。だが、何らかの事情により、本人がこれに応じなかった場合には、分限免職（職員の意に反して行う免職処分）の対象とせざるを得ない。

このような場合に備えて、国公法七十八条は、二号で「心身の故障のため、職務の遂行に支障があり、又はこれに堪えない場合」を分限事由として規定する。ただ、二号該当のケースに関しては、人事院規則一一―四第七条三項が、次のような要件を定めていることにも留意する必要がある。

3　法第七十八条第二号の規定により職員を……免職することができる場合は、任命権者が指定する医師二名によって、長期の療養若しくは休養を要する疾患又は療養若しくは休養によっても治癒し難い心身の故障があると診断され、その疾患若しくは故障のため職務の遂行に支障があり、又はこれに堪えないことが明らかな場合とする。

だとすれば、職員の受診命令拒否により、医師一名による診断しか得られなかった場合はどうか。こうした問題に一つの解答を与えたものに、**芦屋郵便局事件＝平成十二年三月二十二日大阪高裁判決**がある。

このような場合、一定の要件を満たせば、医師二名による診断がない場合であっても、「その他その官職に必要な適格性を欠く場合」を分限事由として定める国公法七十八条三号の規定に基づいて、当該職員を分限免職処分に付することができるというのがその結論であったが、七十八条二号を三号の例示と考える高裁判決の立場は、それまでの法令用語の一般的な理解とは異なっていたことも事実であった。

三号が「その他の」ではなく、「その他」で始まることから、二号は、従前の理解では、三号と並列関係にある規定ということになる。それゆえ、三号でいくのであれば、二号とは違う理由で処分を行う必要がある。二審とは結論を異にする一審、**平成十一年二月二十五日神戸地裁判決**は、このように判断した。

ただ、就業規則に同様の定めを置くようなミスでもしない限り、こうした〝禅問答〟に惑わされることもない。現場にとっての要諦は、この一点に尽きるといえよう。

第一六話　任用に関する判例（15）

結核と休職、傷病手当金

時代により休職事由も変わる。例えば、第二次世界大戦前は「兵役」が欠くことのできない事由とされていた。昭和六年には、その一環として、除隊後の再雇用を雇用者に義務づけた「入営者職業保障法」も制定されている（雇用義務は、二条一項に規定）。再雇用に当たっては「之ニ与フベキ労務及給与ハ其ノ者ノ入営直前ノ労務及給与ト同等ノモノナルコトヲ要ス」（三条本文）といった、不利益変更を認めない〝今風〟の規定も、同法には含まれていた。

他方、長期の療養を必要とする病気といえば、長らく結核がその代名詞とされてきた。**第一五話**でみたように、結核性疾患については、俸給等の八割が支給される期間が二年と、他の病気（一年）に比べ、倍の期間が確保されている（一般職の職員の給与に関する法律（給与法）二十三条二項および三項を比較参照）。

また、休職に先行して付与される病気休暇に関しても、平成二十二年に人事院規則九—

八二（俸給の半減）が改正され、翌二十三年一月一日にこれが施行されるまでは、給与法附則第六項の定めるところにより、結核性疾患については、給与が減額されず、全額支給される期間が一年と、他の病気（九〇日）の四倍にもなる制度設計がなされていた。

結核は、今日なお、主要な感染症の一つに数えられる（わが国の場合、毎年二万人前後の患者が新たに発生している）。しかし、結核予防ワクチン＝ＢＣＧが普及するまでの感染リスクは、現在の比ではなかった。

第一五話で指摘したように、昭和二十四年一月の教育公務員特例法（教特法）の制定により、結核性疾患については、教員が有給で療養に専念できる休職期間が二年とされ、二十六年六月には、同法の改正に伴い、その三年への延長が可能となる。そして、そこで強調されたのも、児童・生徒に対する結核感染の予防にほかならなかった（ちなみに、結核予防法は、昭和二十六年三月三十一日に公布され、翌四月一日に施行されている）。

近年、アメリカでは、労働者が五日程度の病気休暇を有給で取得できるよう、使用者に義務づけることが自治体レベルで一種の流行となっているが、飲食店を始めとする接客業の場合、経営者のなかにも、これを歓迎する動きがあるという。店員がインフルエンザ等に感染していない（感染していれば、休暇をとっている）ことの証明になるというのが、その理由である。

このように、病気休暇は、病気を治すためだけでなく、病気を他人にうつさないためにも存在しているといえる。結核の場合には、療養期間が長期に及ぶといった違いはあるものの、病気休暇や休職制度について考える際には、そうした視点も必要になる。

公務員の場合、教特法が先鞭をつけることにより、結核に合わせて、他の病気についても休職期間の延長が図られたことは**第一五話**でみたとおりであるが、右のように考えると、行き過ぎた「便乗」との感もなくはない。

確かに、民間企業を対象とした健康保険法の世界においても、傷病手当金については、結核に合わせる形で、支給期間の延長が実現をみたという事実はあった。とはいえ、健康保険法の場合は、結果的にそうなったというにすぎない。健康保険法は現在、傷病手当金について次のように定めているが、同法の沿革がこのことを示している。

（傷病手当金）

第九十九条　被保険者（略）が療養のため労務に服することができないときは、その労務に服することができなくなった日から起算して三日を経過した日から労務に服することができない期間、傷病手当金を支給する。

2　傷病手当金の額は、一日につき、傷病手当金の支給を始める日の属する月以前の直近の継続した十二月間の各月の標準報酬月額（略）を平均した額の三十分の一に相当する額（略）の三分の二に相当する金額（略）とする。（ただし書、略）

3　略

4　傷病手当金の支給期間は、同一の疾病又は負傷及びこれにより発した疾病に関しては、その支給を始めた日から起算して一年六月を超えないものとする。

傷病手当金の支給割合が、いわゆる標準報酬日額の「百分の六十」から「三分の二」に引き上げられたことは記憶に新しい（平成十八年六月の法改正。翌十九年四月一日施行）が、支給期間の上限が「一年六月」に改められたのもそう古いことではない。ときに昭和五十三年一月一日。前年十二月の法改正による。

健康保険法は、その制定当初（保険給付は昭和二年一月一日スタート）から、傷病手当金の支給期間の上限を「百八十日」と規定。昭和十七年の法改正により、これが「六月」と改められたものの、以後半世紀以上にわたり、この上限については変更をみなかった。

こうしたなか、昭和十四年の法改正（十五年六月一日施行）により、結核性疾病については「一年」に至るまで、傷病手当金を支給することが可能となり、戦後、昭和二十二年の法改正（施行令改正を含む。同年九月一日施行）により、その期間がさらに「一年六月」へと延長される。

以来さらに三〇年。結核をことさら特別扱いしなければならない時代は、既に終わっていた。ただ、健康保険が民間企業を対象とする以上、無理強いはできない。傷病手当金の支給期間を結核に合わせるだけでも、これだけの歳月を必要としたのである。

なお、国家公務員共済組合法六十六条に定める傷病手当金の支給期間を「六月間」から

「一年六月間」に改める同法の改正も、前述した昭和五十二年の健康保険法改正と同時に(正確には「健康保険法等の一部を改正する法律」の附則第四条に改正規定を置くことにより)、これが行われている。

国家公務員の場合、結核性の病気について傷病手当金の支給期間を「三年間」とする、特別扱いは現在なお続いているものの、右にみた期間延長については「お手盛り」で先行実施というわけにはいかなかった。そうした経緯も、知っておいて損はあるまい。

傷病手当金と最高裁判例①

「療養のための就労不能により報酬を受けることができない被保険者に、一定の限度でその生活を保障して療養に専念しうる状態を与えようとするもの」。かつて、「被保険者ガ療養ノ為労務ニ服スルコト能ハザル」ことを傷病手当金の支給要件として規定した、健康保険法四十五条（現九十九条）の意義を、最高裁はこのように説いたことがある。

結核患者（肺結核症）が訴訟を提起した、**社会保険審査会事件＝昭和四十九年五月三十日第一小法廷判決**がそれである。

「したがって、被保険者がたとえその本来の職場における労務に就くことが不可能な場合であっても、現に職場転換その他の措置により就労可能な程度の他の比較的軽微な労務に服し、これによって相当額の報酬を得ているような場合は、同条所定の受給要件には該当しない」が、「他方、傷病手当金の支給をえられないために、療養中の被保険者が可能な限度をこえて労務に服することを余儀なくされるような結果を来たすことは、前記傷病手当金の制度の目的に反することであり、このような点を考えれば、その受給要件をあまり厳格に解することもまた相当でない」。判決は、こうも述べる。

「このような見地からすれば、上記のような労務に服することができない以上、たとえ幾分でも生計の補いとするために副業ないし内職のごとき本来の職場における労務に対する代替的性格をもたない労務に従事したり、あるいは、なんらかの事情により当然受けうるはずの傷病手当金を受けることができなかったため、やむを得ず右手当金の支給があるまでの間の一時的なつなぎとして軽微な他の労務に服したりして、賃金を得るような事実があったとしても、これによって傷病手当金の受給権を喪失することはないと解すべきものとした原判決の判断は、相当である」。

以上が判決の結論であったが、傷病手当金については、その性格をまず理解する必要がある。本件は、**第一七話**以降の伏線となるケースでもあるので、そのように心して読んでいただきたい。

第一七話　任用に関する判例（16）

傷病手当金と最高裁判例②

安んじて、療養に専念する。傷病手当金の目的は、**第一六話**でみたように、そうした環境を用意することにある。だが、労働者のなかには、軽度の仕事であればできるとして、傷病手当金を受給せず、就労を求めてくる者もいる。そんな仕事が現実にあれば、使用者は労働者の要求に応えなければならない。最高裁は、**片山組事件＝平成十年四月九日第一小法廷判決**において、大要このようにいう。具体的には、次のように述べる。

「労働者が職種や業務内容を特定せずに労働契約を締結した場合においては、現に就業を命じられた特定の業務について労務の提供が十全にはできないとしても、その能力、経験、地位、当該企業の規模、業種、当該企業における労働者の配置・異動の実情及び難易等に照らして当該労働者が配置される現実的可能性があると認められる他の業務について労務の提供をすることができ、かつ、その提供を申し出ているならば、なお債務の本旨に従った履行の提供があると解するのが相当である。そのように解さないと、同一の企業における同様の労働契約を締結した労働者の提供し得る労務の範囲に同様の身体的原因による制約が生じた場合に、その能力、経験、地位等にかかわりなく、現に就業を命じられている業務によって、労務の提供が債務の本旨に従ったものになるか否か、また、その結果、賃金請求権を取得するか否かが左右されることになり、不合理である」。

本件の場合、「上告人は、被上告人に雇用されて以来二一年以上にわたり建築工事現場における現場監督業務に従事してきたものであるが、労働契約上その職種や業務内容が現場監督業務に限定されていたとは認定されておらず、また、上告人提出の病状説明書の記載に誇張がみられるとしても、本件自宅治療命令を受けた当時、事務作業に係る労務の提供は可能であり、かつ、その提供を申し出ていたというべきである。そうすると、右事実から直ちに上告人が債務の本旨に従った労務の提供をしなかったものと断定することはできず、上告人の能力、経験、地位、被上告人の規模、業種、被上告人における労働者の配置・異動の実情及び難易等に照らして上告人が配置される現実的可能性があると認められる業務が他にあったかどうかを検討すべきである。そして、上告人は被上告人において現場監督業務に従事していた労働者が病気、けがなどにより当該業務に従事することができなくなったときに他の部署に配置転換された例があると主張しているが、その点についての認定判断はされていない。そうすると、これらの点について審理判断をしないまま、上告人の労務の提供が債務の本旨に従ったものではないとした原審の……判断は、上告人と被上告人の労働契約の解釈を誤った違法がある」。

判決の結論は、破棄差戻し。差戻審（**平成十一年四月二十七日東京高裁判決**）は、次のように述べ、「被控訴人（注：上告人）のした労務の提供は債務の本旨に従ったものというべきである」とした。

「本件自宅治療命令発令当時、控訴人には、被控訴人のような多年にわたり現場監督業務に従事していた者にも遂行可能な事務作業業務が少なからず存在し、被控訴人に現場監督業務以外従事させる業務がなかったとはいえず（少なくとも、当面、待機（注：次の現場監督に従事するまでの待機期間を指す）中であった被控訴人以外の現場監督を本件工事現場における現場監督業務に従事させ、被控訴人を工務監理部において事務作業に従事させることは可能であったというべきである。）、被控訴人をこの業務に配置する現実的可能性があったものと認められる」。

待機中の者と交替させれば、事務作業への従事は現実にも可能。そこまでの配慮が必要か、との思いは率直にいってある。

本件の場合、上告人が提出したバセドウ病の症状に関する病状説明書には、「疲労が激しく、心臓動悸、発汗、不眠、下痢等を伴い、抑制剤の副作用による貧血等も症状として発生しています。未だ暫く治療を要すると思われます」とあり、上告人を執行委員長とする労働組合も、上告人の労務については「（1）現場作業には従事することができない、（2）

就業時間は午前八時から午後五時まで、残業は午後六時までとする、（3）日曜、祭日、隔週土曜を休日とする」との三条件を被上告人が受け入れることを要求していた。

すなわち、最高裁判決から受ける印象とは違い、本件は単純に「事務作業に係る労務の提供は可能であり、かつ、その提供を申し出ていた」という事件ではなかった。

また、最高裁は、本件の場合、労働契約上その職種や業務内容が現に労働者が従事していた業務（現場監督業務）に限定されていなかったことを強調しているが、このことも、使用者が労働者を他の業務に配置転換することに、労働契約上制約がなかったことを意味するにすぎず、この一事をもって「労働者の提供し得る労務の範囲」をあたかも労働者自身が決定できたかのように解する（他の業務への配置転換が現実に可能であれば、当該業務における労務の提供を債務の本旨に従ったものと解釈する）ことには、明らかに「論理の飛躍」がある。

たしかに、最高裁はこれまで、十数年から二十数年にわたって機械工として就労してきた者についても「機械工以外の職種には一切就かせないという趣旨の職種限定の合意が明示又は黙示に成立したものとまでは認めること」ができないとして、使用者がこれらの者をいわゆる非熟練職種に配置転換することを認めてきた（**日産自動車村山工場事件＝平成元年十二月七日第一小法廷判決**）。

したがって、同じように二〇年以上にわたって現場監督業務に従事してきた者についても、せめて病気の時くらいは、それが現実に可能であれば、他のより軽易な業務への配転換を使用者に「強制」しても差し支えない、とするバランス感覚も理解はできる。

とはいうものの、その結論を導き出すために、労働契約の厳密な解釈（職種や業務内容が特定されていないことの確認）から出発して、あくまでも「債務の本旨に従った労務の提供」があったかどうかを争点とする。その必要が本当にあったのか、大いに疑問というべきであろう（以上につき、より詳しくは、本書第二部 1 に収録した、本件判決の解説を参照）。

補　症状悪化のリスク

就労によって症状が悪化した場合、たとえ労働者本人が望みかつ組合が要求した就労であっても、また就労を認めた前例があったとしても、使用者はその責任を免れない。

本件一審判決（**平成五年九月二十一日東京地裁判決**）のいう「健康配慮義務」といった概念をわざわざ持ち出すまでもない。労働者が激しい疲労を訴えている以上、軽度の作業であっても、就労を継続することにより症状が悪化することは、使用者にも十分予見できた。このように「予見可能性」が認められる場合、使用者が「結果回避義務」に違反するものとして損害賠償責任を負うことは、不法行為の一般理論（民法七百九条の解釈）からも説明できる。場合によっては、業務災害という問題にさえ発展しかねない。

本件の場合、幸いにも、上告人は、短期間で以前の現場監督の業務に復帰しているが、それは結果論でしかない。

なるほど、病気やケガをした労働者にも、「働く権利」はある。本件の場合、上告人や組合はその権利を主張して、被上告人と交渉を行い、その上で訴訟を提起したのであり、判決を通して、それが確保されたことの意義は大きい。

しかし、その場合の「働く権利」の行使には、症状の悪化というリスクを伴う。ただ、そのリスクに判決は言及しなかった。というよりも、そうした問題意識がそもそも最高裁にはなかった。そこに問題があると考えるのは、おそらく筆者だけではあるまい。

第一八話　任用に関する判例（17）

傷病手当金と最高裁判例③

私傷病であれば、健康保険法九十九条に基づく傷病手当金。労働者災害補償保険法（労災保険法）七条一項一号および二号に定める業務災害または通勤災害であれば、同法十二条の八第一項二号、十四条に基づく休業補償給付または同法二十一条二号、二十二条の二に基づく休業給付。民間企業の場合、休職期間を含む療養のための休業期間中の所得は、相当部分がこのような形で補填される。

一日当たりの支給額は、傷病手当金が標準報酬日額（標準報酬月額の三十分の一に相当する額）の三分の二であるのに対して、休業（補償）給付が給付基礎日額（労働基準法でいう平均賃金）の百分の六十と、傷病手当金の支給額が、休業（補償）給付のそれを若干上回る〝逆転現象〟さえみられる（健康保険法九十九条および労災保険法十四条（二十二条の二も同条を準用）を比較参照）。

確かに、業務災害や通勤災害については、労災保険法二十九条一項にいう社会復帰促進等事業（かつての労働福祉事業）の一環として、給付基礎日額の百分の二十に相当する休業特別支給金（労働者災害補償保険特別支給金支給規則三条一項）の上乗せがあるとはいうものの、傷病手当金についても、いわゆる組合管掌健康保険の場合には、健康保険組合が健康保険法五十三条により、同程度の付加給付を行うのが一般的であって、実際の支給額においては、大差のないものとなっている。

傷病手当金であると、休業（補償）給付であるとを問わず、保険給付としてその支給がなされる以上、租税・公課が課されることもない（健康保険法六十二条、労災保険法十二条の六）。双方の間には、そんな〝共通点〟も存在する。

ただ、傷病手当金の場合、支給期間の上限は一年六か月とされ、被保険者の資格を喪失すれば、原則としてその支給を受けることができなくなる（資格喪失までに一年以上、被保険者としての資格があり、その資格を喪失した際に傷病手当金の支給を受けている場合にのみ、継続給付が認められる。健康保険法百四条）という〝制限〟がある。

他方、休業（補償）給付には、支給期間にそうした上限がなく、「保険給付を受ける権利は、労働者の退職によって変更されることはない」（労災保険法十二条の五第一項）と規定されている。このような制度上の違いにも、留意する必要があろう。

従業員がうつ病に罹患し、休職期間の満了を理由として解雇された、**東芝事件＝平成二十六年三月二十四日最高裁第二小法廷判決**においては、㈠従業員の請求する休業損害金と、こうした傷病手当金や休業補償給付との間で、いわゆる損益相殺が認められるか否かが争点の一つとなった。判決はいう。

「原審は、安全配慮義務違反等に基づく損害賠償請求のうち休業損害に係る請求について、その損害賠償の額から本件傷病手当金等の上告人保有分を控除しているが、その損害賠償金は、被上告人における過重な業務によって発症し増悪した本件鬱病に起因する休業損害につき業務上の疾病による損害の賠償として支払われるべきものであるところ、本件傷病手当金等は、業務外の事由による疾病等に関する保険給付として支給されるものであるから（健康保険法一条、五十五条一項）、上記の上告人保有分は、不当利得として本件健康保険組合に返還されるべきものであって、これを上記損害賠償の額から控除することはできない」。

「また、原審は、上記請求について、上記損害賠償の額からいまだ支給決定を受けていない休業補償給付の額を控除しているが、いまだ現実の支給がされていない以上、これを控除することはできない」（注：**三共自動車事件＝昭和五十二年十月二十五日最高裁第三小法廷判決**の参照を指示）。

本件の場合、原審（**平成二十三年二月二十三日東京高裁判決**）の認定した事実によれば、「第一審原告は、東芝健康保険組合から給付された傷病手当金、傷病手当付加金及び延長付加金（以下「疾病手当金等」という。）のうち三六七万八八四八円を返還せずに保持して」

おり、「この疾病手当金等は、療養のため就業できない場合に欠勤四日目から一年六か月間は、傷病手当金及び傷病手当付加金として一日当たり標準報酬日額の八〇%、次の六か月間は延長傷病手当金として一日当たり標準報酬日額の六〇%、その後の六か月間は延長傷病手当金として一日当たり標準報酬日額の四〇%が支給されるもの」であったというが、「このような制度の設計、第一審原告自身もその年収額から疾病手当金等の受給額を控除した金額をもって損害額として主張していたこと（略）、休業補償給付等の支給により東芝健康保険組合に返還すべきこととなる関係にかんがみると、傷病手当金等は労災保険法上の休業補償給付に対応しているものと推認されるから、傷病手当金等については、休業損害金から損益相殺的に控除するのが相当である」というのが、原審の判断であった。

さらに、特別支給金については、従前の最高裁判例（**コック食品事件＝平成八年二月二十三日第二小法廷判決**、**改進社事件＝平成九年一月二十八日第三小法廷判決**）に従って、「労働福祉事業の一環として、被災労働者の療養生活所の援護等によりその福祉の増進を図るために行われるものであって、被災労働者の損害を塡補する性質を有するとはいえないから、労災保険から受領した特別支給金をその損害額から控除することはできない」としつつも、「休業補償給付については、逸失利益である休業損害金と相互補完性を有する関係にあるといえるから、その受領額を損害額から控除することになる」という考え方が、原審においては採用されていた。

最高裁判決に関しては、「上告人が［自らのメンタルヘルスに関する］情報を被上告人に申告しなかったことをもって、民法四百十八条又は七百二十二条二項の規定による過失相殺をすることはできない」とした判示部分が最も注目されたとはいえ、損益相殺までもがこうもあっさり否定されると、二の句が継げなくなる。例えば、休業補償給付については上告人が支給申請を行わない場合、使用者の補償責任が軽減される可能性（労働基準法八十四条一項）も消える。「それはないだろう」というのが、会社の正直な感想だったのではないか。

補　東芝事件のもう一つの争点

二割の過失相殺に加え、損益相殺が認められた結果、判決確定の日まで、会社が（元）従業員に毎月支払わなければならない金員についても、四七万三八三一円が二六万九六八三円へと「減額」をみる。**東芝事件**の場合、そんな二審判決をみて、自らは上告しないという道を会社は選択する。上告審の結論は、破棄差戻し。会社側の目論見は、完全に裏目に出ることになった。

そうした〝悲運〟は別として、解雇が無効とされた理由は、本件の場合、労働基準法十九条一項違反にあった。業務上の「疾病にかかり療養のため休業する」必要があったからこそ、解雇も無効とされた。だとすれば、なぜ、解雇期間中の賃金を支払う義務が使用者に課せられるのか。

解雇されていなければ、働くことができた（休業する必要もなかった）。だから、その間の賃金を支払えというのであれば、わかる。民法五百三十六条二項も、このような前提に立つものと考えられるが、一審（**平成二十年四月二十二日東京地裁判決**）、二審（**原判決**）を通じて、裁判所はそうは考えなかった。

主文第一項で「原告が、被告に対し、雇用契約上の権利を有する地位にあること」を確認した以上、その権利の最たるものとして、賃金請求権は当然認められる。

したがって、主文第二項で、解雇期間中の賃金相当額の支払いを命じたとしても、それは第一項の延長にすぎない。

裁判官の多くには、そのようなワンセット思考があるとしても、**東芝事件**では、上告審においてその当否を争って欲しかった。返すがえすも、残念という以外にない。

第一九話　任用に関する判例（18）

休職期間中の給与支給

業務災害や通勤災害による療養のための休職期間中は、給与を全額支給しなければならない。国立大学法人の教職員には、このように誤解している者が多い。かつてその適用を受けた給与法（一般職の職員の給与に関する法律）が、そう規定していたからである。次のように定める、給与法二十三条一項の規定がそれである。

（休職者の給与）

第二十三条　職員が公務上負傷し、若しくは疾病にかかり、又は通勤（略）により負傷し、若しくは疾病にかかり、国家公務員法第七十九条第一号に掲げる事由に該当して休職にされたときは、その休職の期間中、これに給与の全額を支給する。

2　以下、略

私傷病による休職であっても、同条三項により、一年間、俸給等（扶養手当、地域手当、広域異動手当、研究員調整手当、住居手当および期末手当を含む）の百分の八十が支給され（「支給することができる」と規定）、結核性疾患の場合には、同条二項によって、その支給期間が二年に延長される。さらに、公務災害や通勤災害になると、休職期間中は給与の全額支給が保障される。

確かに、私傷病と公務災害の別を問わず、公務員の場合、休職期間が三年を超えることはなく（それが長すぎるかどうかは、ここでは問題にしない）、いずれの場合であっても、休職期間が満了した時点で復職できなければ、分限免職となる（以上につき、詳しくは、**第一五話**を参照）。

だが、休職期間中の給与も、税金を財源としていることに変わりはない。勤務を欠いたまま給与の支給を受ける公務員にも、そうした自覚は当然必要になる。

私傷病による休職の場合、民間企業であれば、休職期間中に賃金の支給を受けると、健康保険法九十九条に定める傷病手当金が支給されない（同法百八条一項。ただし、賃金の支給額が傷病手当金の額より少ないときは、その差額が支給される。同項ただし書）。

また、業務災害や通勤災害による休職の場合であっても、休職期間中、平均賃金＝給付基礎日額の百分の六十に相当する額以上の賃金が支払われるときは、労災保険法（労働者災害補償保険法）十四条および二十二条の二に規定する休業補償給付や休業給付は、受給権がなくなることを理由として（業務災害については、労働基準法七十五条以下に定めのある、使用者の災害補償責任の一環としての休業補償責任が消滅することを根拠とする。

同法七十六条)、その支給がなされない。

このような事情もあって、民間企業においては、私傷病によるものであれ、業務災害によるものであれ、休業を前提とする休職期間中は賃金を支給しない(八割支給や全額支給は論外)、という慣行が定着した。

他方、公務員には、給与をコストとして、国民に負担をかけるものとして考える素地に大きく欠けるところがあり、法律(給与法)がその支給を認めた以上、これを当然視する世界が自然とできあがった。

このことに関連していえば、「職員が公務上負傷し、若しくは疾病にかかり、又は通勤により負傷し、若しくは疾病にかかり、療養のため勤務することができない場合において、給与を受けないときは、国は、休業補償として、その勤務することができない期間につき、平均給与額の百分の六十に相当する金額を支給する」と規定した、国家公務員災害補償法十二条本文は、少なくとも常勤職員に関する限り、その適用の余地がもともとなかった、という話にもなる。

したがって、労災保険法には明文の規定を欠く、前述した健康保険法百八条一項ただし書と趣旨を同じくする、不就労を前提とした給与との調整規定が以下にみるように人事院規則一六―〇(職員の災害補償)に置かれたときも、これが意味のある規定となることはなかった(なお、二項は、一部就労の場合における給与との調整規定。これについては、労働者災害補償保険法十四条一項ただし書に類似規定がある）。

（給与の一部を受けない場合における休業補償）

第二十四条の二　職員が公務上負傷し、若しくは疾病にかかり、又は通勤により負傷し、若しくは疾病にかかり、療養のため勤務することができない日がある場合において、その日に受ける給与の額が平均給与額の百分の六十に相当する額に満たないときは、その差額に相当する金額を休業補償として支給するものとする。

２　略

しかるに、国立大学の法人化に当たって、このような公務員法と民間労働法との違いが十分に理解されていたかというと、いささか疑問符が付く。例えば、公務員に準じ、業務災害や通勤災害による療養のための休職については、休職期間中、給与の全額を支給するとの定めを就業規則に置いた場合、それだけで、休業補償給付や休業給付の支給を受けることができなくなるおそれもある。

「給与の全額（労災保険法第十四条に規定する休業補償給付または同法第二十二条の二に規定する休業給付（労災保険特別支給金規則第三条に規定する休業特別支給金を含む。）を受けたときは、これを控除した額）を支給する」等と定めたとしても、そのおそれは一向に解消されない（給与が全額支給されるとの前提のもとでは、休業補償給付等はそもそも受給できない）。

「平均給与額の百分の二十」を支給する。就業規則に定める給与の支給額は、このように休業補償給付や休業給付の受給額を下回るものとすることが最低限必要になる（もはや公務員ではない以上、先にみた人事院規則一六—〇第二十四条の二第一項は、無視しても差し支えない）。こう考えて、おそらく間違いはあるまい。

補　就業規則と給与の支給

たとえ法律に定めがなくても、契約に定めがあれば、当事者間に権利義務が発生する。これと同じことが就業規則についてもいえる。就業規則の作成・変更に際しては、このことにいくら注意しても注意しすぎることはない（例えば、公法上の義務規定も、就業規則に同じことを書けば、それが私法上の権利義務の根拠となる。拙著『法人職員・公務員のための労働法72話』（ジアース教育新社、平成二十七年）一三五頁を参照）。

「労働者において労務提供（ママ）の意思を有していなくとも、それが労務提供の意思形成の可能性がありながら、当該労務者の判断により労務の不提供を判断したなどの特段の場合であればともかく、使用者の責めに帰すべき事由により労働者が労務提供の意思を形成し得なくなった場合には、当然に［民法五百三十六条二項］の適用がある（注：解雇中の賃金支払い義務が使用者にあることを意味する）ものと解すべきであって、業務上の疾病として本件鬱病を罹患した第一審原告の状況は、使用者の責めに帰すべき事由により労働者が労務提供の意思を形成し得なくなった場合に当たる」。**第一八話**でも取り上げた**東芝事件＝平成二十三年二月二十三日東京高裁判決**において、裁判所はこのようにいうが、この論理（**アイフル（旧ライフ）事件＝平成二十四年十二月十三日大阪高裁判決**もほぼ同旨）を理解することは容易ではない。

しかし、業務災害の場合には、給与の全額を支給するとの定めが就業規則にある場合には、こうした難解な法律論に依拠する必要もない。裁判所が「業務上の疾病」に当たると判断しただけ（**東芝事件**がそうであったように、労働基準監督署長の労災認定も必要ではない）で、直ちに同様の結論が導かれる。

そして、先に例示したような給与の全額支給規定が存在する場合、職員が休業補償給付の支給を受けず（保険給付は、あくまで補償を受けるべき労働者等の「請求に基づいて行う」ものとされている。労災保険法十二条の八第二項）、当該規定により、給与の全額支給を求めてくるケースも考えられる。就業規則（給与規程）の作成に当たっては、そうした可能性にも留意する必要があろう。

第二〇話　任用に関する判例（19）

白書にみる傷病休職の変遷

「心身の故障のため、長期の休養を要する場合」。この国家公務員法七十九条一号に該当することを理由に休職に付された者の人数を始めとするデータは、人事院の年次報告書である『公務員白書』を通して入手することができる。

具体的には、公務傷病、結核性疾患および非結核性疾患（平成三年度以降、通勤傷病がこれに加わる）の内訳が、白書からはわかる（以下、昭和六十三年度から平成二十八年度までのデータは、人事院のＨＰ公表資料に、また昭和三十五年度から同六十二年度までのデータは、人事院『人事行政五十年の歩み』（平成十年）によった）。

かつては、結核性疾患が傷病休職の半数以上を占め（その背景事情については、**第一六話**を併せ参照）、例えば、昭和三十五年度における内訳は、公務傷病が三五人、結核性疾患が七三二人、非結核性疾患が六〇〇人と、結核性疾患が全体の五三・五％を占めるものとなっていた。

しかし、昭和三十七年度には、結核性疾患と非結核性疾患の休職者数が逆転（五一八人対五九九人）し、東京オリンピックが開催された昭和三十九年度には、早くも結核性疾患の休職者数が非結核性疾患の半分近くにまで減少する（三八九人対七二二人）。

その後、結核性疾患の休職者数は一時的に増加したものの、昭和四十九年度には二〇〇人を下回り（一九六人）、昭和五十三年度以降はその数が二桁台に減少。平成に入ると多くても一〇人というところまで、その数が減り、さらに、最近五年間では一人かゼロという、きわめて低い水準にとどまっている。

他方、非結核性疾患の休職者数は、増減を繰り返しつつも、昭和四十年度以降、四桁台を常にキープする形で、今日に至っている。

平成二十八年七月一日現在、傷病休職中の者は、計一二四八人。実にその九九・八％、一二四五人を非結核性疾患の休職者が占める。残りの三人は、公務傷病が一人、通勤傷病が二人、結核性疾患はゼロという現状にある。

結核性疾患の場合には、二年間、俸給等の八割を支給し、非結核性疾患の場合にも、一年間、その支給を可能にする。公務傷病の場合における給与の三年間全額支給を含め、一見する限り、バランスがとれているようにもみえるが、あくまでも給与法（一般職の職員の給与に関する法律）二十三条を根拠とする、法律上の均衡にすぎない（以上、**第一五話**および**第一九話**を参照）。

仮に今、給与法をゼロベースから制定するとした場合、同様の規定を設けることに国民は納得するであろうか。ときには、そうした疑問を持つことも必要といえよう。

オンリー・イエスタデイ――昭和六十年代の二判決

医療が進歩すれば、傷病休職による休職者も減少する。右にみた結核性疾患はその典型ともいえるが、その一方で、うつ病等の精神疾患のように、休職者が急速に増加している傷病もある。

こうした傾向は、訴訟にもその影を落としているとはいえ、それは比較的最近のことであり、傷病休職に関する訴訟といえば、多くの者が頸肩腕症候群をイメージする、そんな時代があった。頸肩腕症候群と関わる事件について最高裁判決が続いた、昭和六十年代がそれである。

なかでも、最も著名なケースに、**電電公社帯広局事件＝昭和六十一年三月十三日最高裁第一小法廷判決**がある。事案は、頸肩腕症候群に罹患した職員が公社指定の病院（S逓信病院）における精密検査の受診を拒否したこと等を理由とする懲戒戒告処分の効力の有無を争点とするものであったが、最高裁は次のような考え方に基づいて判断を行うことを、まず明らかにする。

「一般に業務命令とは、使用者が業務遂行のために労働者に対して行う指示又は命令であり、使用者がその雇用する労働者に対して業務命令をもって指示、命令することができる根拠は、労働者がその労働力の処分を使用者に委ねることを約する労働契約にある」。「すなわち、労働者は、使用者に対して一定の範囲での労働力の自由な処分を許諾して労働契約を締結するものであるから、その一定の範囲での労働力の処分に関する使用者の指示、命令としての業務命令に従う義務がある」。「したがって、使用者が業務命令をもって指示、命令することのできる事項であるかどうかは、労働者が当該労働契約によってその処分を許諾した範囲内の事項であるかどうかによって定まる」。

他方、労働条件を定型的に定めた就業規則は、「その定めが合理的なものであるかぎり、個別的労働契約における労働条件の決定は、その就業規則によるという事実たる慣習が成立しているものとして、法的規範としての性質を認められるに至っており、当該事業場の労働者は、就業規則の存在及び内容を現実に知っていると否とにかかわらず、また、これに対して個別的に同意を与えたかどうかを問わず、当然にその適用を受ける」（注：**秋北バス事件＝昭和四十三年十二月二十五日最高裁大法廷判決**を援用）。

かくして、「使用者が当該具体的労働契約上いかなる事項について業務命令を発することができるかという点についても、関連する就業規則の規定内容が合理的なものであるかぎりにおいてそれが当該労働契約の内容となっているということを前提として検討すべきこととなる。換言すれば、就業規則が労働者に対し、一定の事項につき使用者の業務命令に服従すべき旨を定めているときは、そのような就業規則の規定内容が合理的なものであるかぎりにおいて当該具体的労働契約の内容をなしているものということができる」。

判決は、このような考え方を前提として、公社就業規則およびこれと性質を同じくする健康管理規程には合理性が認められるとして、職員にはその健康回復を目的とする健康管理従事者の指示（解釈上、精密検査を行う病院や担当医師の指定、検診実施時期等の指定を含む）に従う義務があり、当該義務が労働契約の内容となっている（義務違反に対する懲戒処分も、裁量権を濫用したものでない限り、違法とはならない）とするものであったが、一方では職員が「別途自ら選択した医師によって診療を受けること」を制限するものではないことを理由に、右のように解したとしても、医師選択の自由を侵害することにはならないことを強調するものであった。

また、中労委による救済命令の一部取消しを求める行政訴訟ではあったが、頸肩腕障害等に罹患した従業員の休職期間満了を理由とする退職扱いや団体交渉の拒否を「いずれも不当労働行為に該当しないとした原審の判断［は］正当として是認するに足りる」とした同時代の最高裁判決に、**京セラ（旧サイバネット工業）事件＝昭和六十三年九月八日第一小法廷判決**がある。

会社が指定医の受診を指示したにもかかわらず、従業員が就業規則等にその定めがないことを理由として、指示に従わない。しかも従業員が加入する労働組合は、あくまで業務災害であったと強硬に主張する。労組と会社が激しい対立関係にあったことから、中労委（**昭和五十八年四月六日命令**）は「退職通知がなかったものとして取り扱わなければならない」等と、ストレートに命じたものの、原審（**昭和六十一年十一月十三日東京高裁判決**）の判断は、以下にみるように違っていた。

「指定医の診断結果に不満があるときは、別途自ら選択した医師による診断を受けこれを争い得る」のに、「その挙に出ることもなく、単に就業規則等にその定めがないことを理由として受診に関する指示を拒否し続けたことは許されない」。それゆえ、「休職期間満了の時点で同人［の］疾病が業務に起因するものとは認めず、復職の望みがないと判断したのはやむを得ない」。

このことから、退職扱いに関する団体交渉の申入れに応じなかったことには正当の理由がある、とまでいうことには行き過ぎの感もあるとはいえ、最高裁がその結論に異を唱えなかったことは注目してよいであろう。

第二一話　任用に関する判例（20）

オンリー・イエスタデイ　続――昭和六十年代の二判決

業務命令の根拠を就業規則に求める。第二〇話でみた**電電公社帯広局事件＝昭和六十一年三月十三日最高裁第一小法廷判決**において、このような手法を裁判所が採用したのは、たまたま就業規則にその旨の定めがあり、それが可能であったことによる。

本件をもとに、就業規則に根拠規定がなければ、使用者は業務命令を発し得ないと即断すると、間違いを犯す。すなわち、就業規則に根拠規定があることは、使用者による業務命令を〝オーソライズ〟するための十分条件ではあっても、必要条件ではない。このことにまず留意する必要がある（必要条件と十分条件の違いについては、拙著『労働法とその周辺――神は細部に宿り給ふ』（アドバンスニュース出版、平成二十八年）序章「論理学のすすめ」中の七―一七頁を参照）。

本件の場合も、公社就業規則は「職員は、心身の故障により、療養、勤務軽減等の措置を受けたときは、衛生管理者の指示に従うほか、所属長、医師及び健康管理に従事する者の指示に従い、健康の回復につとめなければならない」と定めるにすぎず、就業規則としての性格を有する健康管理規程も、これと同様に「要管理者（注：検診の結果等に基づき、管理が必要であると健康管理医が認めた職員をいう）は、健康管理従事者の指示に従い、自己の健康の回復に努めなければならない」等と規定するにとどまっていた。

このように本件の場合、就業規則には健康管理従事者による指示の具体的内容について規定した定めはなかった。にもかかわらず、健康管理従事者は「精密検診を行う病院ないし担当医師の指定、その検診実施の時期等についても指示することができる」としたのは就業規則＝労働契約の合理的意思解釈の結果、そう判断したというにすぎない。

他方、**京セラ（旧サイバネット工業）事件＝昭和六十三年九月八日最高裁第一小法廷判決**において、原審（**昭和六十一年十一月十三日東京高裁判決**）が会社による指定医の受診の指示を当然と考えた背景にも、次のような認定事実があった。

「旧会社としては、従業員たるAの疾病が業務に起因するものであるか否かは同人の以後の処遇に直接に影響するなど極めて重要な関心事であり、しかも、Aが当初提出した診断書を作成したB医師から、Aの疾病は業務に起因するものではないとの説明があった」。また、Aにおいて「指定医三名の人選に不服があるときは、その変更等について会社側と交渉する余地があることは、会社側において指定医・診察についてAの希望をできるだけ容れると言明しているところからすると明らか」であった、という事情がそれである。

「かような事情がある場合に旧会社がAに対し改めて専門医の診断を受けるように求めることは、労使間における信義則ないし公平の観念に照らし合理的かつ相当な理由のある措置であるから、就業規則等にその定めがないとしても指定医の受診を指示することができ、Aはこれに応ずる義務があるものと解すべきである」。

判決はこのようにいうが、こうした場合、受診義務を否定することのほうが非常識ともいえる。

なお、病院や担当医師の指定は、例外的にのみ必要となる事柄であり、その必要性こそ否定できないものの、こうした事柄についてまで就業規則に定めを置くことには、そもそも大きな無理がある。厚生労働省の「モデル就業規則」(平成二十八年三月)にも、そんな規定はもちろん存在しない。

就業規則に定めを設けるかどうかによって、結論が左右される。これらの事件はそうした類のケースではまったくなかった。このような事実に即した冷静な見方も、判決を読むに当たっては必要となろう。

業務上の疾病と打切補償

頸肩腕症候群と関わる近年の最高裁判決に、**専修大学事件＝平成二十七年六月八日第二小法廷判決**がある。

本件は、業務上の疾病と認定された頸肩腕症候群により休業し、労働者災害補償保険法（労災保険法）に基づく療養補償給付および休業補償給付を受けているＸが、Ｙから打切補償として平均賃金の千二百日分相当額の支払いを受け解雇され、解雇の効力が争われた事案であるが、その争点は、本件解雇が次のように定める、労働基準法十九条一項に違反するか否かという点にあった。

（解雇制限）

第十九条　使用者は、労働者が業務上負傷し、又は疾病にかかり療養のために休業する期間及びその後三十日間……は、解雇してはならない。ただし、使用者が、第八十一条の規定によって打切補償を支払う場合……においては、この限りでない。

②　略

一審（**平成二十四年九月二十八日東京地裁判決**）と同様、原審（**平成二十五年七月十日東京高裁判決**）の判断は、本件解雇は、労働基準法十九条一項ただし書所定の場合に該当するものとはいえず、同項に違反し、無効とするものであったが、具体的には、次のように述べるものであった（以下、最高裁の要約した原審の判断を引用）。

「労働基準法八十一条は、同法七十五条の規定によって補償（注：使用者がその費用で必要な療養を行う等の療養補償を指す）を受ける労働者が療養開始後三年を経過しても負傷又は疾病が治らない場合において、打切補償を行うことができる旨を定めており、労災保険法に基づく療養補償給付及び休業補償給付を受けている労働者については何ら触れていないこと等からすると、労働基準法の文言上、労災保険法に基づく療養補償給付及び休業補償給付を受けている労働者が労働基準法八十一条にいう同法七十五条の規定によって補償を受ける労働者に該当するものと解することは困難である」。

原判決の破棄差戻し。これが最高裁の結論であったが、判決は、その主たる理由を次のように述べる。

「労働基準法八十一条の定める打切補償の制度は、使用者において、相当額の補償を行うことにより、以後の災害補償を打ち切ることができるものとするとともに、同法十九条一項ただし書においてこれを同項本文の解雇制限の除外事由とし、当該労働者の療養が長期間に及ぶことにより生ずる負担を免れることができるものとする制度であるといえるところ、……労災保険法に基づく保険給付の実質及び労働基準法上の災害補償との関係等によれば、同法において使用者の義務とされている災害補償は、これに代わるものとしての労災保険法に基づく保険給付が行われている場合にはそれによって実質的に行われているものといえるので、使用者自らの負担により災害補償が行われている場合とこれに代わるものとしての同法に基づく保険給付が行われている場合とで、同項ただし書の適用の有無につき取扱いを異にすべきものとはいい難い。また、後者の場合には打切補償として相当額の支払がされても傷害又は疾病が治るまでの間は労災保険法に基づき必要な療養補償給付がされることなども勘案すれば、これらの場合につき同項ただし書の適用の有無につき異なる取扱いがされなければ労働者の利益につきその保護を欠くことになるものともいい難い」。

「そうすると、労災保険法十二条の八第一項一号の療養補償給付を受ける労働者は、解雇制限に関する労働基準法十九条一項の適用に関しては、同項ただし書が打切補償の根拠規定として掲げる同法八十一条にいう同法七十五条の規定によって補償を受ける労働者に含まれるものとみるのが相当である」（なお、その後、差戻審（**平成二十八年九月十二日東京高裁判決**）は、本件解雇を有効と判断し、最高裁（**平成二十九年七月二十七日第一小法廷決定**）も、上告受理申立てを受理しないという形で、本件は落着した）。

常識に沿ったきわめて妥当な結論とはいうものの、打切補償という言葉自体がもはや実態を反映していない。

打切補償が支払われた場合にも、労災保険法に基づく補償給付は打ち切られることなく、継続する。だとすれば、打切補償とは一体何なのか。その意味が問われる時代が到来した、ともいうことができよう。

第二二話　任用に関する判例（21）

条文解釈とアナロジー

前後の規定内容から、その意味を考える。法令等の解釈においては、このような手法がしばしば採用される。例えば、地方公務員法（地公法）二十八条について、そうした解釈の具体例をみてみよう。同条は、次のように規定する。

（降任、免職、休職等）

第二十八条　職員が、次の各号に掲げる場合のいずれかに該当するときは、その意に反して、これを降任し、又は免職することができる。

一　人事評価又は勤務の状況を示す事実に照らして、勤務実績がよくない場合

二　心身の故障のため、職務の遂行に支障があり、又はこれに堪えない場合

三　前二号に規定する場合のほか、その職に必要な適格性を欠く場合

四　職制若しくは定数の改廃又は予算の減少により廃職又は過員を生じた場合

2　職員が、左の各号の一に該当する場合においては、その意に反してこれを休職する

ことができる。
一　心身の故障のため、長期の休養を要する場合
二　刑事事件に関し起訴された場合
3　職員の意に反する降任、免職、休職及び降給の手続及び効果は、法律に特別の定がある場合を除く外、条例で定めなければならない。
4　略

地公法の場合、分限処分に関する定めが、国家公務員法（国公法）のように降任・免職規定（七十八条）と休職規定（七十九条）とに分かれず、同一の条文で規定される。このことが相互の比較を容易にしたともいえるが、ある最近の裁判例（**東京都（都教委）事件＝平成二十七年二月十八日東京地裁判決**）は、次のようにいう。

「地公法二十八条一項二号所定の分限免職事由である『心身の故障のため、職務の遂行に支障があり、又はこれに堪えない場合』とは、同条二項一号所定の分限休職事由である『心身の故障のため、長期の休養を要する場合』との対比を考慮すれば、当該職員の精神又は肉体の故障により、職務の遂行に支障を生じる場合であって、当該故障の回復の見込みがないか、極めて長期間の治療を要する見込みである場合をいうものと解するのが相当である」。

条文の解釈としては、やや厳格に過ぎるとの感もあるとはいえ、それほど大きな違和感

はない。本件は、地公法二十八条三項を根拠として条例に定められた、上限を三年とする休職期間の満了を理由に分限免職処分を受けた職員がその取消等を求めて訴えを提起した事案であったが、休職期間満了時点における復職を不可能とする指定医師二名による診断があったこともあって、裁判所も以下のように判示し、その処分を適法としている。

「原告は、本件処分時において精神疾患に罹患し、同疾患により依然として職務の遂行に支障を生ずる状態にあって、同疾患が回復し、職務の遂行が可能になるまでには、なお長期間の治療を要する見込みであると判断するのが相当であり、原告が、地公法二十八条一項二号の『心身の故障のため、職務の遂行に支障があり、又はこれに堪えない場合』に該当するとしてなされた本件処分に裁量権の逸脱・濫用があるとはいえず、これと別異に解すべき事情は見当たらない」。

では、次のように定める就業規則については、これをどう考えるべきか（引用は、厚生労働省労働基準局監督課「モデル就業規則」（平成二十八年三月）による。なお、号番号の表記は原文とは異なる）。

（解雇）

第四十九条　労働者が次のいずれかに該当するときは、解雇することがある。

一　勤務状況が著しく不良で、改善の見込みがなく、労働者としての職責を果たし得ないとき。

二　勤務成績又は業務能率が著しく不良で、向上の見込みがなく、他の職務にも転換できない等就業に適さないとき。
三　業務上の負傷又は疾病による療養の開始後三年を経過しても当該負傷又は疾病が治らない場合であって、労働者が傷病補償年金を受けているとき又は受けることとなったとき（会社が打ち切り補償を支払ったときを含む。）。
四　精神又は身体の障害により業務に耐えられないとき。
五　試用期間における作業能率又は勤務態度が著しく不良で、労働者として不適格であると認められたとき。
六　略［懲戒解雇事由に該当］
七　事業の運営上又は天災事変その他これに準ずるやむを得ない事由により、事業の縮小又は部門の閉鎖等を行う必要が生じ、かつ他の職務への転換が困難なとき。
八　略［前各号に準ずる場合］
2　以下、略

このように解雇事由を定めると、解雇そのものがほとんど不可能になる。右の就業規則モデルにはそうした難点もある（詳しくは、拙著『労働法の「常識」は現場の「非常識」――程良い規制を求めて』（中央経済社、平成二十六年）五九頁以下を参照）が、ここでは解雇事由を仮に一項のように規定した場合、四号がどのように解釈されるのかという問題に絞って考えたい。

勤務成績や業務能率の著しい不良を理由とする解雇（二号）のほか、いわゆる整理解雇（七号）の場合にも、「他の職務への転換」ができないことや、それが困難であることを、一項は解雇を行うための要件として規定する。だとすれば、「精神又は身体の障害により業務に耐えられないとき」を理由とする解雇（四号）についても、同様に「他の職務への転換」が不可能ないし著しく困難であることが要件となるのではないかという問題である。

それは、四号にいう「業務」とは何かという問題と言い換えることもできるが、四号に「他の職務への転換」への言及がなくても、二号および七号のアナロジーから、こうした言及があったものとして裁判官がこれを解釈する可能性は十分にある。裁判官がその逆を行く可能性もあるとはいうものの、現状ではその確率は低いといわざるを得ない。

休職期間満了時の復職

休職前と同じ仕事はこなせないが、軽易な仕事であれば可能。休職期間の満了を前に、このような診断書が提出され、頭をかかえる使用者は多い。こうした場合、一般論としては、次のように述べる裁判例（**独立行政法人N事件＝平成十六年三月二十六日東京地裁判決**）が参考になる。

「休職命令を受けた者の復職が認められるためには、休職の原因となった傷病が治癒したことが必要であり、治癒があったといえるためには、原則として、従前の職務を通常の程度に行える健康状態に回復したことを要するというべきであるが、そうでないとしても、当該従業員の職種に限定がなく、他の軽易な職務であれば従事することができ、当該軽易な職務へ配置転換することが現実的に可能であったり、当初は軽易な職務に就かせれば、程なく従前の職務を通常に行うことができると予測できるといった場合には、復職を認めるのが相当である」。

ただ、**第一七話**でみたように、最高裁**（片山組事件＝平成十年四月九日第一小法廷判決）**も、その一方で「労働者が職種や業務内容を特定せずに労働契約を締結した場合においては、現に就業を命じられた特定の業務について労務の提供が十全にはできないとしても、その能力、経験、地位、当該企業の規模、業種、当該企業における労働者の配置・異動の実情及び難易等に照らして当該労働者が配置される現実的可能性があると認められる他の業務について労務の提供をすることができ、かつ、その提供を申し出ているならば、なお債務の本旨に従った履行の提供があると解するのが相当である」としており、どのような場合に復職を認めるのかの判断は、現実には容易ではない。そうした現場担当者の苦労を裁判官にも知ってもらう必要があろう。

第二三話　任用に関する判例（22）

休職期間満了時の復職　続

休職期間満了時に復職が可能であることを主張・立証する責任は、労働者の側にある。東京地裁は、**伊藤忠商事事件＝平成二十五年一月三十一日判決**において、この理をかつて次のように説いた。

雇用契約上の傷病休職の制度は、「使用者が業務外の傷病によって長期間にわたって労働者の労務提供を受けられない場合に、雇用契約の終了を一定期間猶予し、労働者に治療・回復の機会を付与することを目的とする制度であると解すべき一方、労働者の治療・回復に係る情報は、その健康状態を含む個人情報であり、原則として労働者側の支配下にあるものであるから、休職期間の満了によって雇用契約は当然に終了するものの、労働者が復職を申し入れ、債務の本旨に従った労務提供ができる程度に病状が回復したことを立証したときに、雇用契約の終了の効果が妨げられると解するのが相当である」。

ただ、本件の場合、「休職期間中に休職事由が消滅した場合には、復職が命じられる」との定めが就業規則にはあり、そのことが右のような解釈、つまり休職事由が消滅し、復職が可能であることの主張・立証責任は労働者の側にあるとの解釈に結びついたともいえる。したがって、就業規則の規定いかんによっては、復職不能を使用者が立証しなければならないと解される余地もないではない。

また、何をもって復職可能（または不能）とするかは、事案によって異なる。当事者の意思や対応が決め手となるケースも多い。

例えば、右の事件の場合、原告が被告の総合職として雇用され、かつ「休職期間中、一貫して総合職としての復職を希望していた」ことが結論を左右することになる。傍論的な部分ではあるが、「他職種において就労できる現実的可能性」があったとする原告の主張に対して、判決は次のように反論する。

「被告の総合職としての業務は、営業職、管理系業務のいずれであっても、社内外の関係者との連携・協力が必要であり、その業務遂行には、対人折衝等の複雑な調整等にも堪え得る程度の精神状態が最低限必要とされることには変わりがない」。そうすると、双極性障害と診断された「原告が、休職期間満了までにいまだ治癒・寛解には至っておらず、継続して軽躁状態のままであり、不安定な精神状態にあったと認められる中、……原告が、休職期間満了までに、被告の総合職としての複雑な業務の遂行に堪え得る程度の精神状態にまで回復していたとは、およそ認めるに足りないといわざるを得ないから、原告が被告の総合職としての『他職種』において就労できる現実的可能性についても、同様に立証が尽くされていないというほかない」。

そして、原告の主治医による休職期間満了前の復職を可とする診断についても、「復職可とすべき回復の程度を、『被告の〈総合職〉として、債務の本旨に従った労務提供ができる程度に病状が回復した』との基準よりも低い水準（具体的には、『本件トライアル出社を開始することができる程度に回復した』程度をいうものと解される。）で行うべきであるとの独自の見解を前提としたもの」として、判決はこれを一蹴する。

先にみた職種の「限定」があって、初めてこうした判断も可能になった（最近の**日本電気事件＝平成二十七年七月二十九日東京地裁判決**においても、アスペルガー症候群と診断された原告がソフトウェア開発業務の技術職への異動を自ら希望していた（復帰対象が限られる）ことが会社側勝訴の一因となった）。こういって間違いはないのである。

他方、使用者の言動が、逆に復職可能か否かの判断において、その対象範囲を拡げてしまう場合もある。いささか古い判決ではあるが、**ＪＲ東海事件＝平成十一年十月四日大阪地裁判決**は、その典型といってよい。

判決は、復職可否の検討に当たって、「原告は、その採用に際して職種を限定されてはいなかったこと」を確認した上で、次のように述べる。「労働者が私傷病により休職となった以後に復職の意思を表示した場合、使用者はその復職の可否を判断することになるが、労働者が職種や業務内容を限定せずに雇用契約を締結している場合においては、休職前の業務について労務の提供が十全にはできないとしても、その能力、経験、地位、使用者の規模や業種、その社員の配置や異動の実情、難易等を考慮して、配置替え等により現実に配置可能な業務の有無を検討し、これがある場合には、当該労働者に右配置可能な業務を指示すべきである。そして、当該労働者が復職後の職務を限定せずに復職の意思を示している場合には、使用者から指示される右配置可能な業務について労務の提供を申し出ているものというべきである」。

そして、「使用者はその企業の規模や社員の配置、異動の可能性、職務分担、変更の可能性から能力に応じた職務を分担させる工夫をすべきであり、被告においても、例えば重量物の取扱いを除外したり、仕事量によっては複数の人員を配置して共同して作業させ、また工具等の現実の搬出搬入は貸出を受ける者に担当させるなどが考えられ、被告の企業規模から見て、被告がこのような対応を取り得ない事情は窺えない。そうであれば、少なくとも工具室における業務について原告を配置することは可能であり、原告について配置可能な業務はないとする被告の……主張は採用できない」と論を結ぶ。

とはいえ、脳内出血を発症し、リハビリ中の原告に対する「休職になる前に仕事に出てきなさい。場所は工具室がある」との前所長の発言がなければ、「就職後本件発症時まで、一貫して車両の検修業務に従事してきた」原告について、工具室への配置がこうも簡単に問題とされることはなかったとも考えられる。

規模の大きな企業・法人であれば、どこかに何らかの仕事はある。判決のいう一般論を敷衍していくと、「配置可能な業務はない」との主張自体がほぼ不可能になる。

障害者に対する合理的配慮の提供（注：「障害者である労働者について、障害者でない労働者との均等な待遇の確保又は障害者である労働者の有する能力の有効な発揮の支障となっている事情を改善するため、その雇用する障害者である労働者の障害の特性に配慮した職務の円滑な遂行に必要な施設の整備、援助を行う者の配置その他の必要な措置」を講じること）を事業主に義務づけるため、障害者雇用促進法（障害者の雇用の促進等に関する法律）に新たに設けられた三十六条の三（平成二十八年四月一日施行）は、こうした判決の延長にあるともいえるが、同条も、ただし書で「事業主に対して過重な負担を及ぼすこととなるときは、この限りでない」と規定する。

配置が可能とはいっても、このようにやはり限度はある。裁判官には、そうした限度を踏まえた解釈が求められよう。

復職の取消しと就業規則

就業規則に定める要件を満たした場合には、復職の取消しも認められる。このことを確認したケースに、**カプコン事件＝平成二十七年九月四日大阪地裁判決**がある。

本件の場合、被告会社の就業規則には、業務外の傷病を理由に「休職した社員が、休職期間満了前に復職し一年を経過しないうちに休職時と同じ理由で再び三日以上の欠勤または遅刻・早退をしたとき、または労務の提供ができない状態が認められたときは、復職を取り消すことがある。尚、その場合は前回の休職期間の残余日数の範囲で再度の休職を認める」との定めがあった。

これに対して、判決は「傷病休職については、私傷病に基づく欠勤について解雇を猶予することを目的とする制度であるから、休職事由が消滅したというためには、〔１〕労働者が従前の業務を支障なく遂行できる健康状態に復したこと、又は〔２〕直ちに従前の業務には就くことができないものの、より軽易な業務には就くことが可能であり、かつ相当期間内に従前の業務に就くことが見込まれる状態であることが必要であると解するのが相当である。そうすると、上記〔２〕の状態すら認められない場合、休職事由が消滅したとはいえないから、復職を認めることはできず、また、復職していたとしても、就業規則等の所定の復職取消要件を充たす限り、復職を取り消すことができると解される」とする。

休職事由が消滅していないことを明確にするためにも、こうした復職の取消規定を就業規則に設けることには意味がある。右の判示部分からは、このような教訓をくみとることができよう。

第二四話　Current Cases（1）

通じない世間の常識

定年退職後、再雇用された者の賃金はゼロベースで決まる。そうした世間の常識を無視するかのように、これを頭から否定した最近の判例に、**長澤運輸事件＝平成二十八年五月十三日東京地裁判決**がある。裁判所がその根拠としたのは、次のように定める労働契約法二十条の規定であった。

（期間の定めがあることによる不合理な労働条件の禁止）

第二十条　有期労働契約を締結している労働者の労働契約の内容である労働条件が、期間の定めがあることにより同一の使用者と期間の定めのない労働契約を締結している労働者の労働契約の内容である労働条件と相違する場合においては、当該労働条件の相違は、労働者の業務の内容及び当該業務に伴う責任の程度（以下この条において「職務の内容」という。）、当該職務の内容及び配置の変更の範囲その他の事情を考慮して、不合理と認められるものであってはならない。

判決はいう。「労働契約法二十条は、有期契約労働者と無期契約労働者との間の労働条件の相違が不合理なものであることを禁止する趣旨の規定であると解されるところ、同条の『期間の定めがあることにより』という文言は、ある有期契約労働者の労働条件がある無期契約労働者の労働条件と相違するというだけで、当然に同条の規定が適用されることにはならず、当該有期契約労働者と無期契約労働者との間の労働条件の相違が、期間の定めの有無に関連して生じたものであることを要するという趣旨であると解するのが相当であるが、他方において、このことを超えて、同条の適用範囲について、使用者が期間の定めの有無を理由として労働条件の相違を設けた場合に限定して解すべき根拠は乏しい。しかるところ、本件において、有期契約労働者である嘱託社員の労働条件は、再雇用者採用条件によるものとして運用されており、無期契約労働者である正社員の労働条件に関しては、正社員就業規則及び賃金規定が一律に適用されているのであって、有期契約労働者である嘱託社員と無期契約労働者である正社員との間には、賃金の定めについて、その地位の区別に基づく定型的な労働条件の相違があることが認められるのであるから、当該労働条件の相違（本件相違）が期間の定めの有無に関連して生じたものであることは明らかというべきである」。

こうして、被告による「本件有期労働契約の内容である労働条件は、定年退職後の労働契約として新たに設定したものであり、定年後再雇用であることを理由に正社員との間で労働条件の相違を設けているのであって、期間の定めがあることを理由として労働条件の相違を設けているわけではないから、本件有期労働契約に労働契約法二十条の規定は適用されない」との主張は一蹴された。

しかし、労働条件の「引下げ」は定年延長の場合にも起きる。定年によって、いったん労働条件はリセットされる。そこに労働条件の不利益変更という概念を容れる余地は本来ない（注：五五歳以降の賃金の引下げが認められなかった**みちのく銀行事件＝平成十二年九月七日最高裁第一小法廷判決**は、そもそも定年延長の事件ではなかった。同事件において労働条件の不利益変更が問題となったのは、銀行の発足時から六〇歳定年制が採用され、「五五歳以降にも所定の賃金を得られるということ」が、「単なる期待にとどまるものではなく、……労働条件の一部となっていた」という固有の事情による）。

だとすると、定年後再雇用された嘱託社員と定年前の正社員との間で、労働条件に相違がみられる場合に限って、なぜそれが問題となるのか。本件の被告には、その意味が理解できなかったに違いない。

本件の場合、定年後再雇用者を従前と同じ業務に従事させせつつ、その賃金水準を定年前の正社員よりも低く設定したことが問題視されたが、公務員の世界でいうと、定員（定数）内職員としてカウントされるため、ポスト数に限りはあるものの、フルタイム＝常時勤務型の再任用がこの類型に当てはまる。

例えば、国家公務員の場合、地方出先機関であれば課長クラス（行政職俸給表㈠四級）でも、再任用後の年収は民間企業のボーナスに相当する期末勤勉手当込みで、四〇〇万円程度にとどまる（人事院「再任用制度の概要」（平成二十九年四月更新）による）。

再任用後も、通勤手当は別途支給されるとはいえ、扶養手当や住居手当は支給されなくなる。また、俸給月額については、俸給表に定める級ごとの定額となり、その額は同一級の平均支給額（注：定年前の支給額ではない）の約七割に抑えられ、期末勤勉手当の支給月数も、定年前のおよそ二分の一になるように設定されている。他方、「職務の級」に変更がない以上、職務内容は当然変わらない。

「この法律は、国家公務員及び地方公務員については、適用しない」。労働契約法は二十二条一項で、確かにこのように規定しているが、公務員もまた「自分にできないことは、他人に強制しない」という、最低限の道徳はこれを守る〝義務〟がある。

本判決の延長には、いうまでもなく「同一労働同一賃金」のルール化がある（詳しくは平成二十八年六月にネット配信の『アドバンスニュース』に掲載された拙稿「『同一労働同一賃金』について（1）～（5・完）」を参照）が、ルールの起案に当たる官僚が、自らには労働契約法の適用がないのをよいことに、他人事《ひとごと》として事に臨むようなことはあってはならない。こうもいうことができよう。

平時の論理は万能か

非常時においても、平時の論理をそのまま適用する。そんな印象を免れない最近の判例に、**山梨県民信用組合事件＝平成二十八年二月十九日最高裁第二小法廷判決**がある。

裁判所のＨＰに掲載された同事件の判旨は、一般論として、次のように述べる。

「就業規則に定められた賃金や退職金に関する労働条件の変更に対する労働者の同意の有無については、当該変更を受け入れる旨の労働者の行為の有無だけでなく、当該変更により労働者にもたらされる不利益の内容及び程度、労働者により当該行為がされるに至った経緯及びその態様、当該行為に先立つ労働者への情報提供又は説明の内容等に照らして、当該行為が労働者の自由な意思に基づいてされたものと認めるに足りる合理的な理由が客観的に存在するか否かという観点からも、判断されるべきである」（裁判要旨１）。

そして、次のように判示し、これを原審に差し戻した。

「合併により消滅する信用協同組合の職員が、合併前の就業規則に定められた退職金の支給基準を変更することに同意する旨の記載のある書面に署名押印をした場合において、その変更は上記組合の経営破綻を回避するための上記合併に際して行われたものであったが、上記変更後の支給基準の内容は、退職金総額を従前の二分の一以下とした上で厚生年金制度に基づく加算年金の現価相当額等を控除するというものであって、自己都合退職の場合には支給される退職金額が［ゼロ］円となる可能性が高かったことなど判示の事情の下で、当該職員に対する情報提供や説明の内容等についての十分な認定、考慮をしていないなど、上記署名押印が当該職員の自由な意思に基づいてされたものと認めるに足りる合理的な理由が客観的に存在するか否かという観点から審理を尽くすことなく、上記署名押印をもって上記変更に対する当該職員の同意があるとした原審の判断には、違法がある」（裁判要旨2）。

しかし、職員（管理職員）による退職金の支給基準変更に関する同意書への署名押印がなければ、経営破綻を回避するための合併もなかった。

また、判決が組合大会または執行委員会による権限付与が必要であったとする（この点について原審が審理判断していないことを判決は問題とする）労働協約書への執行委員長による署名押印（管理職員以外の職員については、労働協約の締結が右の支給基準変更に対する個別同意に代わるものとなる）に関しても、これと同じことがいえる。

こうした現実から目を背けて、平時の論理で非常時を裁く。そんな判決には意味がないといっても、言い過ぎではあるまい（ただし、右の最高裁判決を受け、差戻し後の控訴審（**平成二十八年十一月二十四日東京高裁判決**）においては、原告ら（控訴人ら）の請求をほぼ認めるものとなった）。

第二五話　大学の事件簿（1）

民間では考えられない事件

事件は現場で起きる。普通の民間企業では考えられない。そんな事件も、大学が舞台となる場合にはしばしば起きる。**福岡教育大学事件＝平成二十八年一月二十九日福岡県労委命令**（なお、本件の場合、**平成二十九年三月一日中労委命令**に続いて、**同年十二月十三日東京地裁判決**でも、大学側が敗訴している）は、その典型といえるものであった。

本件は、不当労働行為の救済申立事件であり、被申立人はＹ国立大学法人、申立人はその教職員で組織するＸ組合であった。また、事件には、かつてＸ組合の執行委員長の地位にあったＡ２組合員、および理事兼副学長を務めたこともあるＡ３書記長（理事兼副学長の任期中は組合を脱退）が登場する。

そのＡ２組合員が研究科長に任命されず、Ａ３書記長が評議員への指名を拒否される。本件における主たる争点は、これらの行為が労働組合法（労組法）七条に定める不当労働行為（一号の不利益取扱い、三号の支配介入）に該当するか否かという点にあった。

評議員（研究科長等の部局長も、評議員を兼ねる）になれば、国家公務員法（国公法）にいう管理職員等として、管理職員等以外の職員と同一の職員団体を組織することができなくなる（ただし、管理職員等だけで組織する職員団体の構成員となることは可能）。このようなルールが、法人化前の国立大学にはあった。

右にいう管理職員等とは、「重要な行政上の決定を行う職員、重要な行政上の決定に参画する管理的地位にある職員、職員の任免に関して直接の権限を持つ監督的地位にある職員、職員の任免、分限、懲戒若しくは服務、職員の給与その他の勤務条件又は職員団体との関係についての当局の計画及び方針に関する機密の事項に接し、そのためにその職務上の義務と責任とが職員団体の構成員としての誠意と責任とに直接に抵触すると認められる監督的地位にある職員その他職員団体との関係において当局の立場に立って遂行すべき職務を担当する職員」を指す。

国公法百八条の二第三項ただし書は、このように管理職員等を定義。どのポストが管理職員等に該当するかについては、人事院規則一七―〇（管理職員等の範囲）一条（別表）がその詳細を規定し、法人化前には、国立大学の評議員がこれに該当するとの定めが置かれていた。評議員になれば、任命権者である学長によって、管理職員等異動通知書が交付される。それが当時の習いでもあった。

確かに、法人化後の国立大学には、国公法ではなく労組法が適用される。だが、労組法二条但書一号にいう使用者の利益代表者とは、「役員、雇入解雇昇進又は異動に関して直接の権限を持つ監督的地位にある労働者、使用者の労働関係についての計画と方針とに関する機密の事項に接し、そのためにその職務上の義務と責任とが当該労働組合の組合員としての誠意と責任とに直接にてい触する監督的地位にある労働者その他使用者の利益を代表する者」をいい、国公法にいう管理職員等との間で基本的に差異のないものとなっている（ただし、使用者の利益代表者の参加を許す団体は、そもそも労組法上の労働組合とは認められないという点において、国公法との間には違いもある）。

他方、法人化を機に、評議会の位置づけが大きく変わったかというと、そうでもない。国立大学法人法（国大法）二十一条四項四号が、今日なお「教員人事に関する事項」を教育研究評議会の審議事項の一つとして定めているのは、その証左ともいえる（詳しくは、拙著『法人職員・公務員のための労働法72話』（ジアース教育新社、平成二十七年）一四八―一五〇頁、四一四―四一五頁を参照）。

部局長に就任した場合には、組合を一時的に脱退するのが通例であったとはいえ、役員まで務めた者が組合の書記長に転じ、組合の書記長がそのまま評議員となる。いかに浮世離れした国立大学においても、あまり耳にしない現実がここにはあった。

ただ、本件の場合、Ａ２組合員が研究科長に任命されず、Ａ３書記長が評議員への指名を拒否されたのは、彼らが組合員または組合の書記長であったからではない。

Ａ２については、学長選考会議の選考結果（学内の意向投票によって過半数を得た者ではなく、次点の者を次期学長候補者とした）を批判するビラ（学長選考会議の委員の氏名や職業も記載）を最寄りのＪＲ駅前の公道で配布する行動に参加したこと。Ａ３については、Ｙ法人を被告として提起された未払賃金請求訴訟（いわゆる臨時特例による給与減額措置（詳しくは、**第二六話**を参照）に関連した訴訟。**平成二十七年一月二十八日福岡地裁判決**で原告敗訴（判決内容について、詳しくは、**第二七話**を参照）。**同年十一月三十日福岡高裁判決**でも控訴棄却）において、原告の一人として訴訟に加わったことが、任命・指名拒否の背景にはあった。

大学の方針に対して真っ向から反対する。そうした自由が認められるのも、大学の良いところではあろうが、物事には限度がある。右のような対外的行動に打って出た者についてまで研究科長への任命や評議員への指名を部局等のいうとおりに行わなければならないとすれば、大学の運営にも支障を来す。そう学長が考えたとしても、無理はない。しかし、そうした常識が通じるような労働委員会ではなかった。そんな現実を、大学は知ることになるのである。

違和感のある県労委命令

前述した県労委の命令は、次のようにいう。

「本件ビラは、組合が、……学長選考が教職員の意向投票とは異なる結果となったこと及びその理由が明らかにされていないことについて、大学の自治や民主的運営上問題があるとして、組合が学長選考会議の再審議を法人に求めていることを外部に説明するとともに、そのような組合の活動への支援を呼びかけるものである」。

「学長選考は、組合員の労働条件に直接関わるものではないが、①大学は、高等教育機関として、各種の幅広い意見を、そこでの議論を通じて戦わせる場であることが保障されており、教職員がそれぞれの意見を表明することが広く認められる職場であると考えられること、②法人には、学長選考に関して教職員による意向投票のように、教職員がそれぞれの意見を反映させることができる手続が存在していたこと（略）、及び③学長が法人の運営についてどのように考えているかによって、間接的ではあっても、そこで働く教職員の労働条件にも影響を及ぼすことがあると考えられることという諸事情を考え合わせると、本件ビラ配布活動は、大学の教職員で組織される労働組合の正当な活動の範囲内であると考えられる」。

他方、「本件訴訟は、法人が国家公務員に準じて実施した教職員給与の減額措置に対し、……組合が、臨時総会を開催し、Ａ３書記長ら四名がその減額分を未払賃金として請求する訴訟を提起することを支援する決議を行い、その上で、……Ａ３書記長ら四名が、連名で提訴したものである」。

「A3書記長ら四名は、提訴時の組合執行委員長と書記長並びにその前任の執行委員長と書記長といういずれも組合の重要な役職にある者であり、訴訟の対象が賃金の減額という基本的な労働条件に関わるものであることからすると、本件訴訟の提起は、組合の重点活動として行われたものと認められる。また、組合が、労働条件の維持改善を図るため、訴訟などの法的手段を利用することは、組合活動として特に問題はない」。

正当な組合活動と判断されれば、それだけで、法人のリアクションはすべて禁じ手となる。本件命令は、そうした労働委員会の立場を明確にするものとなった（本件の場合、任命・指名拒否は、そのいずれもが労組法七条一号および三号に該当する不当労働行為とされた）が、違和感を禁じ得ないというのが正直な感想であった。

本件のビラ配布や訴訟提起については、仮に組合活動とは関係なくこれが行われたとしても、学長はやはり研究科長への任命や評議員への指名を拒否していたと考えられるからである。

このようなことを続けていれば、学長の選考過程に関する規定を整備する一方で、学長の権限強化を図った、国大法や学校教育法の改正（前掲・拙著四〇七―四一一頁、四一三―四一七頁を参照）も骨抜きになる。そのおそれも、十分にあろう。

第二六話　大学の事件簿（2）

臨時特例による給与減額措置

厳しい財政状況および東日本大震災（平成二十三年三月十一日）に対処するため、平成二十四年四月一日から二十六年三月三十一日までの二年間、わが国では歳出削減の一環として、国家公務員の給与を一時的に減額する臨時特例措置がとられた。

その根拠を提供した主な法律に、平成二十四年二月二十九日に同年の法律第二号として公布された「国家公務員の給与の改定及び臨時特例に関する法律」がある。

同法は、平成二十三年の人事院勧告に係る俸給の減額改定（平均〇・二三％減額、二十四年三月一日施行。二十三年四月から二十四年二月までの差額分については二十四年六月期の期末手当で減額調整）をも目的とするものであったが、一般職の職員については、以下にみるような臨時特例による給与減額措置を併せて定めるものとなった。

一　俸給月額

本省室長相当職以上　▲九・七七％

本省課長補佐・係長相当職　▲七・七七％
係員　▲四・七七％
二　俸給の特別調整額（管理職手当）　一律▲一〇％
三　期末・勤勉手当　一律▲九・七七％
四　俸給月額に連動する地域手当等（期末・勤勉手当を除く）の月額は、減額後の俸給月額等の月額により算出

また、右の特例法により、特別職の職員については、①内閣総理大臣が三〇％、②国務大臣・副大臣が二〇％というように、多くの場合、俸給月額や期末手当のより大幅な減額を伴う措置が実施（③減額率一〇％の政務官を含め、特例期間の経過後も、自主返納により減額が継続）されるに至る（ただ、自衛官については、震災時の貢献を考慮して、一部の幹部を除き、当初の六か月間、減額措置の適用が猶予された）。

さらに、裁判官（特別職）や検察官（一般職）についても、特例法と同じ日に公布された「裁判官の報酬等に関する法律等の一部を改正する法律」（法律第四号）および「検察官の俸給等に関する法律等の一部を改正する法律」（法律第五号）によって、①最高裁長官の三〇％、②最高裁判事や検事総長の二〇％を始めとして、任官当初の者でも七・七七％の減額となる、臨時特例に準じた措置が講じられることになる。

公僕として、その収入に応じた負担を甘受する。自らも報酬の減額を受け入れた裁判官

が、これを違憲・無効としなかった（**国公労連行政職部会事件＝平成二十六年十月三十日東京地裁判決**）のは、いうまでもない。

国立大学法人にみる給与減額

「法人の自律的・自主的な労使関係の中で、国家公務員の給与見直しの動向を見つつ、貴法人の役職員の給与について必要な措置を講ずるよう要請」する。平成二十四年三月八日には、同月六日の総務省行政管理局長の通知を受け、国立大学法人の学長等に宛て、文部科学省官房長により、このような事務連絡が発出される。

しかし、国家公務員と同様に、平成二十四年四月から臨時特例による給与の減額措置を講じた国立大学法人は、八六法人中わずかに五法人。全体の六％弱（五・八％）を占めるにすぎなかった。

その後、月を追うごとに、給与減額の実施法人は増加した（五月に四法人、六月に一九法人が実施）とはいうものの、当初の三か月間に減額措置を講じた法人は累計で二八法人と、全体の三分の一弱（三二・六％）にとどまった（なお、七月には、四六法人が実施に踏み切り、八割を超える）。

他方、減額率を国家公務員よりも低く設定する等、国とは内容の異なる減額制度を採用した国立大学法人も少なくはなかった。その典型といえるものに、東京大学や京都大学の例がある。

先にみたように、国家公務員（一般職）の場合、俸給月額の減額率が①九・七七％、②七・七七％、③四・七七％とされたのに対して、東京大学では、これが①四・三一％、②二・五七％、③一・〇五％とされ、京都大学では、①四・三五％、②二・五〇％、③一・〇〇％とされた（ともに、平成二十四年八月から減額を実施）。その結果、京都大学の場合には、平成二十四年度だけでも、国家公務員に完全準拠した場合と比べ、約二二億円多い人件費を捻出する（教育研究のために費消すべき物件費をこれに充当する）ことが必要になったという（**京都大学事件＝平成二十七年五月七日京都地裁判決**を参照）。

仮に法人化の時期がもう一〇年遅ければ、国立大学の職員も、フルに二年間、一般職の職員として、その給与が特例法どおりに減額されていた。こう考えると、そうした当たり前の意識をなぜ国立大学法人は持てなかったのか。不思議でならない。

給与減額訴訟とその帰結①

「原告らの請求をいずれも棄却する」。これまでのところ、国立大学法人を被告とする、臨時特例に関連した給与減額訴訟の判決は、おしなべて、主文第一項でこのように述べるものとなっている。つまり、被告が敗訴したケースは一件もない（最近の例として、**新潟大学事件＝平成二十九年七月十二日新潟地裁判決**を参照）。

だが、一口に棄却判決とはいっても、請求棄却の理由は、事件ごとに異なる。例えば、先に言及した**京都大学事件**の場合、国立大学法人法三十五条が国立大学法人について準用する、いわゆる情勢適合の原則を規定した、平成二十六年改正前の独立行政法人通則法六十三条三項（給与の支給基準を「社会一般の情勢に適合したものとなるように定められなければならない」とする）に加え、「当分の間、俸給表の月額及び手当の額は国家公務員の例に準拠するものとし、改訂があった場合は、それらの改訂についても同様とする」と定めた、法人固有の給与規程（附則第二項）が、判断の決め手の一つとなった。

「被告の教職員の給与を『社会一般の情勢に適合したものとなるように』すべきという国立大学法人法の規定や『国家公務員の例に準拠する』ものとすべきという給与規程の規定が存在している以上、被告としては、特段の事情がない限り、これらの規定を誠実に執行する必要があるということができ、これらの規定自体が、被告のいう社会的責任すなわち公的性格を有する被告が国民に対して負う責任を、教職員の給与という面で具現化したものであるとも解されることから、……特例法に基づいて国家公務員の給与減額が実施されたことのみによっても、これに沿うような対応を採るべき一定の必要性が生じることとなるというべきである。

本件においては、これに加えて、……国から、国立大学法人の公的部門としての性格に鑑み、国家公務員の給与減額と同等の人件費の削減を実施すべきことが明確に要請されており、また、これらの状況に鑑みて、平成二十四年四月から給与減額を実施する国立大学法人も現れ始めていたことからすれば、社会一般情勢に照らして、被告は、平成二十四年五月頃には、国家公務員の給与減額に沿う対応がより強く求められる状況に置かれていたということができる」。

判決は、このように判示して、本件給与の減額措置には「高度の必要性が存したものと認められる」とした。

確かに、被告は、前述したように減額率を大幅に軽減しており、「国家公務員の給与減額と同等の人件費の削減を実施すべき」との国の要請を忠実には実行していない。そして、このことが不利益変更の相当性判断に当たり、これを容易にしたことも事実ではある（なお、本件の場合、原告らの控訴を棄却した**平成二十八年七月十三日大阪高裁判決**についても、同様のことがいえる）。

ただ、減額率がたとえ国家公務員と同等のものであったとしても、さらにいえば、法人固有の「国家公務員の例に準拠する」旨の規定がなかったとしても、その結論は変わらなかった（結論を導くための必要条件ではなかった）と考えられる。

なお、右のような準拠規定は、給与の増額改定（ベア）についても法人を拘束するものであり、法人を逆に窮地に追い込む可能性があることにも留意する必要があろう。

第二七話　大学の事件簿（3）

給与減額訴訟とその帰結②

「国家公務員の給与の改定及び臨時特例に関する法律（略）における国家公務員の給与の臨時特例に関する部分に関しては、機構において実施しないように最大限の努力をする」。「運営費交付金の減額がない場合は臨時特例に関する分の賃金引下げを行わない」。いわゆる大学共同利用機関法人のなかには、このような労働協約（覚書）を労働組合との間で早々と締結した法人もあった。

こうした協約を結ぶこと自体、公僕としての意識に著しく欠けるものであり、問題といわざるを得ない。しかるに、**高エネルギー加速器研究機構事件＝平成二十七年七月十七日水戸地裁土浦支部判決**では、法人が実施した臨時特例に係る給与規程の改正とこのような協約との関係（協約違反の有無）が争点の一つとなった。

右の協約は、組合の提案をほぼ丸呑みしたものであったが、組合との交渉においては、法人側も「来なければ別にやる必要ないわけです。削減されなければね」とか、「減額がない場合には、あ、これはマルでいいでしょう」といった不用意な発言を繰り返している。

本件の場合、たまたま原告の一人が交渉の場で「減額があった場合に関してはこれから交渉するということで」と発言していたことから、裁判所もこれに乗じて「本件労働協約の内容として、運営費交付金の減額が現実に行われない限り、賃下げを実施しないとの合意が含まれているとの事実は認めることができず（注：給与規程の改正は、運営費交付金の減額に先行して行われた）、本件給与規程改正が本件労働協約に反する旨の原告らの主張は理由がない」とすることができた。そんな際どい事件だったのである。

同法人の場合、組合の組織率は二七・四％（対常勤職員比、組合員二〇八名／常勤職員七六〇名）と比較的高かったとはいえ、それでも過半数を大きく下回っている。そうした少数組合と、非組合員を含む常勤職員全体に影響する協約をなぜこうも簡単に結んだのか。その理由が筆者にはわからない。

なお、本件においても、**第二六話**でみた**京都大学事件（平成二十七年五月七日京都地裁判決、平成二十八年七月十三日大阪高裁判決）**と同様、情勢適合の原則が、就業規則の不利益変更となる、給与規程改正の必要性を裏付ける根拠の一つとされた。

「給与及び退職手当の支給の基準は、当該独立行政法人の業務の実績を考慮し、かつ、社会一般の情勢に適合したものとなるように定められなければならない」とする、大学共同利用機関法人にも準用される、改正前の独立行政法人通則法六十三条三項の「規定は、必ずしも国家公務員と同様の取扱いをすることを求めるものではないが、運営財源の多くを国家財政に依拠している被告が、国から人件費削減を強く求められて国家公務員と同様の給与削減措置を取る事業運営上の必要性があったといえる」とした部分がそれである。また、本件において判決は、就業規則の変更により原告らが被る不利益の程度については、以下のように述べ、これが「決して小さくないものではあるが、看過できないほどに大きいものとまでは評価することができない」とする。

「本件給与規程改正後の給与削減の割合は平均七・八パーセントに及び、実際に原告らにおいて削減された金額を見ても決して少なくない金額であり、原告ら被告職員においても予想外の打撃を与え、原告らの生活に及ぼす影響も大きかったということは否定できない。しかしながら、本件給与規程改正においては、給与の絶対額の少ない若年層に対して減額率を逓減するなどの配慮を加えているし、その減額幅も国家公務員の給与減額幅に準じたものとなっている。そして、その削減期間も、平成二十四年六月から平成二十六年三月までと一年一〇か月に限定されたものであり（国家公務員の給与減額と比べても、その削減期間は二か月も短い。）、恒久的なものではなく、長期間にわたるものでもない」。

確かに、判決にいう若年層に対する配慮にしても、国家公務員の例に倣ったにすぎず、法人が独自に行ったものではない。しかし、裁判官と比べても、その減額期間は二か月も短い。これを不当という方がどうかしている（なお、右に掲げられた事情は、給与規程の改正を相当と判断する際にも等しく援用されている）。裁判官の常識はその辺りにあった、ということができよう。

給与減額訴訟とその帰結③

運営費交付金が削減されない限り、少なくともその確実な実施が明確にならない段階では、給与の減額は行わない。このことを労働協約という形で約束するかどうかは別として、国立大学法人や独立行政法人（国立高等専門学校機構を含む）の多くはこう考えていた。労働契約法の適用が除外される国家公務員（同法二十二条一項）とは異なり、法人職員には同法が全面的に適用される。就業規則の不利益変更法理（同法十条）のもとで、給与の減額措置を裁判所がどう判断するのか。それを当初は十分に予測できなかった、という事情は確かにあった。

それゆえ、大半の法人で減額措置の実施が多少遅れたことは理解できる。近隣病院との競合を考えれば、附属病院を置く法人が看護師等の医療職について例外を認めたことも、やむを得なかったといえる（このことにつき、例えば、**新潟大学事件＝平成二十九年七月十二日新潟地裁判決**を参照）。だが、法人職員に対するそれ以上の軽減措置が必要であったかというと、疑問符が付く。

裁判官は、個々の具体的な事実に基づいて判断を行う。したがって、給与の減額措置を適法と判断した（この点については、例外をみない）場合においても、認定された事実のすべてが揃わなければ、そうした結論に至らなかったと考えるべきではない。

すなわち、認定事実は当該事件における結論を導くための十分条件ではあっても、必要条件とはいえないことに留意する必要がある（こうした必要条件と十分条件の違いについては、拙著『労働法とその周辺――神は細部に宿り給ふ』（アドバンスニュース出版、平成二十八年）七―一七頁を参照）。

ただ、だからといって、判例を読むことに意味がない、というわけでは決してない。例えば、次のように述べる**福岡教育大学事件＝平成二十七年一月二十八日福岡地裁判決**は、裁判官の思考パターンを知る上でも、大いに参考になる。

「国家公務員らの給与減額措置が東日本大震災の復興財源を捻出することを念頭においたものであったことも踏まえると、……国から支給される運営費交付金を主たる財源として事業の運営を行っている被告が、国の要請に従わず、役職員給与の減額をしないという選択肢を採用すれば、国や一般国民からの非難を受け、今後の被告の事業活動に悪影響を及ぼす可能性があったことも否定できない」。

「職員の給与の減額を実施しなければ当該法人の経済的な破綻を回避することができないといった極限的な状況に陥っていない限り、職員の給与を減額する高度の必要性が一切認められないというものではない」。

「会計処理上可能なあらゆる手段を駆使しても給与の支払に充てることのできる費用が捻出できないというような場合でなければ職員の給与を減額することが一切許されないというものでもない」。

また、「運営費交付金が減額された場合に、人件費ではなく、物件費の支出を抑制するという方策」についても、右の福岡地裁判決は「いったん物件費を抑制して低い金額を算出すれば、その事実が次年度以降の運営費交付金の額を抑える方向に作用し、特例期間終了後の財務状態の長期的悪化を招くことが想定されるから、物件費の削減を回避するという経営判断は、十分に合理的であるといえる」とする（**国立高等専門学校機構事件＝平成二十七年一月二十一日東京地裁判決**にも、同様の指摘がある）。

なお、不利益変更といえば労働組合が当然のように要求する代償措置についても、法人がこれを実際に講じたか否かは結論を左右する問題とは考えない。このようなスタンスを判例は基本的に採用している（他に最近のケースとして、**山形大学事件＝平成二十八年三月二十二日山形地裁判決**のほか、**高知大学事件＝平成二十九年四月十四日高知地裁判決**を参照）。こうした裁判例の傾向についても知る必要があろう。

第二八話　大学の事件簿（４）

国家賠償法――民法との違い

「何人も、公務員の不法行為により、損害を受けたときは、法律の定めるところにより、国又は公共団体に、その賠償を求めることができる」。憲法十七条はこのように規定し、同条にいう「法律」として、憲法の施行後間もなく、昭和二十二年十月に公布・施行されたものに、冒頭の一条で次のように定める国家賠償法がある。

第一条　国又は公共団体の公権力の行使に当る公務員が、その職務を行うについて、故意又は過失によって違法に他人に損害を加えたときは、国又は公共団体が、これを賠償する責に任ずる。

②　前項の場合において、公務員に故意又は重大な過失があったときは、国又は公共団体は、その公務員に対して求償権を有する。

この国家賠償法と不法行為について定める民法との関係は、いわゆる特別法と一般法の関係にあり、国家賠償法一条に対応する民法の規定としては、以下のように定める七百九条および七百十五条が存在する。

（不法行為による損害賠償）

第七百九条　故意又は過失によって他人の権利又は法律上保護される利益を侵害した者は、これによって生じた損害を賠償する責任を負う。

（使用者等の責任）

第七百十五条　ある事業のために他人を使用する者は、被用者がその事業の執行について第三者に加えた損害を賠償する責任を負う。ただし、使用者が被用者の選任及びその事業の監督について相当の注意をしたとき、又は相当の注意をしても損害が生ずべきであったときは、この限りでない。

２　使用者に代わって事業を監督する者も、前項の責任を負う。

３　前二項の規定は、使用者又は監督者から被用者に対する求償権の行使を妨げない。

不法行為を行った者（加害者）が、被害者に対して賠償責任を負う。このことを前提として、不法行為による損害が「被用者がその事業の執行について第三者に加えた損害」に当たる場合には、使用者にも賠償責任を課す（これらの損害賠償債務は、講学上の不真正連帯債務の関係にある）。そして、使用者が賠償を行ったときは、被用者への求償が可能となる。こうした無理のない枠組みが、民法では採用されている。

これに対し、国家賠償法には、加害者本人の賠償責任について定めた規定が存在しない。

「国又は公共団体の公権力の行使に当る公務員が、その職務を行うについて、故意又は過失によって違法に他人に損害を加えたとき」に限られるとはいえ、「国又は公共団体」のみが賠償責任を負う。求償権の行使も、公務員に故意または重過失がある場合に限られる。民法との間には、そんな違いがある。

確かに、求償権の行使については、それほど大きな差異があるわけではない。例えば、そのリーディングケースともいうべき**茨石事件＝昭和五十一年七月八日最高裁第一小法廷判決**は、次のようにいう。

「使用者が、その事業の執行につきなされた被用者の加害行為により、直接損害を被り又は使用者としての損害賠償責任を負担したことに基づき損害を被った場合には、使用者は、その事業の性格、規模、施設の状況、被用者の業務の内容、労働条件、勤務態度、加害行為の態様、加害行為の予防若しくは損失の分散についての使用者の配慮の程度その他諸般の事情に照らし、損害の公平な分担という見地から信義則上相当と認められる限度において、被用者に対し右損害の賠償又は求償の請求をすることができるものと解すべきである」。

使用者が被用者の選任・監督に相当の注意をしたとき等の、国家賠償法にはない免責も実際にはほとんど認められていない。

公務員個人の賠償責任を否定する。先に言及したように、国家賠償法の最も大きな特徴はこの一点にある。そして、最高裁もまた、次にみるように、古くからこのことを当然としてきた。

公務員の「職務行為を理由とする国家賠償の請求」については、「国または公共団体が賠償の責に任ずるのであって、公務員が行政機関としての地位において賠償の責任を負うものではなく、また公務員個人もその責任を負うものではない」（**農地委員会解散処分事件＝昭和三十年四月十九日第三小法廷判決**）。

「公権力の行使に当たる国の公務員が、その職務を行なうについて、故意または過失によって違法に他人に損害を与えた場合には、国がその被害者に対して賠償の責に任ずるのであって、公務員個人はその責任を負わない」（**昭和四十七年三月二十一日第三小法廷判決**（事件名不詳）、**鉄道爆破事件＝昭和五十三年十月二十日第二小法廷判決**）。

さらに、社会福祉法人と関わる近年のある判例（**愛知県（積善会）事件＝平成十九年一月二十五日第一小法廷判決**）は、こうした考え方の延長において、次のようにいう。「国又は公共団体以外の者の被用者が第三者に損害を加えた場合であっても、当該被用者の行為が国又は公共団体の公権力の行使に当たるとして国又は公共団体が被害者に対して同項に基づく損害賠償責任を負う場合には、被用者個人が民法七百九条に基づく損害賠償責任を負わないのみならず、使用者も同法七百十五条に基づく損害賠償責任を負わないと解するのが相当である」。

公務員以外の者が不法行為を行った場合であっても、国家賠償法一条一項にいう「公権力の行使」と解されることがある。以下にみるように、法人化後の国立大学もその例外ではなかった。

国立大学法人と国家賠償法

「国家賠償法一条一項にいう『公権力の行使』には、公立学校における教師の教育活動も含まれる」。最高裁**（横浜市立中山中学校事件＝昭和六十二年二月六日第二小法廷判決）**は、このように説く。

仮に右のような考え方が一般論として妥当するとしても、法人化後は国家賠償法ではなく、民法によって問題が処理される。多くの国立大学関係者は、そう考えていたが、現実はそうならなかった。例えば、**佐賀大学事件＝平成二十七年四月二十日福岡高裁判決**は、次のように述べる。

「国立大学法人の設立の際に現に国が有する権利及び義務のうち、国立大学法人が行う業務に関するものは、当該国立大学法人が承継するものとされている反面、国立大学法人法の制定前後において、国立大学における教育活動の実質や性格に変更があったものとは認められない」。「そうすると、国立大学の教員の教育活動については、国立大学法人法の制定後においても、［国家賠償法一条一項］所定の『公権力の行使』に該当すると解するのが相当である」。

そして、その前提には「国立大学法人法の趣旨・目的及び規定の内容に照らせば、国立大学法人は国家賠償法一条一項所定の『公共団体』に該当し、その職員は同条項所定の『公務員』に該当すると解するのが相当」とする判断があった（この点については、**神戸大学事件＝平成二十七年六月十二日神戸地裁判決**のほか、**岐阜大学事件＝平成二十二年十一月四日名古屋高裁判決**も同旨。反対：**同事件＝平成二十一年十二月十六日岐阜地裁判決**）。

しかしながら、「公共団体」といえば、通常は「地方公共団体」を指す。「公権力の行使」といわれても、ピンとこない。それが常識人の感覚というものであろう。

国公立の医療機関に勤務する医師の「診療・治療行為［は］、もっぱらその専門的技術及び知識経験を用いて行う行為であり、私立病院に勤務する医師の一般的診療行為と異ならないことから、特段の事由がない限り、医療行為［は］公権力の行使に当たらない」との考え方に与するのであれば、このような医師の職務と「国公立学校の教師の職務」を区別する理由は本来ない。こう考えるのが、むしろ理に適っていよう。（ただし、**大分県立竹田高校事件＝平成二十六年六月十六日福岡高裁判決**は、その結論において、両者を「同一に論じる必要はない」とする）。

第二九話　大学の事件簿（5）

ハラスメント規制の強化

平成二十八年の男女雇用機会均等法（雇用の分野における男女の均等な機会及び待遇の確保等に関する法律）改正（翌二十九年一月一日施行）により創設をみた規定に、以下のように定める十一条の二がある。

（職場における妊娠、出産等に関する言動に起因する問題に関する雇用管理上の措置）

第十一条の二　事業主は、職場において行われるその雇用する女性労働者に対する当該女性労働者が妊娠したこと、出産したこと、［産前産後に係る］労働基準法第六十五条第一項の規定による休業を請求し、又は同項若しくは同条第二項の規定による休業をしたことその他の妊娠又は出産に関する事由であって厚生労働省令で定めるものに関する言動により当該女性労働者の就業環境が害されることのないよう、当該女性労働者からの相談に応じ、適切に対応するために必要な体制の整備その他の雇用管理上必要な措置を講じなければならない。

２　厚生労働大臣は、前項の規定に基づき事業主が講ずべき措置に関して、その適切かつ有効な実施を図るために必要な指針（次項において「指針」という。）を定めるものとする。

３　［男女雇用機会均等対策基本方針の策定に係る労働政策審議会の意見聴取や、概要の公表について定めた］第四条第四項及び第五項の規定は、指針の策定及び変更について準用する。この場合において、同条第四項中「聴くほか、都道府県知事の意見を求める」とあるのは、「聴く」と読み替えるものとする。

いわゆるマタハラ（マタニティ・ハラスメント）に関する事業主の措置義務について定めた規定がそれであるが、その内容は、セクハラ（セクシュアル・ハラスメント）を対象として同様の措置義務を規定した十一条をモデルとしている（二項および三項の規定内容は、十一条とまったく変わらない）。

そして、この十一条の二第二項を根拠として、次のような内容を含む「事業主が職場における妊娠、出産等に関する言動に起因する問題に関して雇用管理上講ずべき措置についての指針」（そのモデルも、「事業主が職場における性的な言動に起因する問題に関して雇用管理上講ずべき措置についての指針」（セクハラ指針）にある）が策定された（３(1)ロを以下では引用。３(3)ハも併せ参照）。

ロ　職場における妊娠、出産等に関するハラスメントに係る言動を行った者については、厳正に対処する旨の方針及び対処の内容を就業規則その他の職場における服務規律等を定めた文書に規定し、管理・監督者を含む労働者に周知・啓発すること。

（対処方針を定め、労働者に周知・啓発していると認められる例）

①　就業規則その他の職場における服務規律等を定めた文書において、職場における妊娠、出産等に関するハラスメントに係る言動を行った者に対する懲戒規定を定め、その内容を労働者に周知・啓発すること。

②　職場における妊娠、出産等に関するハラスメントに係る言動を行った者は、現行の就業規則その他の職場における服務規律等を定めた文書において定められている懲戒規定の適用の対象となる旨を明確化し、これを労働者に周知・啓発すること。

ただ、就業規則に具体的にいかなる懲戒規定を設けるかについては、慎重な検討を必要とする。例えば、厚生労働省が事業主向けに作成したパンフレットには、次のような懲戒規定（表記は一部修正）が例示されているものの、これをそのままコピーするようなことは避けたほうがよい。

（懲戒事由）

第○条　社員が次の各号のいずれかに該当する場合には、その情状により、けん責、減給、出勤停止又は懲戒解雇に処する。

一　不正不義の行為をなし、従業員としての体面を汚したとき

二　法令、就業規則、服務規定その他会社の諸規定に違反するとき
三　他人に対して不法に辞職を強要しあるいはこれを教唆、扇動又は暴行脅迫を加え、若しくはその業務を妨害したとき
四　著しく風紀秩序を乱し、又は乱すおそれのあるとき
五　その他前各号に準ずる不適切な行為を行ったとき

２　社員が妊娠・出産・育児休業等に関するハラスメント及びセクシュアル・ハラスメントを行った場合、前項一〜五の各号に照らし、次の要素を総合的に判断した上で、処分を決定する。
一　行為の具体的態様（時間・場所（職場か否か）・内容・程度）
二　当事者同士の関係（職位等）
三　被害者の対応（告訴等）・心情等

懲戒規定とはいうが、ハラスメント以外に対応できないことは、一読すればわかる。一項に定める懲戒事由は、三号を除いて、具体性を欠き、逆に三号は、ハラスメントに特化した、具体的にすぎる規定となっている（四号も、ハラスメントを念頭に置いたものといえるが、「著しく」は不要）。二項は、そもそも懲戒事由に関する規定ではなく（見出しにも修正が必要。なお、「及び」は「又は」と改める）、マタハラやセクハラについてのみ、処分決定の際の判断要素に関する定めがある、というのは異常という以外にない。

マタハラやセクハラが、現行の就業規則に定められた懲戒事由のいずれに該当するかを明らかにし、処分の量定（右のパンフレットには、セクハラに対象を限定したその規定例も掲載されている）や判断要素を例示する。内規にそうした規定を設けることは差し支えないが、就業規則には手をつけない。実務上は、そんな配慮が必要になる。

教育指導とハラスメント

別規則ではあっても、就業規則に右のような詳細な規定を置けば、パワハラやアカハラについても、同様の対応を迫られる。その程度のことは、現場担当者であれば、当然予想する必要がある。

他方、部下や学生に対する教育指導は、ある種の厳しさを伴うものでなければ、意味をなさない。パワハラやアカハラの「被害」を主張する者が、これをどう受けとめるかを過度に重視することには問題がある。先にみた二項三号のように「被害者の対応（告訴等）・心情等」を判断要素として明記することは、たとえ内規であっても、教育指導に当たる者を不必要に萎縮させるおそれがある。

大学に固有ともいえるアカハラについても、裁判所による判断は事件ごとに異なる。確かに、セクハラがらみのアカハラについては、ハラスメントと認定されやすい（**都留文科大学事件＝平成二十七年三月四日東京高裁判決**。停職一か月の処分を有効とする。ただ、原審（**平成二十六年二月二十五日甲府地裁判決**）とは結論を異にする）。

しかし、その一方で、端的に「アカハラの事実は認められない」とされたケース（**東京医科歯科大学事件＝平成二十七年九月二十九日東京地裁判決**）や、「指導教員として行った言動において、不法行為と評価されるべきものがあったことを認めるに足りる具体的な主張立証はない」等として、「不法行為の成立を認めることはできない」と判断された例（**獨協学園事件＝平成二十七年十一月十三日東京地裁判決**）も存在する。

さらに、「ハラスメントに該当する行為」であることは認めつつ、「それ自体が直ちに諭旨解雇ないし懲戒解雇に相当するような重大な非違行為であるとまではいえない」として、懲戒処分を無効としたケース（**北海道教育大学事件＝平成二十二年十一月十二日札幌地裁判決**。控訴審（**平成二十四年三月十六日札幌高裁判決**）もほぼ同旨）もある。

このように、ハラスメント行為が直ちに懲戒処分を正当化しないことにも留意する必要があろう。

第三〇話　大学の事件簿（６）

スマホ時代のハラスメント

電話で話したことがそのまま録音される。以前は刑事ドラマでしかみることのなかった光景が、ボイスレコーダーやこれに続くスマートフォンの登場により一変した。スマホを使えば、その場の会話も簡単に録音できる。そんな時代になったのである。

判例をみても、発言内容が事細かに括弧書きで引用され、そうした発言が実際にあったものとして、すなわち証拠として採用される（例えば、裁判所のＨＰでも公開されている**海遊館事件＝平成二十七年二月二十六日最高裁第一小法廷判決**の末尾に付された「別紙」を参照）。録音とこれを文字に起こした反訳がある以上、「そのような発言はしていない」といった抗弁はもはや通用しない。

労働事件ではなく、しかも少し古い判例ではあるが、話者の同意なしに録音されたテープについて、「証拠能力の適否の判定に当っては、その録音の手段方法が著しく反社会的と認められるか否かを基準とすべき」としつつ、本件「録音は、酒席におけるＩらの発言供述を、単に同人ら不知の間に録取したものであるにとどまり、いまだ同人らの人格権を著しく反社会的な手段方法で侵害したものということはできないから、右録音テープは、証拠能力を有するものと認めるべきである」とした先例（**エスエス製薬事件＝昭和五十二年七月十五日東京高裁判決**）もある（ただ、本件の場合、録音内容には「誘導的発問に迎合的に行われた部分」がないでもなく、「にわかに信用しがたいものがある」として、証拠価値を事実上否定するものとなっている）。

しかし、このことは、秘密裏に録音を行うことを奨励するものではもとよりなく、ＴＰＯによっては、その証拠能力が否定されることもある。例えば、学内に設置されたハラスメント防止委員会（以下「委員会」という）の録音テープの証拠能力の有無が争点の一つとなった**関東学院事件＝平成二十七年十二月十五日横浜地裁判決**（一審）において、判決は次のようにいう（二審（**平成二十八年五月十九日東京高裁判決**）も、ほぼ同旨）。

「委員会は、委員の自由な発言を保障するために、委員会は非公開とされ、委員会の議論を録音しない運用とされていたことが認められるから、本件テープは、何者かによって無断で録音されたものということになり（注：原告は、本件テープが匿名の者から学内便で送られてきた旨供述する）、不法に収集された証拠ということになる」。

「委員会が取り扱う案件は、セクシュアル・ハラスメント、ジェンダー・ハラスメント、パワー・ハラスメントその他個人の尊厳を不当に傷つける社会的に許されない言動であり（［ハラスメント］防止規程二条）、これらは個人情報の中でも秘匿されるべき必要性が特に高いものであって、これらの情報はこれが漏洩することで新たな人権侵害を生じかねないものであること、そのため、委員会の委員等は職務上知ることができた秘密を漏らしてはならないとの守秘義務を負っていること（防止規程十三条）に照らすと、上記無断録音の不法性の程度は極めて高いというべきである。そして、かような本件テープについて民事訴訟において証拠とすることを認めると、委員会の議論の無断録音という不法行為を助長することにもなりかねず、その結果、セクシュアル・ハラスメント等を申し立てた者の要秘匿性の高い個人情報が漏洩し、また、委員会での議論が萎縮して委員会がその機能を十分に発揮できなくなるおそれがあるといわざるを得ない」。

「以上のとおりであるから、本件テープについて民事訴訟において証拠とすることを認めることは、訴訟法上の信義則に反するというべきであり、本件テープについては、証拠能力を認めることはできず証拠から排除することとする」。

社内や学内の会議における無断録音が許されないのは、常識以前の問題である。とはいえ、世の中には、**茨城大学事件＝平成二十六年四月十一日水戸地裁判決**（一審）における原告らのように、そうした常識さえ弁えない者もいないわけではない。

この一審判決の認定するところによれば、本件の場合、原告らは、数年にわたり「被告における学部長懇談会、人文学部教育会議、評議員懇談会、［ハラスメント］防止委員会、教育研究協議会、三役会議、評議員学科長会議、臨時評議員学科長会議、［ハラスメント］調査委員会、人文学部教授会等において、［同学部の学部長］を含む出席者の了承等を得ることなく、出席者の発言内容をボイスレコーダーで私的に録音していた」という。

しかるに、一審は、本件各録音記録は、教育研究評議会および役員会で承認された学長声明にある「議事録作成のための録音を除いて、公式会議の内容を私的に録音することは禁止する」旨の「私的録音禁止決定がされる以前に録音された記録であるから、本件各録音行為は、私的録音禁止決定に反するものではない」として、私的録音行為が「大学人のモラルと良識」に反する等とこれを非難した、同じく教育研究評議会等の承認を得た文書（本件文書）の学内電子掲示板からの削除まで被告に命じるものとなった。

これに対して、二審（**平成二十七年一月二十二日東京高裁判決**）は、私的録音禁止決定は「これまでの基本的良識や暗黙のルールを明確化したものにすぎない」等として、電子掲示板への掲示を含む「本件文書の公表は違法性を欠くものというべきである」とした。

なお、二審判決は、このことを根拠づけるものとして、「一審被告が大学という自由闊達な議論を尊ぶ組織であり、大学内における各種会議の出席者は、誰でも委縮することなくいかなる意見をも率直に述べることができることを前提として会議に列席しており」、「会議の様子を秘密裏に録音する者はいないという［ことを］共通認識として会議が営まれていた」としたが、これが本件に固有の事情ではなかったことはいうまでもない。

本件は、ハラスメントを受けたと主張する原告らが被告に対して起こした損害賠償請求訴訟（裁判上の和解で終結）に関連して提起された事件であるが、二審において取り消された一審被告の敗訴部分は、以上にとどまるものではなかった。裁判官が違えば、こうも判断が異なるのか。一方では、そんな感想をいだいた事件でもあった。

ハラスメントと文書提出命令

文書が次のいずれかに該当する場合、当該文書の所持者は、書証として、これを裁判所に提出する義務を負わない。民事訴訟法二百二十条は、四号で、このように規定している（正確には、そのいずれにも該当しないときは「提出を拒むことができない」と規定）。

イ　文書の所持者又は文書の所持者と第百九十六条各号に掲げる関係を有する者（注：配偶者や血族・姻族等の関係にある者）についての同条に規定する事項が記載されている文書

ロ　公務員の職務上の秘密に関する文書でその提出により公共の利益を害し、又は公務の遂行に著しい支障を生ずるおそれがあるもの

ハ　第百九十七条第一項第二号に規定する事実（注：医師等が職務上知り得た事実）又は同項第三号に規定する事項（注：技術または職業の秘密に関する事項）で、黙秘の義務が免除されていないものが記載されている文書

ニ　専ら文書の所持者の利用に供するための文書（国又は地方公共団体が所持する文書にあっては、公務員が組織的に用いるものを除く。）
ホ　刑事事件に係る訴訟に関する書類若しくは少年の保護事件の記録又はこれらの事件において押収されている文書

茨城大学事件では、先に言及した損害賠償請求訴訟（本案）において、ハラスメント調査委員会の調査報告書やヒアリング記録等について文書提出命令を求める申立てがあり、一審（**平成二十四年一月十日水戸地裁決定**）は、右のニに該当するとして、本件申立てを却下したものの、抗告審（**平成二十四年十一月十六日東京高裁決定**）は、国立大学法人は「ニ括弧書きの『国又は地方公共団体』に当たるか、又は、これが類推適用される」（この辺りの考え方は、国家賠償法の適用とほぼ共通。**第二八話**を参照）として、ニに該当することを否定。調査報告書記録等についても、「職務上の秘密」等に当たらずロに該当しない部分に関しては、提出義務を負うとし、最高裁（**平成二十五年十二月十九日第一小法廷決定**）も、原決定を維持した。

外部への開示を予定していない文書についても、このように書証としての提出を裁判所に求められることがある。こうした点にも、十分に留意する必要があろう。

第三一話　大学の事件簿（7）

共済掛金と労働協約の解約

「被保険者及び被保険者を使用する事業主は、それぞれ保険料の半額を負担する」。

厚生年金保険法八十二条一項はこのように規定し、健康保険法百六十一条一項本文にも同様の定めがある（「保険料の半額」が「保険料額の二分の一」と、その表現が変わるにすぎない）。労使折半の原則がそれである。

同趣旨の規定は、私立学校教職員共済法にも存在し、同法二十八条一項は「加入者及びその加入者を使用する学校法人等（注：その意義については同法十四条一項本文を参照）は、前条の規定による掛金を折半して、これを負担する」と規定している。

桃山学院事件＝平成二十八年一月十三日大阪地裁判決では、この労使折半とは異なる掛金の負担割合（法人が六四・五三五％、加入者が三五・四六五％を負担）を規定していた確認書の破棄（労働協約の一部解約）の当否が争われた。

共済掛金の負担割合について規定した労働協約が解約によって終了した後は、「労使折半の原則を定めた私立学校教職員共済法二十八条一項が適用される」。本件の場合、裁判所がこのように判断した（できた）ことが、法人が勝訴した第一の理由に挙げられる。

判決は、こう述べるに当たり、「労働協約の規範的効力は、……労働組合法十六条が特に付与した効力であり、労働契約に対しては、同契約を外部から規律しているにすぎない」として、労働協約に定める基準が労働契約の内容になるとする〝化体説〟を斥けた上で、「労働協約が解約等により終了すれば、外部から規律する効力も消滅する」と判示して、〝外部規律説〟に与することを明確にした。他方、本件の場合、労働協約が解約された後も、協約に代わって外部から労働契約を規律するものとして、法律（私立学校教職員共済法）があった。本件における最大の勝因はそこにあった、といってよい。

例えば、そうした拠り所が就業規則にしかなければ、当然、話は違ってくる。労働協約の解約による失効前に就業規則の変更を行うと、変更後の就業規則そのものが労働基準法九十二条一項により、協約違反として無効と解される可能性もある（**佐野第一交通事件＝平成十四年九月十三日大阪地裁岸和田支部決定**。詳しくは、拙著『法人職員・公務員のための労働法72話』（ジアース教育新社、平成二十七年）三八一―三八二頁を参照）。

また、本件の場合、原告らが加入する組合以外の三組合との間では、掛金の負担割合を労使折半とする変更が実施された後に、そうした取扱いを認める確認書が交わされている

とはいえ、不利益変更を内容とする労働協約の遡及適用は認めないというのが判例（**香港**

上海銀行事件＝平成元年九月七日最高裁第一小法廷判決ほか）の立場でもある。

労働協約は労働契約の内容を外部から規律するにとどまるから、協約を解約すれば、後は何をやろうと、使用者の自由。このような安直な考え方が、ときに大きな災厄を招くことは、右の一事をとっても明白といえよう。

では、労働協約の一部解約について、本件判決はどう判断したのか。

「労働協約は、利害が複雑に絡み合い対立する労使関係の中で、関連性を持つ様々な交渉事項につき団体交渉が展開され、最終的に妥結した事項につき締結されるものであり、複数の事項が定められている場合は、その全体が一体的な合意であるのが通常である。したがって、一方当事者が、同一の労働協約中、自己に不利益な一部の条項のみを取り出して解約すれば、他方当事者は、自己にとって不利な条項のみが残されるという不利益を被ることが推定されるから、労働協約の一部解約は、原則として許されないものの、解約の対象となった当該条項の独立性の程度や一部解約に至る経緯等に鑑みて、他方当事者に一部解約による上記不利益を与えないなど特段の事情が認められる場合には例外的に許されると解するのが相当である」。

以上が判決の提示した判断基準であるが、本件の場合、このような判断基準のもとでも一部解約が例外的に許されると解し得る事実があった。つまり、本件協約締結後、共済掛金の負担割合については凍結する（団体交渉を行わない）一方で、本俸や住宅手当、扶養手当については、協約改訂の際に増額措置が数次にわたり講じられてきた（その旨の労使合意があった）という事実がそれである。

「原告らは、本件解約により、自己にとって不利な条項のみが残されるという労働協約の一部解約によって生じるであろう不利益を被ることはない」。

「本件解約当時、共済掛金負担割合に係る条項と本俸及び諸手当に関する条項とは相互に独立する関係にあった」。

判決はこのように述べるが、右にみた判断基準も、こうした結論に至る見通しがあって初めて示されたものと考えられる。

一見精巧にみえる理論＝判断基準も、特定の事実を前提としている場合がしばしばある。理論を事実に当てはめれば正解が得られるというほど、裁判の世界は単純ではない。こうしたリアルな司法の現実にも、ときには目を向ける必要があろう。

労働協約と解約権の濫用

以上に加え、判決は次のようにいう。

「労働協約の解約権の行使が権利濫用になるか否かについては、当該解約の必要性、当該解約により被る相手方の不利益の程度、当該解約に至るまでの交渉の態様等の事情を総合して判断するのが相当である」。

とはいえ、期間の定めのある労働協約は期間の満了によって終了し、期間の定めのない協約も、九〇日前に文書で予告する等、労働組合法十五条所定の手続きを踏めば、それだけで解約が可能となる。

当事者の一方または双方に労働協約を存続させる意思がない場合には、上記のプロセスを経て、協約はその効力を失う。そこに解約権の濫用を問題とする余地は、ほとんどない（例えば、菅野和夫著『労働法［第十一版補正版］』（弘文堂、平成二十九年）八九七頁も「あまりにも恣意的で労使関係の安定を著しく損なう解約」に限定する形で「濫用とされることもありえよう」とする）。

労働協約の解約の可否について、就業規則の不利益変更の場合と同じような判断基準をもとに判断を行うことは、明らかに行き過ぎという以外にない。

本件の場合、幸いにも労働協約を解約する十分な理由があった。つまり、「私立学校教職員共済法二十八条一項は、共済掛金について労使折半の原則を定めており、特にその例外を認めた明文の規定はないことから、共済掛金の負担割合について、事業主側の負担割合を法定の割合より増加させる取扱いは、直ちに違法無効といえないにしても、同条の趣旨に沿わない」。また、国からの補助金等の交付を受け事業運営がなされている法人については負担割合を国の取扱いと同様に労使折半にすることが適切であるとした「厚生労働大臣から独立行政法人理事長（注：ただし、厳密にいうと、私学共済を管掌する日本私立学校振興・共済事業団は独立行政法人ではない）に対して発出された書簡の内容をも併せ鑑みれば、被告が行った本件解約は、同条の趣旨に沿った措置といえ、また、必要性も十分に認められる」とするのが、裁判所の判断でもあった。

しかし、このような事情は本来、労働協約の一部解約の可否を決するための考慮要素として検討すべき事柄であり、その結果、一部解約が可とされるのであれば、解約権の濫用について論じる必要もなかった。

本件の場合、代償措置（負担割合の変更に伴う暫定貸付制度の導入）が講じられたこと等を理由に「不利益の程度は、さほど大きいものであるとは認められない」とされ、組合側に負担割合の変更を受け入れる意思が全くなかったことを重視して、団体交渉の打切りにも問題がなかったとされたが、あくまでも偶然にすぎない。

事案が少しでも異なれば、結論が違っていた。右にみた解約権濫用に係る判断基準は、そんな汎用性に乏しい判断基準でもあったことを知るべきであろう。

第三二話　大学の事件簿（8）

勤務時間中の団体交渉

国家公務員法（国公法）は、職員団体との交渉について、次のように規定している。

（交渉）

第百八条の五　当局は、登録された職員団体から、職員の給与、勤務時間その他の勤務条件に関し、及びこれに附帯して、社交的又は厚生的活動を含む適法な活動に係る事項に関し、適法な交渉の申入れがあった場合においては、その申入れに応ずべき地位に立つものとする。

②　職員団体と当局との交渉は、団体協約を締結する権利を含まないものとする。

③　国の事務の管理及び運営に関する事項は、交渉の対象とすることができない。

④　職員団体が交渉することのできる当局は、交渉事項について適法に管理し、又は決定することのできる当局とする。

⑤　交渉は、職員団体と当局があらかじめ取り決めた員数の範囲内で、職員団体がその

役員の中から指名する者と当局の指名する者との間において行なわなければならない。交渉に当たっては、職員団体と当局との間において、議題、時間、場所その他必要な事項をあらかじめ取り決めて行なうものとする。

⑥　前項の場合において、特別の事情があるときは、職員団体は、役員以外の者を指名することができるものとする。ただし、その指名する者は、当該交渉の対象である特定の事項について交渉する適法な委任を当該職員団体の執行機関から受けたことを文書によって証明できる者でなければならない。

⑦　交渉は、前二項の規定に適合しないこととなったとき、又は他の職員の職務の遂行を妨げ、若しくは国の事務の正常な運営を阻害することとなったときは、これを打ち切ることができる。

⑧　本条に規定する適法な交渉は、勤務時間中においても行なうことができるものとする。

⑨　職員は、職員団体に属していないという理由で、第一項に規定する事項に関し、不満を表明し、又は意見を申し出る自由を否定されてはならない。

しかし、同条にいう「交渉」は「団体交渉」とは異なる。公務員白書において、人事院が「職員団体との交渉」といわず、「職員団体との会見」と、これを言い換えているのも、そうした交渉の性格に由来する。

職員団体には、団体協約を締結する権利がなく（二項）、管理運営事項は、交渉の対象とすることができない（三項）。例えば、非常勤職員の再任用拒否や、組合事務所の供与拒否＝行政財産の目的外使用の不許可も、交渉の対象とはならない（前者につき、**情報・システム研究機構（国情研）事件＝平成十八年十二月十三日東京高裁判決**（この点に関しては一審判決［**同年三月二十四日東京地裁判決**］も同旨）を参照）。

右のような点に、国公法にいう「交渉」の大きな特徴はあるが、「団体交渉」との違いはそれだけではない。いわゆる予備交渉が制度化され、交渉は「議題、時間、場所その他必要な事項（注：部外者が出席した際の取扱い［後述］等を含む）をあらかじめ取り決めて行なうもの」とされていること（五項後段）や、交渉がこうした事前の取決めに反するに至ったときは、交渉の打切りが可能とされていること（七項）が、それである。

確かに、勤務時間中においても交渉を行うことはできる（八項。その趣旨は、職務専念義務の免除を認めることにある）。労働組合法（労組法）も、この点については「労働者が労働時間中に時間又は賃金を失うことなく使用者と協議し、又は交渉することを使用者が許すことを妨げるものでは」ない（二条但書二号、七条三号）としている。

とはいえ、勤務時間中の団体交渉については、以下のように述べる判例（中労委を処分行政庁とし、国を被告とする**東芝事件＝平成二十四年二月二十九日東京地裁判決**）が存在することにも留意する必要がある。

「東芝労組については、多数組合で組織規模が大きく専従者を置くことも認められており、多数の組合員の利害を調整したり、団体交渉等の結果が労使関係にも大きく影響したりするのが必然であるから、労使双方にとって例外的に専従者組合員の就労時間内に時間をかけて団体交渉等を行う一定の合理的な理由が認められる。他方、原告組合については、原告会社の従業員で所属する組合員がＺ一名であるから、Ｚが事務折衝等のたびに就業時間内に業務を離脱することを認めるのは、その間のＺ担当の業務の停滞を招くことになって原告会社に対する影響が大きいし、団体交渉事項もおのずとＺ一名に係る事項に限られることになるから、団体交渉等を原則どおり時間外で行う取扱いとして東芝労組との対応に差異を設けることには、合理性があるというべきである」。

公務員時代の慣行を当然のごとく踏襲し、在籍専従者などいない労働組合との間でも、勤務時間中に給与を減額することなく団体交渉を行う。法人化後の国立大学には、そんな状況が顕著にみられるものの、労働組合というだけで、このような〝特権〟を与えることには問題が多い。

在籍専従者のいない労働組合に対しては、組合事務所を供与すべき理由もない（事務所が供与されなければ、ヤミ専従問題の解消にもつながる。拙著『法人職員・公務員のための労働法72話』（ジアース教育新社、平成二十七年）三六四頁を参照。なお、事務所の供与に当たって、専従者の有無を判断基準として採用した省庁の一つに、農林水産省がある）

し、勤務時間中に団体交渉を開催する道理も必然性もない。労使関係の健全化を図るためには、そうした決断もときには必要となろう。

団体交渉の組合側出席者

交渉への出席者は、あらかじめ取り決めた員数の範囲内に限る。しかも、職員団体側の出席者は、特別の事情がある場合を除き、役員の中から指名した者でなければならない。先にみたように、国公法百八条の五は、その五項および六項で、このように規定している。

右にいう『特別の事情』とは、交渉事項が専門的な問題で弁護士などの専門家に任せる必要があるとき、交渉事項が一部の職場に限定された問題でその職場の事情をよく知っている支部長などに交渉を任せることが適当であるときなどが考えられる。その判断は職員団体に任されているが、いたずらに部外者を交渉の担当者とすることは、かえって交渉を混乱させるので適当でないから、合理的理由がある場合に限られる」（森園幸男ほか編『逐条国家公務員法〔全訂版〕』（学陽書房、平成二十七年）一一六七頁）。

また、「予備交渉で取り決めた人数を超えて部外者が応援的な意味合いで出席した場合の取扱いについては、正常な交渉を阻害するので、認めない旨を予備交渉で明らかにしておき、そのような場合には交渉を打ち切る旨を取り決めることが適当であろう」（森園ほか編の前掲書一一七〇頁）ともされる。

いずれも、交渉を秩序あるものとするためには必要と考えられる、至極真っ当な解釈であるとはいえ、あくまでも公務員法を根拠とするものであって、労組法の適用される大学を含む民間の話ではない。

労働組合の委任がある限り、誰が団体交渉に出席しても、使用者には口出しできない。「労働組合の代表者又は労働組合の委任を受けた者は、……労働協約の締結その他の事項に関して交渉する権限を有する」と定めた労組法六条も、一般にはこのように解釈されている（こうした解釈の問題点については、前掲・拙著三七一―三七四頁を参照）。

組合側の出席者が多いからという理由で、交渉の席を立つようなことをすれば、労組法七条二号の不当労働行為（団交拒否）に該当するとして、ほぼ確実に団交応諾命令が出る（最近のケースとして、**暁星学園事件＝平成二十八年六月十五日中労委命令**を参照）。それが現実であることも、知る必要があろう。

第三三話　Current Cases（2）

定年後再雇用と労働条件

「原判決を取り消す」。一審判決から六か月足らず、その行方が注目された**長澤運輸事件＝平成二十八年十一月二日東京高裁判決**は、主文の冒頭でこのように述べ、会社側勝訴の逆転判決となった。

とはいえ、高裁においても、控訴人である会社側の主張が全面的に認められたわけではない。「労働契約法二十条にいう労働条件の相違は、条文の文言どおり、『期間の定めがあることにより』生じたものでなければならない」。控訴人が高裁における補充主張のトップに掲げた、この肝心要の主張は、本判決においても原判決（**平成二十八年五月十三日東京地裁判決**）と同様に認められなかった。

例えば、以下にみる判示部分（証拠表記は省略。他の引用箇所に同じ）は、一審判決の該当部分（**第二四話**を参照）をほぼコピー・ペーストしたものとなっている。

「労働契約法二十条は、有期契約労働者と無期契約労働者の間の労働条件の相違が不合理なものであることを禁止する趣旨の規定であると解されるところ、同条の『期間の定めがあることにより』という文言は、有期契約労働者の労働条件が無期契約労働者の労働条件と相違するというだけで、当然に同条の規定が適用されることにはならず、当該有期契約労働者と無期契約労働者の間の労働条件の相違が、期間の定めの有無に関連して生じたものであることを要するという趣旨であると解するのが相当であるが、他方において、このことを超えて、同条の適用範囲について、使用者が専ら期間の定めの有無を理由として労働条件の相違を設けた場合に限定して解すべき根拠は乏しい」。

「本件において、有期契約労働者である嘱託社員の労働条件は、再雇用者採用条件によるものとして運用されており、無期契約労働者である正社員の労働条件に関しては、正社員就業規則及び賃金規定が一律に適用されているのであって、有期契約労働者である嘱託社員と無期契約労働者である正社員の間には、賃金の定めについて、その地位の区別に基づく定型的な労働条件の相違があり、これにより被控訴人らの賃金が定年時のものより減額されていることからは、控訴人が、高年齢者雇用安定法が定める選択肢の一つとして、被控訴人らと有期労働契約を締結したのは、賃金節約や雇用調整を弾力的に図る目的もあるものと認められる。よって、当該労働条件の相違（本件相違）が期間の定めの有無に関連して生じたものであることは明らかというべきである」。

本件でみられたような二割から三割程度の賃金の引下げは、定年が延長された無期雇用の正社員もその多くが現に経験していることであって、だとすれば「定型的な労働条件の相違」と有期雇用との間には、そもそも因果関係がないという話になる。

有期雇用＝Ａ、無期雇用＝$\overline{\text{Ａ}}$、労働条件の相違＝Ｂとすると、Ａ↓Ｂ、$\overline{\text{Ａ}}$↓Ｂの双方が成り立つ場合、ＡとＢの間に因果関係はなく、関連性もないことは、誰にでもわかる。

定年前の無期雇用の正社員と定年後再雇用された有期雇用の嘱託社員との間で、たとえ「定型的な労働条件の相違」がみられるとしても、これを「期間の定めがあることにより」生じたものとすることには大きな無理がある。こう考えるのが常識にも適っていよう。

確かに、本件の場合、判決は、労働契約法二十条の適用を認める一方で、以下のように述べ、本件における労働条件の相違は不合理とはいえないとした。会社側が逆転勝訴した理由も、そこにある。

「従業員が定年退職後も引き続いて雇用されるに当たり、その賃金が引き下げられるのが通例であることは、公知の事実であるといって差し支えない。そして、このことについては、我が国において、安定的雇用及び年功的処遇を維持しつつ賃金コストを一定限度に抑制するために不可欠の制度として、期間の定めのない労働契約及び定年制が広く採用されてきた一方で、平均寿命の延伸、年金制度改革等に伴って定年到達者の雇用確保の必要性が高まったことを背景に、高年齢者雇用安定法が改正され、同法所定の定年の下限である六〇歳を超えた高年齢者の雇用確保措置が、ごく一部の例外を除き、全事業者に対し段階的に義務付けられてきたこと、他方、企業においては、定年到達者の雇用を義務付けられることによる賃金コストの無制限な増大を回避して、定年到達者の雇用のみならず、若年層を含めた労働者全体の安定的雇用を実現する必要があること、定年になった者に対しては、一定の要件を満たせば在職老齢年金制度や、六〇歳以降に賃金が一定割合以上低下した場合にその減額の程度を緩和する制度（高年齢雇用継続給付）があること、さらに、定年後の継続雇用制度は、法的には、それまでの雇用関係を消滅させて、退職金を支給した上で、新規の雇用契約を締結するものであることを考慮すると、定年後継続雇用者の賃金を定年時より引き下げることそれ自体が不合理であるということはできない」。

だが、判決は、こうした現状の理解にのみ基づいて、その結論を導いたのではなかった。結論に至る判断はきわめて慎重であって、本件の場合、賃金の減額率が「控訴人の属する規模の企業の平均の減額率をかなり下回っている」ことや、「本業である運輸業については、収支が大幅な赤字となっていると推認できることを併せ考慮すると、年収ベースで二割前後賃金が減額になっていることが直ちに不合理であるとは認められない」。判決も、実際にはこう述べるにとどまっている。

減額率がもう少し高ければ、あるいは収支が黒字であれば、結論が違っていた可能性も十分にある。本件では会社が勝訴した（まだ確定していない）ものの、事案が多少異なれば、結果がどうなっていたかはわからない。

裁判官が不合理といえば、不合理になる。ただ、経営判断などしたこともない裁判官にそこまでいって欲しくない（この点につき、鬼頭季郎元裁判官のいう「経営判断の法理」（**第一二話**）を参照）。経営者の多くはそう考えているに違いない。

契約社員と手当の不支給

正社員のドライバーと契約社員のドライバーとの間には「業務内容自体に大きな相違があるとは認められない」が、「広域移動や人材登用の可能性といった人材活用の仕組みの有無に基づく相違」が存在する。**ハマキョウレックス事件＝平成二十八年七月二十六日大阪高裁判決**においては、このような事情のもとで、各種手当支給の有無や支給額の相違が、労働契約法二十条に違反するか否かが主たる争点となった。

原審（**平成二十七年九月十六日大津地裁彦根支部判決**）では、通勤手当の差額相当額の賠償請求のみが認められたのに対して、二審は、その範囲を無事故手当、作業手当および給食手当にまで拡大する。ただ、裁判所がこれらの各種手当の不支給または支給額の相違を不合理なものと判断した理由までが同じであったかというと、そうではない。

すなわち、無事故手当や作業手当については、無事故であることまたは特殊作業に従事する場合に支給されるものであるとの認識が判断の前提にはあり、他方、給食手当や通勤手当については、「職務の内容や当該職務の内容及び変更の範囲とは無関係に支給されるもの」との認識が判断の決め手とされた。

とはいえ、職務内容に密接に関連した手当ならともかく、通勤手当のように職務関連性の薄い手当についてまで、均衡の確保を要求することには疑問もある。

例えば、パートタイム労働法（短時間労働者の雇用管理の改善等に関する法律）も、「通常の労働者との均衡を考慮しつつ」短時間労働者の賃金を決定するよう、十条で事業主に努力義務を課すに当たって、通勤手当（職務の内容に密接に関連して支払われるものを除く）や退職手当を対象から除外していること（他に、家族手当や住宅手当等を除外。同法施行規則三条を参照）が留意されてよい。

こうした判決が続けば、やがて各種手当は、正社員の世界からもその姿を消す。コンプライアンス＝企業防衛のためとはいえ、そのような世界が好ましいとは到底いえまい。

第三四話　大学の事件簿（9）

実務に有益な判例

平成二十四年以降、地裁における労働関係民事通常訴訟事件の判決件数は、一〇〇〇件前後で安定的に推移している（ただし、平成二十八年は八八三件にとどまる）。平成と元号が改まった当初（平成四年まで）は、その件数が二〇〇件台を記録するものでしかなかったことを思えば、文字どおり隔世の感がある（以上、『法曹時報』八月号に毎年掲載される「労働関係民事・行政事件の概況」による）。

だが、実務に有益な判例となると、その数は限られている。**第三二話**でも取り上げた、**東芝事件＝平成二十四年二月二十九日東京地裁判決**は、そうした例外に数えられる大いに示唆に富む判例であった。

例えば、いわゆる便宜供与について、判決は、**第三二話**で引用した部分を除くと、次のようにいう。

「東芝労組は、原告会社との間で終戦直後から約六〇年にわたり労使関係を継続してきたのであって、その間の闘争、協力及び互譲の経過の中で少しずつ信頼関係を醸成してきた結果として、［先に］認定した数々の便宜供与を獲得してきた経緯があったことが容易に推認されるのであるから、東芝労組に対する各種便宜供与は、このような歴史的背景を踏まえて行われているものと認めるのが相当である。しかも、原告組合が便宜供与を求める事業所であるα工場における東芝労組の組合員数が約一四〇〇名であるのに対し、原告組合の組合員数が原告会社全体としてもわずか一名にすぎないことは、［以上に］判示したとおりである」。

まず、「原告会社が、東芝労組に対する組合事務所用建物の貸与等の便宜供与を認めているにもかかわらず、原告組合には組合専用の机、いす、ロッカーの貸与を認めないことが不公平であるとの主張については、そもそも組合員一名のために組合専用の机等が必要な理由が不明であるし、東芝労組が原告会社からの便宜供与を獲得したのは、原告会社との間の長年にわたる闘争、協力及び互譲の歴史的背景の中で積み重ねられた信頼関係に基づくものであることが推認されるから、交渉の歴史が浅く、東芝労組と比肩して必ずしも十分な信頼関係が醸成されているとはいえない原告組合に対して上記便宜供与を認めないという取扱いの差異には合理性が認められるというべきである。

さらに、東芝労組と同様の組合掲示板の設置の求めについても、原告会社内の原告組合の組合員がＺ一名のみであって組合掲示板を連絡方法として確保する必要性に乏しい上、上記判示のとおり、東芝労組の組織規模、原告会社の東芝労組との間の労使関係等にも照らすと、東芝労組と原告会社との間で取扱いを異にする合理的理由がある。また、ビラの配布の求めについては、そもそも団交においてこれを求めた経緯が不明であるし、東芝労組に対して原告会社施設内で組合員を除く不特定多数者に対するビラ配布を認めていない中、組合員がZ一名のみの原告組合の会社施設内におけるビラ配布を認めないことは何ら不当とはいえない」。

他方、使用者による回答内容の文書化や、団交議事録の作成について、判決は次のように述べる。

「そもそも法令上、使用者側には、当然に、労働組合の要求事項に対する回答の文書化や団交議事録の作成が義務付けられているということはできない。確かに、団交における使用者の回答内容、労使間の交渉内容及び経過等を文書化して記録することは、労使関係における交渉内容の明確化の観点から一定の意義のある方法であることは否定し得ないが、取り上げる協議議題の内容、具体的団交の場における協議方法、団交に至る交渉経緯・労使関係等に応じて交渉内容の明確化の必要性・有用性には、大きな幅があるものと解すべきであり、使用者が回答書の文書化を拒否したからといって、それが直ちに不誠実団交等の不当労働行為に当たるということはできない。

これを本件についてみるに、前記一連の団交における協議事項は、本件要求書に記載されたとおり、未払残業代の支払、便宜供与の授与、事前同意約款等の締結、作業服の会社負担、懲戒処分の撤回等、一般的な団交事項であり、特段複雑な事項が含まれているわけではない。また、原告会社は、前記団交において、原告組合の要求事項に対して口頭で回答を行う場合に、あらかじめ回答内容を手控文書の形で準備し、具体的団交の場で当該文書を読み上げる方法を執る一方、原告組合は、団交内容及び経過を毎回録音していたというのであるから、原告組合は、団交の内容及び経過について正確に記録していたというべきであるし、少なくとも、あらかじめ提示された要求事項に対する原告会社の回答内容については、原告会社が読上げを予定して発言内容等を検討して整理した文言のとおりに録音して記録したことがうかがわれる。そうすると、原告会社が回答内容を文書化して交付せず、団交議事録を作成交付しないからといって交渉内容及び経緯が不明確になる事態はおよそ想定されないし、それが団交そのものを妨げる結果にもならないというべきである」。

回答内容の文書化等に関する後段の説示に関しては、たとえ組合の側で録音がなされていたという事実がなくとも、判決の結論は変わらない（本件の場合、録音という事実は、結論を導きやすいため援用されたにすぎず、結論を導くための必要条件とはいえない）とも考えられる。だが、会社側の姿勢に一貫性がみられない場合には、敗訴の憂き目をみることもある。

組合員が少数にとどまる労働組合であっても、組合員がさらに少ない他の労組に掲示板等を貸与していると、不貸与がストレートに不当労働行為と判断される（**平成二十年十一月四日大阪府労委命令**（事件名不詳）を参照）。前段で説示のあった便宜供与については、そんな危険があることも肝に銘ずる必要があろう。

実務に有害な法案

平成二十八年十一月十五日、衆議院に野党四党（当時の民進党、共産党、自由党および社民党）が提出した法案に「労働基準法の一部を改正する法律案」がある。

その眼目は、いわゆる休息時間（インターバル規制）の導入を図ることにあるといえるが、専門業務型裁量労働制については、新たに労使協定で「対象業務に従事する労働者の健康管理を行うために当該労働者が事業場内にいた時間（略）と事業場外において労働した時間との合計の時間（……「健康管理時間」という。）を把握し、及び記録する措置（略）を当該協定で定めるところにより使用者が講ずること」および「対象業務に従事する労働者に対し、健康管理時間を労働者の健康の保持及び仕事と生活の調和を勘案して厚生労働省令で定める時間を超えない範囲内とする措置を当該協定及び就業規則その他これに準ずるもので定めるところにより使用者が講ずること」を定めることを導入要件とする（企画業務型裁量労働制についても、同様の措置を講じる）ことが予定されている。

また、以下の規定を新設することにより、労働時間管理簿の調製を使用者に義務付ける（違反に対しては罰則を科す）ことも、右の改正法案は想定している。

（労働時間管理簿）

第百七条の二　使用者は、厚生労働省令で定めるところにより、各事業場ごとに労働時間管理簿を調製し、各労働者に係る労働した日ごとの始業し、及び終業した時刻並びに労働時間（第三十八条の三第一項の規定により同項第二号に掲げる時間労働したものとみなされる［専門業務型裁量労働制の適用を受ける］労働者……については、第三十八条の三第一項第四号に規定する健康管理時間……）その他厚生労働省令で定める事項を記入しなければならない。

しかし、仮にこのような法改正が実現すれば、「教授研究の業務」を専門業務型裁量労働制の適用対象業務とした意味がほとんどなくなるほか、大学を始めとする教育研究機関に対しても、労働時間管理簿の調製が一律に義務付けられるようになると、現場がパニックに陥ることは間違いない。実務にとっては有害な法案というほかあるまい。

第三五話　大学の事件簿（10）

継続雇用制度とその複線化

定年で退職する従業員のなかから、誰を再雇用するのか。それを決定する自由は使用者にはない。高年法（高年齢者等の雇用の安定等に関する法律）の平成二十四年改正（翌二十五年四月一日施行）により、次のように定める九条二項がその姿を消し、子会社を始めとする特殊関係事業主による継続雇用を同制度に含むものとする規定と、これが置き換えられたとき、多くの者は、同法九条一項二号に定める継続雇用制度の対象となる高年齢者を選択する自由が失われたと判断した。

2　事業主は、当該事業所に、労働者の過半数で組織する労働組合がある場合においてはその労働組合、労働者の過半数で組織する労働組合がない場合においては労働者の過半数を代表する者との書面による協定により、継続雇用制度の対象となる高年齢者に係る基準を定め、当該基準に基づく制度を導入したときは、前項第二号に掲げる措置を講じたものとみなす。

改正法（平成二十四年法律第七十八号）附則第三項は、以下の内容からなる経過措置を認めるものではあったが、それは一読してわかるように、事業主が既に労使協定でその定めを置いていた「継続雇用制度の対象となる高年齢者に係る基準」の対象者の年齢を段階的に引き上げることを、あくまでもその前提とするものにすぎなかった。

（経過措置）

3　この法律の施行の際現にこの法律による改正前の第九条第二項の規定により同条第一項第二号に掲げる措置を講じたものとみなされている事業主については、同条第二項の規定は、平成三十七年三月三十一日までの間は、なおその効力を有する。この場合において、同項中「係る基準」とあるのは、この法律の施行の日から平成二十八年三月三十一日までの間については「係る基準（六十一歳以上の者を対象とするものに限る。）」と、同年四月一日から平成三十一年三月三十一日までの間については「係る基準（六十二歳以上の者を対象とするものに限る。）」と、同年四月一日から平成三十四年三月三十一日までの間については「係る基準（六十三歳以上の者を対象とするものに限る。）」と、同年四月一日から平成三十七年三月三十一日までの間については「係る基準（六十四歳以上の者を対象とするものに限る。）」とする。

他方、新設された九条三項を根拠に定められた大臣告示「高年齢者雇用確保措置の実施及び運用に関する指針」は、継続雇用制度について、次のような定めを置くことになる。

第二　高年齢者雇用確保措置の実施及び運用
二　継続雇用制度
継続雇用制度を導入する場合には、希望者全員を対象とする制度とする。（中略）心身の故障のため業務に堪えられないと認められること、勤務状況が著しく不良で引き続き従業員としての職責を果たし得ないこと等就業規則に定める解雇事由又は退職事由（年齢に係るものを除く。以下同じ。）に該当する場合には、継続雇用しないことができる。

就業規則に定める解雇事由又は退職事由と同一の事由を、継続雇用しないことができる事由として、解雇や退職の規定とは別に、就業規則に定めることもできる。また、当該同一の事由について、継続雇用制度の円滑な実施のため、労使が協定を締結することができる。なお、解雇事由又は退職事由とは異なる運営基準を設けることは「改正法」の趣旨を没却するおそれがあることに留意する。

ただし、継続雇用しないことについては、客観的に合理的な理由があり、社会通念上相当であることが求められると考えられることに留意する。


就業規則に規定する解雇・退職事由に該当しない限り、継続雇用は拒否できない。その内容は、こう理解する以外になかった。

しかし、使用者＝事業主が負うのは、公法上の義務としての継続雇用制度の導入義務（高年法九条一項二号）にとどまり、希望者全員を対象とすることを必要とする（ただし、この制度設計自体にも問題がある。拙著『法人職員・公務員のための労働法72話』（ジアース教育新社、平成二十七年）一三六―一三八頁を参照）とはいっても、すべての定年退職者＝高年齢者を同じ基準で継続雇用しなければならない、というわけではない。

例えば、労使間で合意された一定の基準を満たさない高年齢者については、当該基準を満たす高年齢者とは異なる、待遇面でも劣るポストで再雇用する。そうした継続雇用制度の導入も可能なことを再認識させてくれたものに、**トヨタ自動車事件＝平成二十八年一月七日名古屋地裁岡崎支部判決**がある。

確かに、本件の場合、控訴審（**平成二十八年九月二十八日名古屋高裁判決**）は、被控訴人会社が控訴人に提示した再雇用後の業務内容が定年退職前に同人が従事していた事務労働とはまったく異なる清掃業務等の単純労働であったことから、「被控訴人会社の提示した業務内容は、社会通念に照らし労働者にとって到底受入れ難いようなものであり、実質的に継続雇用の機会を与えたとは認められないのであって、改正高年法の趣旨に明らかに反する違法なもの」であるとして、不法行為に基づく損害賠償請求を認めるものではあった。

とはいえ、高裁が認容した損害額は、控訴人が被控訴人会社によって提示された単純労働に、一年間従事した場合に得られたであろう賃金に相当する額（一二七万一五〇〇円）

プラス年五分の遅延損害金にとどまっている（なお、本件当時、六一歳以上の者については労使協定により基準を定めることが可能であり、控訴人がその勤務状況からみて当該基準を満たしていないことは明らかであった。こうした事情から、地位確認等の請求も一切認められていない）。

定年前の働きぶりいかんによって、再雇用ポストが決まる。本件は、国立大学法人を始めとする法人が継続雇用制度の見直しを行うに当たっても、有益なヒントを与えてくれる事件であった、ということができよう。

民間とは違う公務員の再任用

人事制度をみる限り、国と地方公共団体との間に大きな差異はない（非常勤職員の位置づけ等に関する法律上の相違はここでは触れない。詳しくは、拙著『労働法の「常識」は現場の「非常識」――程良い規制を求めて』（中央経済社、平成二十六年）一一八―一二一頁を参照）。定年退職者を対象とした再任用制度も、その一つに数えられる。

例えば、人事院規則一一―九（定年退職者等の再任用）五条一項は「再任用の任期の更新は、職員の当該更新直前の任期における勤務実績が良好である場合に行うことができるものとする」と規定するが、同様の定めは、地方公共団体の条例にも等しく存在する（例えば、東京都「職員の再任用に関する条例」三条一項を参照）。

公務員には、先にみた高年法九条等の規定が適用されず（同法七条二項を参照）、ために「従前の勤務実績等に基づく選考」により、再任用を行うことも可能になる（国家公務員法八十一条の四・八十一条の五、地方公務員法二十八条の四・二十八条の五を参照）。そうした民間企業との違いが背景にはある。

他方、労働契約法についても、公務員はその適用を除外されている（同法二十二条一項を参照）ため、給与法（一般職の職員の給与に関する法律）や給与条例（職員の給与に関する条例）が定年前の職員と再任用後の職員との間で明確に相違する待遇を規定しても、これが訴訟で問題とされる可能性（この点につき、**第二四話**および**第三三話**を参照）は、まったくない。そんな民間との差異にも、併せて留意する必要がある。

このような適用除外の世界にドップリ漬かった職員が、一夜にして労働関係法令の全面適用を受ける。法人化には、そうした一面も確かにあった。

こうしたなか、近年になって公立大学法人に移行した公立大学（平成二十五年四月一日以降に法人化した公立大学には、経過措置としても「継続雇用制度の対象となる高年齢者に係る基準」を定めることが認められていないことに注意）が経験したであろうショックには、想像するに余りあるものがある。こういっても間違いはあるまい。

第三六話　大学の事件簿（11）

無期転換と国会質疑

平成二十八年十一月十七日、参議院の厚生労働委員会では、労働契約法十八条に定める無期転換規定について、社民党の福島みずほ議員と山越敬一厚生労働省労働基準局長との間で、次のような質疑が交わされた（以下、議事録（第一九二回国会厚生労働委員会会議録第六号）とは異なり、五つのケースの表記を、漢数字から○付き数字に改めている）。

○福島みずほ君　五年たつと無期になるということで、様々な大学や様々な研究機関、様々なところで五年以内に雇い止めをするということが今本当に広がって、その声が具体的にたくさん寄せられています。

例えば、次のようなケースは国としてどのような指導、対策をして有期労働者の雇用の安全を図るつもりなのか。例えば、①五年を超える手前で雇い止めをする場合。②五年を超える前に労働条件を下げて更新する旨を使用者が申し込んだ場合。③五年を超える前に更新しない旨を一方的に使用者が通告する場合。④五年を超える前に不更新とする旨の合意書を締結した場合。というか、よくあるのは、五年を超えないように、不更新条項をその前の更新のときに入れてサインをさせる場合というのはよくあります。⑤契約当初から更新期間、更新回数の上限を五年までと設定する場合など。

いかがでしょうか。

○政府参考人（山越敬一君）　お答えを申し上げます。

今御指摘をいただいた五つのケースでございますけれども、これにつきましては、厚生労働省といたしまして、無期転換を避けることを目的として無期転換申込権が発生する前に雇い止めをすることは、労働契約法の趣旨に照らして望ましいとは言えないというふうに考えているところでございます。（以下、略）

大方の者が間違いなく問題があると考えるケース（②・③）と、問題があるとはいえないケース（⑤。なお、①・④は状況による）を巧みに織り交ぜて、それらのケースのすべてに問題があるかのような印象を与える答弁を誘導する。そこに福島議員の質問の意図があるとすれば、その意図は概ね達せられたといってよい。

具体的には、雇止めの理由の明示について定めた大臣告示「有期労働契約の締結、更新及び雇止めに関する基準」二条（旧三条）に関連して次のように述べる、平成十五年改正労働基準法の施行通達（第一の二の㈡、その後の告示改正を反映したもの）はもはや過去のものとなったことを印象づけることに、同議員の狙いはあったと考えられる。

イ　第二条関係

「更新しないこととする理由」及び「更新しなかった理由」は、契約期間の満了とは別の理由を明示することを要するものであること。

例えば、

(ア) 前回の契約更新時に、本契約を更新しないことが合意されていたため

(イ) 契約締結当初から、更新回数の上限を設けており、本契約は当該上限に係るものであるため

(ウ)～(カ)　略

等を明示することが考えられるものであること。

それが雇止めの理由の〃例示〃であることからもわかるように、通達は、不更新の合意や更新回数（雇用可能年数）の上限設定を否定するどころか、むしろこれを肯定するものとなっている。ただ、省をあげて無期転換の推進に取り組んでいるなか、答弁においてもこの施行通達に言及することはおそらくあるまい。そんな読みがあったと思われる。

しかし、労働基準局長が「労働契約法の趣旨に照らして望ましいとは言えない」としたのは、あくまでも「無期転換を避けることを目的として無期転換申込権が発生する前に雇い止めをすること」であって、それ以上でもそれ以下でもない。

また、平成二十四年の無期転換規定の創設（翌二十五年四月一日施行）によって、右の

通達が修正されたという事実もない。同時に施行された労働基準法施行規則の改正（五条一項一号の二の新設）に伴って、告示一条の削除（旧二条以下の繰上げ）により、「第三条関係」が、右にみたように「第二条関係」と改められたというにとどまる。

国立大学法人の人事労務担当者のなかには、基準局長の答弁によって、就業規則に「五年を超えて労働契約を更新することはない」等と定めることも許されなくなったと、理解（誤解）した者が少なからずいたと聞くが、冷静に考えれば、そうでないことはわかる。

右のような五年上限規定にしても、これを厳格に運用している限り、慌てふためく必要はまったくない。雇用可能年数の上限撤廃を求める声は、今後確実に強まるであろうが、担当者には、それに動じない覚悟を持って、事に臨んで欲しい。

無期転換後の労働条件

労働者の勤続年数は、無期転換を経ることによって当然長くなる。そして、勤続年数が正社員と変わらない程度に長くなった時点で、正社員との均等・均衡待遇を要求する。

福島みずほ議員が、先にみた無期転換に関する質問を「無期に転換した後の労働条件は、同一労働同一賃金できちっと労働条件が上がるように、これもまたよろしくお願いいたします」と締め括ったことは、そのターゲットがどこにあるかをよく表している。

確かに、無期転換によって労働条件が直ちに変わるわけではない。労働契約法十八条も無期転換後の労働条件は「現に締結している有期労働契約の内容である労働条件（略）と同一の労働条件（略）とする」（一項後段）と規定する。ただ、それはあくまで当座のことであって、従前の労働条件を将来にわたって維持することまで認めたものではない。

例えば、女性の臨時社員である「原告らの賃金が、同じ勤務年数の女性正社員の八割以下となるときは、許容される賃金格差の範囲を明らかに越え、その限度において被告の裁量が公序良俗違反として違法となると判断すべきである」とした、かの有名な**丸子警報器事件＝平成八年三月十五日長野地裁上田支部判決**は、次のように述べる。

「原告ら臨時社員の提供する労働内容は、その外形面においても、被告への帰属意識という内面においても、被告会社の女性正社員と全く同一であると言える」本件においては「正社員の賃金が……年功序列によって上昇するのであれば、臨時社員においても正社員と同様ないしこれに準じた年功序列的な賃金の上昇を期待し、勤務年数を重ねるに従ってその期待からの不満を増大させるのも無理からぬところである」。「このような場合、使用者たる被告においては、一定年月以上勤務した臨時社員には正社員となる途を用意するか、あるいは臨時社員の地位はそのままとしても、同一労働に従事させる以上は正社員に準じた年功序列制の賃金体系を設ける必要があったと言うべきである」。

「一定期間以上勤務した臨時社員については年功という要素も正社員と同様に考慮すべきである」。

このような勤続年数による賃金の上昇を重視する姿勢が、判決の結論を導いたことを忘れてはならない（以上につき、**第七話**を併せ参照）。

こうしたなか、平成二十八年十二月二十日に公表された「同一労働同一賃金ガイドライン案」は、次のように述べる。

「基本給について、労働者の勤続年数に応じて支給しようとする場合、無期雇用フルタイム労働者と同一の勤続年数である有期雇用労働者又はパートタイム労働者には、勤続年数に応じた部分につき、同一の支給をしなければならない」。

なるほど、「ガイドライン案」が基本的に問題としているのは、無期雇用と有期雇用との間における比較ではある。だからといって、同じ無期雇用であれば、仮に勤続年数が同じであっても、基本給の違いは問題としない、という話では決してない（なお、無期雇用のフルタイムと無期雇用のパートタイムとの間で、勤続年数が同じであるにもかかわらず、基本給に違いがあれば、「ガイドライン案」上も問題となり得る）。常識で考えると、違いなどあってはならない、という話になろう。

以上いずれにせよ、「ガイドライン案」を検討した会議のメンバー自身が所属する機関（各府省）や、法人（国立大学法人）でも実現できそうにないことを、なぜ提案するのか。凡人には到底理解できない、というのが正直な感想であった。

第三七話　大学の事件簿（12）

避けるべき問題の先送り

「就業規則を読み込んでいるのは、人事部と労働組合のメンバーを除いては、会社の経営を批判しようと前のめりになっている社員や何か会社にやましいことがあって解雇などの懲戒処分を受けることを恐れている社員くらいかもしれない」。

平成二十三年六月に出版され、現在も増刷を重ねている人事労務部門のベストセラー、楠木新著『人事部は見ている。』（日本経済新聞出版社）三七頁には、こんな記述がある。正面から認めたくはないが、一面の真理を突いた指摘であることは間違いない。

たとえ読み手がこのように少数の者に限られるとしても、就業規則に何をどう書くかについては、徹底してこだわる。将来に問題を残すような規定は設けない。現場担当者には、当然そうした姿勢が求められる。

それゆえ、一部の国立大学法人が、非常勤職員の雇用可能年数に上限を設ける旨を就業規則の本則で規定する一方、その施行前から在職していた者については当該規定の適用を除外する旨の定めを附則に置いたときには、率直にいって驚きを禁じ得なかった。

仮に適用除外を認めるとしても、なぜこれを無条件に認めたのか。少なくともこうした特例が認められる期間を「当分の間」に限ることはできたし、そうすべきであった。将来のことを考えれば、それ以外に道はなかったからである（拙著『法人職員・公務員のための労働法72話』（ジアース教育新社、平成二十七年）二二一頁を参照）。

確かに、当時は労働契約法も制定されておらず、**第三六話**で論じたような「無期転換」の問題など、想像すらできなかった。そんな言い訳も可能ではあろう。とはいえ、対策を講じるための時間は十分にあった。いまだに対応方針が決まっていないとすれば、事態は相当深刻といえる。

他方、将来を見越して、早い時点で対策を講じた国立大学もなかにはあった。例えば、大阪大学では、法人化のタイミングで「非常勤職員（短時間勤務職員）就業規則」二条二項に「労働契約はこれを更新することがある。ただし、大学が特に必要と認めた場合を除き、労働契約の期間は、更新期間を含め六年を超えないものとする」（注：その後、「六年」が「五年」に改められる）との定めが設けられるとともに、このただし書を受け、役員会では、下記の事項（以下、第一項を「当分の間規定」という）を了解事項として確認する旨の申合せが行われている。

1　法人化の前から大阪大学（以下「大学」という。）に時間雇用職員として在籍し、平成十六年三月三十日まで時間雇用職員としてその雇用を継続してきた者を同年四月一日以降、大学が短時間勤務職員として引き続き雇用する場合には、当分の間、労働契約の更新可能年数に制限を設けないものとする。（ただし書、略）

2・3　略

そして、このような事実を認定した上で、ある最近の判決（**大阪大学事件＝平成二十八年十二月十四日大阪地裁判決**。なお、その後、同事件は、控訴審（**平成二十九年七月十四日大阪高裁判決**）で原告側の控訴が棄却され、上告審（**同年十二月二十六日最高裁第三小法廷決定**）でも上告棄却・不受理となり、終結した）は、次のように判示する。

「当分の間規定は、被告の役員会において、本件非常勤職員が、本件就業規則の適用を受けることによる労働条件の急激な変化を避けるため、本件就業規則二条二項ただし書の『大学が特に必要と認めた場合』の適用として、当分の間、上記非常勤職員の労働契約の更新可能年数に制限を設けないことを申し合わせたものにすぎないと認められる。したがって、当分の間規定は、本件就業規則の一部を構成するものとはいえないから、被告の役員会の決定によりこれを廃止することが可能であり、その廃止の理由も、非常勤職員間の異なる取扱いの解消というものであるから、不合理なものであるとはいえない。そして、当分の間規定の廃止決定は、法人化後に雇用された非常勤職員の契約期間の更新可能年数の上限である六年が経過しようとする時期（注：六年が経過する半年前の平成二十一年十月）になされたものであり、合理的な期間内に行われたといえるから、当分の間の規定が暫定的な措置であったことも明らかである」。

また、同一事案と関わる、労組を原告とし中労委を被告とする、再審査申立棄却命令の取消訴訟（**大阪大学事件＝平成二十八年八月十八日東京地裁判決**。なお、その後、同事件は、控訴審（**平成二十九年一月十八日東京高裁判決**）で原告側の控訴が棄却され、上告審（**同年八月二十五日最高裁第三小法廷決定**）でも上告棄却・不受理となり、終結した）においても、判決は次のように述べる。

「当分の間規定の撤廃問題は、あくまでも例外的な経過措置の趣旨でされた参加人（注：大阪大学）内部の役員会の申合せを撤廃して、就業規則上の原則（本件非常勤職員に係る有期労働契約にも更新可能年数の上限の定めを適用する。）に従った運用に戻すという問題であり、大学が必要と認めない限り就業規則所定の更新可能年数の上限の定めが適用されるという本件非常勤職員の労働契約の内容そのものを変更するものではない。そして、その撤廃の提案が、法人化後採用された非常勤職員の労働契約期間の更新可能年数の上限である六年が経過しようとする時期にされたものであり、経過措置の廃止を提案する時期として合理的な期間内に行われていることにかんがみれば、その撤廃の理由としては、非常勤職員間の異なる取扱いの解消（本件撤廃理由）で足りるというべき」である。

採用された時期により、非常勤職員の更新可能年数に違いがある。そうした非常勤職員間の異なる取扱い＝ダブルスタンダードは、可及的速やかに解消する必要がある。法人化当初から、大阪大学の現場では、そのような考え方で意思統一が図られていた。

しかし、「当分の間規定」の撤廃には、こうした現場の意思とは別に、役員会の決定すなわちその決断と行動が必要になる。もし撤廃の提案が「法人化後採用された非常勤職員の労働契約期間の更新可能年数の上限である六年が経過しようとする時期」よりも後になされていたとすれば、裁判所の判断が違っていた可能性もある。

時機を失すれば、これまでの努力も水泡に帰す。その意味でも、問題の先送りは避ける習慣を身につける必要があろう。

閑話休題――ある「当分の間」規定

今からおよそ六〇年前、昭和三十四年六月一日に改正をみた（即日施行）国家公務員退職手当法施行令には、次のように定める改正附則が置かれた。

5　国家公務員退職手当法施行令（略）第一条第一項各号に掲げる者以外の常時勤務に服することを要しない者の同項第二号に規定する勤務した日が引き続いて六月を超えるに至った場合（略）には、当分の間、その者を同号の職員とみなして、施行令の規定を適用する。この場合において、その者に対する国家公務員退職手当法（略）……

の規定による退職手当の額は、同法……の規定により計算した退職手当の額の百分の
　五十に相当する金額とする。

国家公務員の世界では、現在なお、この規定が、勤務時間が常勤職員と異ならない期間業務職員に対する退職手当支給の根拠を提供するものとなっている。

非常勤職員の募集要項に「退職金制度あり（国家公務員退職手当法による。）」とあれば、右の昭和三十四年改正附則第五項に従って、退職手当が支給されていると理解してよいが、法人化前の国立大学においても、当該規定に基づき、日々雇用職員については、退職手当が支給されていた。

非常勤職員の場合、会計年度を超える任用は認められていないため、任用「更新」も、退職と採用を繰り返すことによって、これが行われることになる。したがって、退職手当も年度ごとに支給されるとはいえ、その額は月給相当額の〇・三か月分（法人化前の例）と、かなり低額にとどまる（詳しくは、平成二十九年一月一日にネット配信のアドバンスニュースに掲載された、拙稿「続・『同一労働同一賃金』について　～公務員にとっては他人事の世界～（4）」注5を参照）。

「当分の間」も、ここまでくると、もはや当分の間とはいえなくなる。いずれにせよ、公務員の世界は複雑怪奇という以外にあるまい。

第三八話　大学の事件簿（13）

懲戒処分の随伴効果

国家公務員法は、職員（一般職の職員）に対して行う懲戒処分の種類および懲戒事由について、次のように規定する。

（懲戒の場合）

第八十二条　職員が、次の各号のいずれかに該当する場合においては、これに対し懲戒処分として、免職、停職、減給又は戒告の処分をすることができる。

一　この法律若しくは国家公務員倫理法又はこれらの法律に基づく命令（略）に違反した場合

二　職務上の義務に違反し、又は職務を怠った場合

三　国民全体の奉仕者たるにふさわしくない非行のあった場合

２　略

また、人事院規則一二―〇（職員の懲戒）四条は、これを受け、懲戒処分としては最も

軽い戒告について「戒告は、職員が法第八十二条第一項各号のいずれかに該当する場合において、その責任を確認し、及びその将来を戒めるものとする」と定めている。

とはいえ、国家公務員の場合、懲戒処分の影響は、昇任のほか、昇給・昇格、勤勉手当の成績率といった勤務条件にも及ぶ。懲戒処分の随伴効果と呼ばれるものがそれであり、戒告もその例外ではない。

具体的には、戒告であっても、処分後一年間は、昇任や昇格を行うことができず、昇給幅も、標準昇給号俸の半分（二号俸昇給）かゼロ（勤務成績に及ぼす影響の程度が著しい場合）にとどまる。また、勤勉手当についても、成績率が「百分の六十以下」（「百分の八十七」（平成二十九年六月期以降、「百分の八十二」）が標準）となる。

いずれの場合も、その根拠は、人事院規則にあり（昇任については、規則八―一二（職員の任免）二十五条、昇格および昇給については、規則九―八（初任給、昇格、昇給等の基準）二十条および三十七条、勤勉手当の成績率については、規則九―四〇（期末手当及び勤勉手当）十三条のほか、その運用通知を参照。なお、本省の課長職以上の者や再任用職員については取扱いを若干異にするが、ここでは触れない。以下同じ）、こと随伴効果に関する限り、任命権者に裁量の余地はない。

さらに、懲戒処分の程度がより重い減給の場合、昇給幅が原則ゼロとなる（勤務成績に及ぼす影響の程度が軽微である場合を除く）ほか、勤勉手当の成績率も「百分の四十九・

五以下」にまで低下する。

そして、これが停職になると、勤勉手当の成績率が「百分の三十九以下」にまで下がることに加え、基準日と停職期間が重なる場合には、期末手当と勤勉手当の双方が支給されず（人事院規則九―四〇第一条三号、七条二号）、基準日に停職期間が終了している場合にも、その期間が期末・勤勉手当を支給する際の算定基礎となる在職期間等から除算されることになる（同規則五条二項一号、十一条二項一号）。

ただ、停職の場合には、これだけではすまない。停職期間の月数の二分の一に相当する月数が退職手当の算定に当たって「休職月等」（国家公務員退職手当法六条の四第一項）として、その算定基礎となる在職期間から除算される（同法七条四項）とともに、退職年金に関しても、職域加算額が減額される（国家公務員共済組合法九十七条一項）という随伴効果がこれに加わる。

このような状況は、法人化後の国立大学においてもまったく変わっていない。例えば、退職手当については、現在も国家公務員退職手当法の規定どおりに国から措置されているほか、国家公務員共済組合法は、同法百二十四条の三の規定により、国立大学法人の常勤職員に対しても、これを職員とみなして適用される。そうした現状にも、やはり留意する必要があろう。

確かに、法人化に伴い、懲戒処分の制度をどのように設計するかは、各法人の手に委ねられた。しかし、停職を例にとると、法律に定めのある退職年金はもとより、退職手当の取扱いについても、現行法の規定に沿って、就業規則（退職手当規程等）に定めを設けることが事実上必要になる。

他方、昇任や昇給・昇格、勤勉手当支給の問題は、基本的には勤務成績の評価の問題であり、懲戒処分に伴って、これらの勤務条件にかなりの影響があったとしても、このことをもって二重処分ということには大きな無理がある（なお、こうした裁量の余地の大きい事柄については、就業規則に通常定めは置かないし、置くべきでもない）。

とはいうものの、公務員の例に従ってさえいれば問題は生じない、という話では決してない。例えば、戒告処分に併せて、職員が反省しているかどうかを確認するために始末書の提出を求めるのであれば、先にみた人事院規則の定めとは違い、その旨を就業規則に明記することが必要不可欠となる。

始末書の提出については、その提出命令を業務命令の範疇に属するものと考えることができるか、これを強制することは個人の意思の尊重という法理念に反するのではないか、といった問題はあるものの、就業規則に規定がなければ、提出を命じられないことはいうまでもない（いささか古い事件ではあるが、**中央タクシー事件＝平成十年十月十六日徳島地裁判決**を参照）。

企業秩序に違反する行為に対して行われる懲戒処分の目的は、処分それ自体にはなく、企業秩序違反行為の予防や、その再発防止にある。そうした目的を実現するためには何が必要か。随伴効果のあり方を考える際にも、そのような視点から知恵を絞ることが、現場には求められているといえよう。

懲戒処分の量定と裁判

酒気帯び運転や盗撮は一発免職。地方公共団体には、このことを条例で定めるところが増えている。公務員への信頼を確保したいという思いが、その背景にはある。

一方、国家公務員の世界では、より柔軟な対応を可能としている。人事院の「懲戒処分の指針」においても、酒気帯び運転については、免職のほか、停職や減給といった選択肢が認められている（人を死亡させ、または人に傷害を負わせた場合でも、免職または停職とする旨を定めている）。

また、平成二十七年二月に懲戒事由に追加された盗撮行為についても、右の指針は「公共の場所若しくは乗物において他人の通常衣服で隠されている下着若しくは身体の盗撮行為をし、又は通常衣服の全部若しくは一部を着けていない状態となる場所における他人の姿態の盗撮行為をした職員は、停職又は減給とする」と規定するにとどまっている。

なるほど、訴訟リスクを考えた場合、酒気帯び運転については、行政サイドが敗訴する例が圧倒的に多い（最高裁までいったケースにおいても、**山口県教委事件＝平成二十八年**

十月四日第三小法廷決定のように、懲戒免職処分の取消しを認めた高裁判決について、上告を棄却し、上告受理申立てを受理しなかったものが大半を占める）という事実はある。ただ、盗撮行為については、懲戒免職の対象としない国の基準が地方公共団体による厳格な処分を妨げている（訴訟になれば、このことが敗因となりかねない）との声も聞く。

以上のほか、停職処分については、公務員の場合、その期間が長期に及ぶ（人事院規則一二―一〇第二条は一年を上限とするが、地方公共団体においては、六か月を上限とするものが多い）ことから、訴訟になることも少なくないが、こうした公務員時代の例に倣った国立大学法人の裁判例をみても、停職＝出勤停止の期間が長期にわたることを理由に処分を無効とする考え方は、採用されていない（一年の出勤停止処分を有効とした、**金沢大学事件＝平成二十八年三月四日金沢地裁判決**を参照）。

出勤停止は七日が限度といった見解もあるとはいえ、その根拠は、実のところ、大正十五年の行政通達（同年十二月十三日発労第七一号）以外にはない（拙著『労働法の「常識」は現場の「非常識」――程良い規制を求めて』（中央経済社、平成二十六年）一七頁を参照）。一口にいって、風説の類と考えてよいであろう。

第三九話　大学の事件簿（14）

判決における認定事実

表現一つで、印象も変わる。判決で裁判官が認定する事実も、その例外ではない。就業規則の不利益変更と関わる、著名な**みちのく銀行事件**を通して、以下、このことを確認してみよう。原審（**平成八年四月二十四日仙台高裁判決**）は、次のようにいう。

㈠　第一審原告ａ

専任職発令前は、本町支店において出納（店頭混雑時における大口、複雑入出金等の取引、渉外係集金及び貸付係などの取次、庶務係などの直接顧客に関係ない内部発生の現金取引を扱う。）兼テラー（一般の窓口発生収支取引を扱う）を担当していたが、専任職発令後はテラーのみの担当となった。その後一時、出納兼テラーの仕事に戻ったが、渉外係として集金を中心とした仕事になり、平成四年十月定年退職した。

㈡　第一審原告ｂ

専任職発令前は、本町支店において営業課長の職にあり、専任職発令後一か月間は、同支店において営業課長の職務の一部を代行するとともに検印事務の代行も行っていたが、その後、石江支店に転勤となり、融資課長の下で融資業務を担当し、平成六年二月定年退職した。

㈢　第一審原告c

専任職発令の前後を通じて、大畑支店において出納業務を担当していたが、平成六年四月定年退職した。ただし、同支店は小規模店であって、出納業務の事務量自体、さほど多くはない。

㈣　第一審原告d

専任職発令前は、浅虫支店において渉外課長の職にあったが、専任職発令後は、渉外課長から外された。そして、同支店において渉外業務を担当していたが、二か月後に大鰐支店に転勤となり、同支店でも渉外業務を担当している。

㈤　第一審原告e

専任職発令前は、中里支店において融資課長の下で（役職は代理）、融資受付、延滞手形期日管理などの各種管理業務、一部検印業務の代行を担当していたが、専任職発令後は、検印代行の権限はなくなったものの、引き続き融資受付、各種管理業務を担当し、平成五年に規模の小さい小浜支店に転勤となり、さらにその後、小柳支店に転勤となり、渉外業務を担当している。中里支店における担当業務の項目は多岐に渡っているが、三、四年の融資実務の経験があれば、おおむねこなしていけるものである。

㈥　第一審原告f

平賀支店において、専任職発令の前後を通じて出納を担当しているが、専任職発令後は、検印代行の担当からは外されている。

専任職の発令により、行員の職務内容もより軽易なものに変更された。上記の認定事実は、こうした原審の判断と結びついている。しかるに、最高裁（**平成十二年九月七日第一小法廷判決**）は、この原審が確定した事実を次のように要約する。

㈠　上告人c、同e及び同fは、専任職発令の前後を通じ同じ業務（出納業務、融資受付、各種管理業務等）を担当していた。ただし、上告人e及び同fは、従前一部検印事務の代行も担当していたが、右発令により代行の権限がなくなった。

㈡　上告人aは、従前出納（特殊取引や内部発生取引を扱う。）及びテラー（窓口取引を扱う。）業務を担当していたが、専任職発令後はテラー業務のみの担当となり、その後再び出納及びテラー業務の担当に戻った。

㈢　上告人bは、専任職発令の前後を通じ支店の営業を担当し、検印事務もしていたが、右発令により、従前の営業課長という肩書がなくなった。なお、右発令の一箇月後に他の支店に転勤し、そこで融資業務を担当した。

㈣　上告人dは、専任職発令の前後を通じ支店の渉外業務を担当しているが、右発令により、従前の渉外課長という肩書がなくなった。

双方を読み比べればわかるように、最高裁が「原審の確定した事実関係等の概要」として記した事実と、原審が実際に認定した事実とでは、その印象がかなり異なる。

「上告人ｃ、同ｅ、同ｆ及び同ａは、専任職発令の前後を通じてほぼ同じ職務を担当しており、上告人ｂ及びｄも、課長の肩書が外された事実はあるが、数十パーセントの賃金削減を正当化するに足りるほどの職務の軽減が現実に図られているとはいえない」。こうした最高裁の判断が事実に即したものであることを印象づけるために、要約の過程で表現に手を加える。そんな操作が本件では行われている。

これを事実に対する評価の違いとみることもあるいは可能であろうが、そこに山本七平氏（一九二一―九一）のいう「虚報」の一例をみることもできる。

「虚報には常に一つの詐術がある。それは何かを記述せず、故意にはぶいているのである。そしてそれは常に、それを記述すれば『虚報であること』がばれてしまう『何か』なのである」（山本七平著『私の中の日本軍（下）』（文春文庫、昭和五十八年）二六九頁）。

このような操作が常態化すれば、「原判決において適法に確定した事実は、上告裁判所を拘束する」と規定する民事訴訟法三百二十一条一項の定めも、その意味を失うことになりかねない。

行政訴訟と民事訴訟①

いったん労働災害として認定されると、安全配慮義務違反を理由とする損害賠償請求も認められる可能性が高くなる。たとえ労働基準監督署長が労働災害として認定しなかったとしても、裁判所が労基署長による療養補償給付等の不支給処分を取り消した場合には、〝同業者〟である裁判官の判断という意識が働くのか、その可能性は高くなりこそすれ、低くなることはない。

このように、労災事件の場合、行政訴訟と民事訴訟が連動する関係にあり、民事訴訟が休職期間の満了を理由とする退職の効力等を争点とするケースであっても、そこには同様の関係をみることができる。

たとえば、大学を補助参加人または被告とする最近の事件でいえば、**福岡中央労基署長（福岡大学）事件（平成二十四年十二月二十六日福岡地裁判決、同二十六年一月二十八日福岡高裁判決）**と、**福岡大学事件（平成二十五年四月二十二日福岡地裁判決、同二十六年三月十三日福岡高裁判決）**との関係は、その典型といって差し支えはない。

本件の場合、一・二審ともに、行政訴訟が民事訴訟に先行し、かつ、行政訴訟の結論が事実上、民事訴訟の結論をも決定づけるものとなっている。ただ、いずれの訴訟においても、一審では被告が敗訴、二審では勝訴する形となった（なお、本件の場合、行政訴訟の被告・控訴人は「国」であり、判決文では福岡中央労基署長が「処分行政庁」として記載されている。このような行政事件の仕組みについては、拙著『法人職員・公務員のための労働法72話』（ジアース教育新社、平成二十七年）二四八頁以下を参照）。

事案は、大学の工学部助教授であった原告（被控訴人）が硬膜動静脈瘻による脳内出血を発症したことに端を発するものであったが、発症から高裁判決に至るまでに八年を超える歳月が経過している。

行政訴訟では療養補償給付の不支給決定が取り消され、民事訴訟では地位確認と賃金の支払い請求が認められる。そうした世界から一転して、その双方が否定される世界に放り込まれる。原告にとっては酷な展開となったとはいえ、行政訴訟の一審における判断が二審でも維持されていれば、これとはまったく逆の展開となる可能性もあった。

「本件疾病における硬膜動静脈瘻の成因については不明である」。本件の場合、行政訴訟において、高裁がこのように判断せざるを得なかった医学の現状が結論を大きく左右したともいえる。司法判断の難しさを改めて認識させる、そんな事件でもあった。

第四〇話　大学の事件簿（15）

行政訴訟と民事訴訟②

労働組合から団体交渉の申入れがあれば、使用者はこれに応じなければならない。その場合、単に団体交渉のテーブルに着くだけでは足りず、誠実に団体交渉に応ずべき義務が使用者にはある。

この誠実交渉義務を定式化した有名な判例に、**カール・ツアイス事件＝平成元年九月二十二日東京地裁判決**がある。判決は、以下のように述べる。

「労働組合法七条二号は、使用者が団体交渉をすることを正当な理由がなくて拒むことを不当労働行為として禁止しているが、使用者が労働者の団体交渉権を尊重して誠意をもって団体交渉に当たったとは認められないような場合も、右規定により団体交渉の拒否として不当労働行為となると解するのが相当である。このように、使用者には、誠実に団体交渉にあたる義務があり、したがって、使用者は、自己の主張を相手方が理解し、納得することを目指して、誠意をもって団体交渉に当たらなければならず、労働組合の要求や主張に対する回答や自己の主張の根拠を具体的に説明したり、必要な資料を提示するなどし、また、結局において労働組合の要求に対し譲歩することができないとしても、その論拠を示して反論するなどの努力をすべき義務があるのであって、合意を求める労働組合の努力に対しては、右のような誠実な対応を通じて合意達成の可能性を模索する義務があるものと解すべきである」。

使用者の側に少しでも不誠実な対応がみられれば、労働委員会は容易に団交拒否の不当労働行為と判断する傾向にあり、このような労働委員会の姿勢を、行政訴訟では裁判所も追認するケースが一般的なものとなっている（本件においても、東京都労委の救済命令が維持され、命令の取消しを求める原告会社の請求は棄却されている）。

しかし、これが民事訴訟になると、かなり様相が違ってくる。例えば、就業規則の不利益変更に関わる事件の場合、変更の過程に団交拒否の不当労働行為と判断される瑕疵が仮にあったとしても、そのことが訴訟の結論には影響せず、会社側の勝訴に終わるケースがしばしばある。**函館信用金庫事件＝平成十二年九月二十二日最高裁第二小法廷判決**は、その典型といってよい。

本件の場合、労働委員会の命令（**平成二年八月六日北海道労委命令**）主文は、次のようなものとなった。

１　被申立人は、完全週休二日制に伴う労働条件の変更に関する団体交渉に誠意をもって応じなければならない。

２　被申立人は、団体交渉を拒否したり、あるいは申立人と誠意をもって団体交渉を行わなかったり、更に一方的に労働条件に関する就業規則を変更したりして、申立人組合の運営に支配介入してはならない。

３　略（陳謝文の掲示を被申立人に命ずる、ポスト・ノーティス命令）

本件は、完全週休二日制の実施（従前は、第二・第三土曜のみが休日扱い）に伴う、平日の労働時間の二五分延長（その結果、一日の労働時間は七時間三五分となる）と関わる事件であったが、道労委は、右にみたように被申立人の対応が団交拒否のみならず、支配介入の不当労働行為にも該当するとの判断を行っている。「被申立人が、本件就業規則の変更について、団体交渉を拒否したり、あるいは団体交渉に誠意をもって臨まなかったり一方的に就業規則を変更したことは、組合の存在を無視し、その弱体化を意図する支配介入にも当たると認められ、労働組合法第七条第三号に該当する」との判断がそれである。

団交拒否が直ちに支配介入に当たるとすることは大袈裟に過ぎるとの感もあるとはいえ、労働委員会の判断としては、必ずしも珍しいものではない。

確かに、本件の場合、労働組合（従組）との交渉は労働基準監督署の指導によって行われたものであり、当該交渉においても「一〇分でも形だけやればよい。形式が整えば、就業規則の変更の届出はできる」、「十分検討時間を与えているにも拘らず、意見を差し控えるとのことであるから、やっても無駄だと判断した。答えはわかっている」と被申立人である信用金庫の理事長が述べたことが、労働委員会の心証を悪くしたとはいえる。

だが、政令改正を伴う政府の強力な指導のもとに行われた完全週休二日制の実施に係る就業規則の（不利益）変更を団交拒否の事実のみをもって覆すわけにはいかない。最高裁としては、次のように述べる以外になかった（ただし、**二審＝平成九年九月四日札幌高裁判決**は、信用金庫側の敗訴となった）というのが正直なところであろう。

「本件就業規則変更により被上告人らに生ずる不利益は、これを全体的、実質的にみた場合に必ずしも大きいものということはできず、他方、上告人としては、完全週休二日制の実施に伴い平日の労働時間を画一的に延長する必要性があり、変更後の内容も相当性があるということができるので、従組がこれに強く反対していることや上告人と従組との協議が十分なものであったとはいい難いこと等を勘案してもなお、本件就業規則変更は、右不利益を被上告人らに法的に受忍させることもやむを得ない程度の必要性のある合理的内容のものであると認めるのが相当である」。

なお、**第四銀行事件＝平成九年二月二十八日最高裁第二小法廷判決**では、経過措置が必要との観点から、ただ一人反対意見を述べた河合伸一裁判官も、本件においてはこのような主張を行っていない。

不利益の程度が「著しい」場合には「これを緩和する何らかの経過措置を設けることに

ついても具体的に検討」する必要が例外的に生じる。それが河合裁判官の見解にほかならなかったこと（詳しくは、拙著『国立大学法人と労働法』（ジアース教育新社、平成二十六年）二八四頁以下、二八六―二八八頁を参照）も知る必要があろう。

労使関係のあるべき姿

Ｐ社の労働組合調査部長、グレン・バクスターは、大学の同窓であった社長、ジョン・ラドウィックを前に、創業時から存在したＢ工場の閉鎖について、次のように忠告する。

「Ｂ工場の近代化のために投資をすることは、経済的には馬鹿げており、社会的には無責任だ。君はＢ工場だけの社長ではない。ほかに八〇〇〇人の従業員をもつＰ社の社長だ。その君がＢの人たちのために、Ｂ以外の八〇〇〇人を犠牲にしようとしている。君にそのような権限はない」。

「もし君が、Ｂ工場を救ったとしても、Ｐ杜には、再びレイオフしなければならないときに必要となる解雇手当や、年金を払う能力がなくなってしまう。Ｂ以外の工場の近代化や拡張に必要な資金を調達する能力も失う」。

「ジョン・ラドウィック、君はＢでは英雄になるだろう、Ｂの人たちは、君が偉大なことをしたと言うだろう。しかし私には、安っぽい人気取りとしか理解のしようがない。君が報酬をもらっているのは、会社のために正しいことをするためであって、人気をとるためではない」。

「もちろん組合としては、B工場の閉鎖を高いものにするためにあらゆることをする。組合はB工場の組合員に対して責任をもっている。しかし、もし君がB工場の長年にわたる経営上の失敗に対する良心の痛みから、健全な工場の従業員の職場や生活を危険にさらすことがあれば、それ以上の社会的無責任はないのだ」。

ジョゼフ・A・マチャレロ編／P・F・ドラッカー著『決断の条件』（ダイヤモンド社、平成二十五年）一一三―一一四頁に収録された右の一節を読んだときの衝撃は、いまだに鮮明な記憶として、筆者の脳裏に残っている（なお、原文では、P社、B工場についても、固有名詞で表記されている）。

判例をいくら読んでも、こんな組合幹部は登場しない。しかし、大学にとっても参考になる、労使関係のあるべき姿がそこには描かれている。こういって間違いあるまい。

第二部

重要労働判例とその解説

——4 Important Cases

1 片山組事件＝平成十年四月九日 最高裁第一小法廷判決（労判七三六号一五頁）

バセドウ病り患を理由とする現場作業から事務作業への配置転換の申し出と、債務の本旨に従った労務の提供

一 はじめに

ときは、平成十年。わが国も、インターネット時代を迎えていた。

本判決の場合、判決が下された四月九日の夜には、その紹介記事がネット上の「新聞」に登場している。例えば、読売新聞（YOMIURI ON-LINE）は、「病気でも他業務可能なら労務提供を 最高裁」との見出しのもと、次のように判決の内容を報道していた（二一時四四分配信）。

「病気のため現場監督の仕事はできなくなったが、事務ならできると申し出た社員に対し、建設会社が自宅治療を命じて賃金を支払わなかったことの是非が争われた訴訟の上告審判決が九日、最高裁第一小法廷（藤井正雄裁判長）であった。

同小法廷は、『命じられた仕事を社員ができなくなっても、ほかの仕事が可能で、本人もそう申し出ている場合、労働契約に沿った労務の提供があると考えるべき』と述べ、賃金を請求できないとした二審判決を破棄、審理を東京高裁に差し戻した。

職種や業務内容を特定しないまま結ばれた労働契約の下でのこうした問題に対する最高裁の初判断で、社員側は『病気の時も働ける権利を守る重要な判決』と評価している。

判決によると、『片山組』（東京都新宿区）で現場監督をしていた原告のNさん（五二、原文は本名――筆者注）は一九九一年八月、バセドー病で現場の仕事はできなくなったと申し出た。同社は当分、自宅で治療するよう命令。Nさんは『事務作業はできる』と訴えたが、同社は同年十月から四か月間、Nさんを欠勤扱いにし、賃金を払わずボーナスを減額した」。

また、四日後の四月十三日には、最高裁のホームページが、本判決の全文を掲載。アメリカ等のインターネット先進国にはなお後れをとるものの、時代の変化を強く印象づけるものなった（ただし、当時は「最近の最高裁判決」（現在の「最近の裁判例／最高裁判所判例集」）のなかから必要な判決を探し出すための手がかりとしては、「平成七年（オ）第一二三〇号平成十年四月九日第一小法廷判決」といった事件記録符号で始まる、通常人には理解しにくい情報しか与えられていなかった）。

このように、情報へのアクセス・スピードは、インターネット時代を迎えて著しく速くなったものの、未解決の問題はまだ残されている。それは、「わかりやすい情報ほど正確ではなく、正確な情報ほどわかりにくい」という問題である。

先にみたように、読売新聞は、最高裁が「命じられた仕事を社員ができなくなっても、ほかの仕事が可能で、本人もそう申し出ている場合、労働契約に沿った労務の提供があると考えるべき」と判示したとしているが、最高裁自身は、本判決の要旨を「疾病のため労働者が命じられた現場作業に従事することができないとしても直ちに債務の本旨に従った労務の提供がないとはいえないとされた事例」とするにとどまっている。

どちらが「判決の内容」としてより正確であるかはいうまでもない。しかし、無味乾燥な情報に、情報としての価値（伝達力）がないことも確かではある。解決の容易ではない問題が、ここにはある。

二　事実の概要

被上告人（被告、控訴人）Yは、従業員約一三〇名の、土木建築の設計、施工、請負等を目的とする会社であり、上告人（原告、被控訴人）Xは、昭和四十五年三月にYに採用されて以来、本社工事部に所属、建築工事現場における現場監督業務に従事していた。

平成二年夏、Xはビル建築工事の現場監督業務に従事していた際、体調に異変を感じ、病院で受診したところ、バセドウ病（以下「本件疾病」という）に り患しているとの診断を受け、以後、通院治療を続けていたが、Yに対してはその旨を申し出ず、引き続き現場監督の任にあった。

平成三年二月以降、Xは、次の現場監督業務が生じるまでの臨時的、一時的業務として、本社工務監理部で図面の作成などの事務作業に従事することとなったが、同年八月十九日、Yは、Xに対して翌二十日から都営住宅の工事現場（以下「本件工事現場」という）で現場監督業務に従事するよう命令。これに対し、Xは、本件疾病にり患しているため右業務のうち現場作業には従事できない旨をYに申し出た。

同年八月二十日、Xは本件工事現場に赴任。その際、現場責任者である工事課長に対し、本件疾病のため、①現場作業に従事することができず、②残業は午後五時から六時までの一時間に限り可能であり、③日曜・休日の勤務は不可能である旨を申し出たが、その後、Xを執行委員長とするA組合も、Yに対する質問状において、この三条件をYが認めるか否かの回答を求めた。

同年九月九日、Xは Yの求めに応じ、主治医が作成した診断書を提出。そこには「現在、内服薬にて治療中であり、今後厳重な経過観察を要する」と書かれていた。しかし、これでは病状が必ずしも判然としないため、Xに対し、病状を補足して説明する書面の提出を求めたところ、同月二十日、Xは自ら病状を記載した書面をYに提出。そこには「疲労が激しく、心臓動悸、発汗、不眠、下痢等を伴い、抑制剤の副作用による貧血等も症状として発生しています。未だ暫く治療を要すると思われます」との病状が記載されるとともに、前記三条件を認めることが不可欠である旨が記されていた。

そこで、Yは、Xが本件工事現場の現場監督業務に従事することは不可能であり、Xの健康面・安全面でも問題を生ずると判断。同年九月三十日付の指示書をもって、Xに対し、翌十月一日から当分の間、自宅で本件疾病を治療すべき旨の命令（以下「本件自宅治療命令」という）を発した。

同年十月二十四日、Xは、事務作業を行うことはできるとして、同月十二日付の主治医作成になる診断書を提出したが、そこには「現在経口剤にて治療中であり、甲状腺機能はほぼ正常に保たれている。中から重労働は控え、デスクワーク程度の労働が適切と考えられる」と記されていた。しかし、Yは、右診断書にもXが現場監督業務に従事し得る旨の記載がなかったことから、引き続きXに対する本件自宅治療命令を持続した。

その後、Xは本訴に先立ち、Yに対して賃金の仮払を求める仮処分を申し立てたところ、平成四年一月二十四日の審尋において、Xの主治医に対する意見聴取が行われた結果、Xの症状は仕事に支障がなく、スポーツも正常人と同様に行い得る状態にあることが明らかになった。そこで、同年二月五日、Yは、Xに対して、本件工事現場で現場監督業務に従事すべき旨の業務命令を発し、Xは同月六日以降、右命令に従い、本件工事現場における現場監督業務に復帰することとなったが、Ｙは本件自宅治療命令による不就労期間中、Ｘを欠勤扱いとし、その間の賃金を支給せず、平成三年十二月の冬期一時金についてもこれを減額して支給。Ｘは、その支払を求めて本訴を提起した。

一審（**平成五年九月二十一日東京地裁判決**［労判六四三号四五頁］）は、本件自宅治療命令を適法としつつ、Ｘの賃金請求権の有無は、民法五百三十六条二項によりＹの帰責事由の有無によって決せられると判示。Ｙが産業医等の専門家の判断を求めるなど客観的な判断資料の収集に努めることなく、Ｘの提出した診断書と症状報告書とにより、「本件現場監督業務の就労を全面的に拒絶したことは相当性を欠いた措置であった」として、Ｙは本件自宅治療命令期間中の賃金支払義務を免れないとした。

これに対して、二審（**平成七年三月十六日東京高裁判決**［労判六八四号九二頁］）は、以下のように判示。本件不就労期間に係るＸの賃金・一時金請求権の取得を否定した（なお、以下の判決要旨は、最高裁の要約による）。

⑴　労働者が故意又は過失に基づくことなく、また、業務に起因することなくり患した病気（以下「私病」という。）のため労務の全部又は一部の履行が不能となった場合には、雇用契約、労働協約等に特段の定めがない限り、全部が不能のときは、労働者は賃金請求権を取得せず（民法五百三十六条一項）、一部が不能のときは、一部のみの提供は債務の本旨に従った履行の提供とはいえないから、原則として使用者は労務の受領を拒否

し賃金支払義務を免れ得るが、提供不能な労務の部分が提供すべき労務の全部と対比してわずかなものであるか、又は使用者が当該労働者の配置されている部署における他の労働者の担当労務と調整するなどして、当該労働者において提供可能な労務のみに従事させることが容易にできる事情があるなど、信義則に照らし、使用者が当該労務の提供を受領するのが相当であるといえるときには、使用者はその受領をすべきであり、これを拒否したときは、労働者は賃金請求権を喪失しない（民法五百三十六条二項）。

(2)　本件疾病は私病であり、私病のため労務の提供ができない場合でも賃金を支払う旨の規定があるとの主張立証はない。そして、Xは、本件不就労期間中、事務作業に係る労務の提供のみが可能であったところ、本件工事現場においては、現場作業がほとんどであり、事務作業は補足的でわずかなものにすぎず、信義則上事務作業をXに集中して担当させる措置を採ることが相当であったとはいえないし、現場勤務を命じられる前の工務監理部での事務作業は、恒常的に存在するものではなく、本件不就労期間中にこれが存在したとは認められないから、これを斟酌することはできない。また、X提出の病状説明書や診断書の内容につき疑念を持つべき事情があったとはいえないから、Yが改めて医学調査をすべきであったとはいえないし、復職命令までの間に、Xが債務の本旨に従った労務の提供ができるようになったことを明らかにし、その受領を催告したとの主張立証はない。

(3)　したがって、信義則上Ｘの労務の一部のみの提供を受領するのが相当というべき事情がなく、Ｘの債務の履行が不能となったのであるから、Ｘは、本件不就労期間中の賃金及び一時金請求権を取得しない。

三　最高裁判決

原判決破棄、差戻し

最高裁は、「原審の右判断は是認することができない」として、次のように判示した。

1　労働者が職種や業務内容を特定せずに労働契約を締結した場合においては、現に就業を命じられた特定の業務について労務の提供が十全にはできないとしても、その能力、経験、地位、当該企業の規模、業種、当該企業における労働者の配置・異動の実情及び難易等に照らして当該労働者が配置される現実的可能性があると認められる他の業務について労務の提供をすることができ、かつ、その提供を申し出ているならば、なお債務の本旨に従った履行の提供があると解するのが相当である。そのように解さないと、同一の企業における同様の労働契約を締結した労働者の提供し得る労務の範囲に同様の身体的原因による制約が生じた場合に、その能力、経験、地位等にかかわりなく、現に就業を命じられている業務によって、労務の提供が債務の本旨に従ったものになるか否か、また、その結果、賃金請求権を取得するか否かが左右されることになり、不合理である。

2　前記事実関係によれば、Xは、Yに雇用されて以来二一年以上にわたり建築工事現場における現場監督業務に従事してきたものであるが、労働契約上その職種や業務内容が現場監督業務に限定されていたとは認定されておらず、また、X提出の病状説明書の記載に誇張がみられるとしても、本件自宅治療命令を受けた当時、事務作業に係る労務の提供は可能であり、かつ、その提供を申し出ていたというべきである。そうすると、右事実から直ちにXが債務の本旨に従った労務の提供をしなかったものと断定することはできず、Xの能力、経験、地位、Yの規模、業種、Yにおける労働者の配置・異動の実情及び難易等に照らしてXが配置される現実的可能性があると認められる業務が他にあったかどうかを検討すべきである。そして、XはYにおいて現場監督業務に従事していた労働者が病気、けがなどにより当該業務に従事することができなくなったときに他の部署に配置転換された例があると主張しているが、その点についての認定判断はされていない。そうすると、これらの点について審理判断をしないまま、Xの労務の提供が債務の本旨に従ったものではないとした原審の前記判断は、XとYの労働契約の解釈を誤った違法があるものといわなければならない。

3　以上によれば、その余の点について判断するまでもなく、原判決は破棄を免れず、右の点については、更に審理を尽くさせる必要があるから、本件を原審に差し戻すのが相当である（注：差戻控訴審判決（**平成十一年四月二十七日東京高裁判決**〔労判七五九号一五頁〕）を併せ参照）。

四　検　討

従業員が病気を理由に現場作業（現に就業を命じられた業務）から事務作業（他の業務）への配置転換を申し出た場合、企業はこれにどう対応すべきか。本件は、こうした問題を考える際の格好の材料を提供してくれる。

本件の場合、高裁は、現場作業ができないことを労務の一部不能と解釈。「一部のみの提供は債務の本旨に従った履行の提供とはいえないから、原則として使用者は労務の受領を拒否し賃金支払義務を免れ得るが、提供不能な労務の部分が提供すべき労務の全部と対比してわずかなものであるか、……当該労働者において提供可能な労務のみに従事させることが容易にできる事情があるなど、信義則に照らし、使用者が当該労務の提供を受領するのが相当であるといえるときには、使用者はその受領をすべきであり、これを拒否したときは、労働者は賃金請求権を喪失しない」としたが、最高裁は、現場作業ができないというだけではこれを労務の一部不能とは解釈せず、労働者の「能力、経験、地位、当該企業の規模、業種、当該企業における労働者の配置・異動の実情及び難易等に照らして当該労働者が配置される現実的可能性があると認められる他の業務について労務の提供をすることができ、かつ、その提供を申し出ているならば、なお債務の本旨に従った履行の提供があると解するのが相当である」とした。

それゆえ、本件においては、高裁判決と最高裁判決との間でその出発点から大きなズレがあったといえる。つまり、最高裁が「原審の右判断は是認することができない」と判示したのは、文字どおりこれを全面的に否定する意図であったと考えられる。以下、論点を整理した上で、少し詳細に検討してみよう。

1 債務の本旨に従った労務の提供

労働者が身体的理由により現に就業を命じられた業務を遂行できなくなったとしても、他の軽易な業務に配置することが現実に可能であり、こうした業務における労務の提供を労働者が申し出ている場合には、債務の本旨に従った労務の提供があったものと解する。最高裁の右の判旨をさらに要約して述べれば、およそこのようになる。

確かに、疾病のため重労働には耐えられなくなった者であっても、他の軽作業に配置転換することが現実に可能であれば、そうすることが望ましいとはいえる。現実に可能なことがなぜできないのか。そう最高裁は問いかけているのである。

しかし、現実的可能性ないしはその必要性が存在すること、またはそれが大きいことのゆえをもって、法的な権利義務の存否を論ずることは妥当ではない（**国鉄札幌駅事件＝昭和五十四年十月三十日最高裁第三小法廷判決**［労判三二九号一二頁］）。本判決に最高裁らしからぬ「論理の飛躍」を感じるのは、一人筆者だけではないであろう。

また、最高裁は、本件の場合、労働契約上その職種や業務内容が、現に労働者が就業を命じられていた業務（現場監督業務）に限定されていなかったことを強調する。しかし、このことも、使用者が労働者を他の業務に配置転換することに労働契約上制約がなかったことを意味するにとどまり、この一事をもって「労働者の提供し得る労務の範囲」をあたかも労働者自身が決定できたかのように解する（他の業務における配置転換が現実に可能であれば、かかる業務における労務の提供を債務の本旨に従ったものと解釈する）ことには「論理の飛躍」以上のものがある。そういって差し支えはあるまい。

なるほど、労働関係法令のなかには、労働者の母性保護や健康保持のため、作業の転換等を使用者（事業者）に義務づけた規定が少なからず存在する。

例えば、「使用者は、妊娠中の女性が請求した場合においては、他の軽易な業務に転換させなければならない」と規定した労働基準法六十五条三項や、「事業者は、［健康診断の結果に関する］医師又は歯科医師の意見を勘案し、その必要があると認めるときは、当該労働者の実情を考慮して、就業場所の変更、作業の転換、労働時間の短縮等の措置を講ずるほか、……適切な措置を講じなければならない」と定めた労働安全衛生法六十六条の三第一項（当時）は、その典型といえる。

しかし、前者は妊娠中の女性のみを対象とし、後者は法定健康診断の結果に基づく措置のみをカバーするにとどまっている。しかも、後者の場合、罰則もなく、その実効確保はもっぱら労働大臣（当時）の指針に基づく指導等に委ねられており、立法者の慎重な姿勢が窺われる。仮に最高裁には「司法立法」なるものが許されるとしても、本判決のような論法は、やはり行き過ぎというべきであろう。

ただ、疾病のため労働者が現に就業を命じられた業務の一部を履行できなくなり、債務の本旨に従った労務の提供がなかったと解される場合においても、常に使用者による労務の全面的な受領拒否が許されるわけではない。高裁判決も述べるように「信義則に照らし、使用者が当該労務の提供を受領するのが相当であるといえるときには、使用者はその受領をすべきであり、これを拒否したときは、労働者は賃金請求権を喪失しない」のである。思うに、民法五百三十六条二項にいう「債権者の責に帰すべき事由」が認められるケースとは、こうした場合をいうのであろう。

そして、高裁判決は、このような信義則に照らし、使用者が労務の提供を受領するのが相当といえる例として、（1）提供不能な労務の部分が提供すべき労務の全部と対比してわずかなものである場合や、（2）使用者が当該労働者の配置されている部署における他の労働者の担当労務と調整するなどして、当該労働者において提供可能な労務のみに従事させることが容易にできる事情がある場合を列挙する。

きわめて穏当な基準ともいえるが、労働者が現に「配置されている部署」（２）にあくまでも裁判所がこだわるのであれば、やや狭きに過ぎるとの感もなくはない。ただ、高裁判決も、他の部署（工務監理部）における事務作業について言及するものとなっており、こうしたこだわりは必ずしもなかったように思われる。

だとすれば、仮に上告人の主張どおり「現場監督業務に従事していた労働者が病気、けがなどにより当該業務に従事することができなくなったときに他の部署に配置転換された例」があったとしても、その頻度いかんによっては、これを「労働者において提供可能な労務のみに従事させることが容易にできる事情がある」場合と解し、高裁判決の枠組みのなかで問題を処理すること（そうした観点から審理のやり直しを命じること）もできたはずである。ともあれ、なぜ最高裁が「債務の本旨に従った労務の提供」の有無に拘泥したのか、それが筆者にはよくわからない（特に判旨１の後段は意味不明）。

なお、本件の場合、上告人と上告人を執行委員長とする労働組合が要求していたのは、疾病のため、①現場作業に従事することができないこと、②残業は午後五時から六時までの一時間に限り可能であること、および③日曜・休日の勤務は不可能であることの三条件であり、現場作業には従事できないが事務作業には従事できるというような単純なものではなかった。仮に要求内容が②と③の二条件のみであったとすると、問題の処理を最高裁のように「債務の本旨に従った労務の提供」の有無を基準に行うのが妥当なのか、それとも高裁のように「提供不能な労務の部分が提供すべき労務の全部と対比してわずかなもの」であったかどうかを基準に行うのが正しいのか、答は自ずと明らかといえよう。そして、本件の場合には、これにさらに①の条件が加わっていたともいえるのである。

ちなみに、病気のため出張・外勤業務には従事できないが内勤業務には従事できるとの申し出が労働者からあった場合、これを「債務の本旨に従った労務の提供」として解する余地があるのかどうか。また、その余地があるとすれば、争議手段として出張・外勤拒否戦術がとられた場合には、それがなぜ直ちに「債務の本旨に従った労務の提供とはいえ」ない、という結論になるのか（**水道機工事件＝昭和六十年三月七日最高裁第一小法廷判決**［労判四四九号四九頁］）。その理由についても、明快な説明が必要であろう。

確かに、最高裁は、これまで十数年から二十数年にわたって機械工として就労してきた者についても「機械工以外の職種には一切就かせないという趣旨の職種限定の合意が明示又は黙示に成立したものとまでは認めることができ」ないとして、使用者がこれらの者を非熟練職種に配置転換することを容認してきた（**日産自動車村山工場事件＝平成元年十二月七日最高裁第一小法廷判決**［労判五五四号六頁］）。

それゆえ、同じように二〇年以上にわたって現場監督業務の任にあった者についても、せめて病気の時くらいは、それが現実に可能であるならば、他のより軽易な業務に配置転換することを使用者に強制してもよいとの〝理屈〟もわからないわけではない。しかし、その結論を導き出すのに、労働契約の厳密な解釈（職種や業務内容が特定されていないことの確認）から出発して、「債務の本旨に従った労務の提供」の何たるかを論ずる必要が本当にあったのか。筆者にはなお疑問が残るのである。

2　「働く権利」と「療養に専念する機会」

労働者が病気やけがのため働くことができない場合、その間の賃金は、特約がない限り支給されない。私傷病を理由とする労働不能については、労使いずれにも責任があるとはいえず、危険負担の一般原則を規定した民法五百三十六条一項が適用され、労働債務とともに賃金債務もまた消滅することになる。とはいえ、このような場合に備え、健康保険法は、労働者の生活保障（収入の損失補填）を目的としたセーフティネットを用意している。傷病手当金の制度がそれである。

健康保険法四十五条（当時。現在の九十九条に相当）は、「被保険者ガ療養ノ為労務ニ服スルコト能ハザルトキハ其ノ日ヨリ起算シ第四日目ヨリ労務ニ服スルコト能ハザリシ期間傷病手当金トシテ一日ニ付標準報酬日額ノ百分ノ六十ニ相当スル金額ヲ支給ス」と規定しているが、傷病手当金の支給を受けるに当たっては、このように療養のため「労務ニ服スルコト能ハザル」ことが必要になる。だが、被保険者である労働者がこうした労働不能の状況にあるかどうかは「必ずしも医学的基準によらず、その被保険者の従事する業務の種別を考え、その本来の業務に堪えうるか否かを標準として社会通念に基づき認定する」（昭和三十一年一月十九日保文発第三四〇号）とされており、これを本件にあてはめれば、上告人はその本来の業務である現場監督業務に堪えうる状況にはなかったと認められるから、自宅治療命令期間中も傷病手当金の支給を受けることは十分に可能であったと考えられる（なお、厚生省保険局・社会保険庁運営部監修『健康保険法の解釈と適用』（法研、平成五年）九五〇頁には「他の軽易な労務に服し得る程度の疾病または負傷であっても、従前の労務に服し得なければ労務不能であり、他の軽易な労務に服することができるという理由で支給を拒むことはできない」との記述がある）。

そして、本件の場合も、一審の認定した事実によれば、自宅治療が命じられた平成三年十月初めには、YがXに対し、健康保険組合宛ての傷病手当・同附加金請求書を送付したとされているが、Xの側（所属労組）は、自宅治療命令をXの「働く権利」を奪うものとして、あくまでその撤回を要求。主治医の診断書が提出された同月二十四日には、「Xに対する配転と自宅治療命令を即時撤回し、もとの部署の工務監理部に復帰させること」および「本件自宅治療命令中の賃金を健康保険で代替するのではなく、賃金として全額支払うこと」をYに求める要求書が併せて提出されたという（なお、このようにXが工務監理部への復帰をもっぱら要求していたのであれば、高裁判決が同部への復帰の可否のみを検討の対象としたことも、あながち不当とはいえないことになる）。

しかし、こうしたやりとりが両者の間で実際にあったかどうかは別として（高裁の確定した事実は骨格部分に限られている）、労働者が病気にり患した場合、これに代替勤務を命じるのではなく、療養に専念させることが、健康の回復という面からはむしろ望ましいといえるケースも多々あるに違いない（代替勤務に就かせたことで、症状が悪化する可能性も少なからずあろう）。前述した傷病手当金は、まさしくこのような場合に備え、「療養のための就労不能により報酬を受けることができない被保険者に、一定の限度でその生活を保障して療養に専念しうる状態を与えようとするもの」（**社会保険審査会事件＝昭和四十九年五月三十日最高裁第一小法廷判決**［労判二〇三号一九頁］）なのである。

ともあれ、本判決が、病気やけがをした労働者に対しても「働く権利」を与えたことは事実といえようが、それがかえってかかる労働者の「療養に専念する機会」を狭めることになっては皮肉というほかない。そうしたパラドックスが生じないことを、筆者としては祈るだけである。

【参考文献】

一審判決の評釈　水島郁子　民商法雑誌一一〇巻四・五号九三三頁

二審判決の評釈　川田琢之　ジュリスト一一〇四号一八五頁

2 JR不採用(北海道)事件=平成十五年十二月二十二日 最高裁第一小法廷判決

①事件(民集五七巻一一号二三三五頁、判時一八四七号一〇頁)
②事件(判時一八四七号一五頁)

JR成立時におけるJR各社(設立委員)の労組法七条にいう使用者としての責任/組合員の雇入れ拒否と労組法七条一号本文にいう不利益取扱い

【事実】

一 当事者等

本件における上告人は、中央労働委員会(中労委)であり、被上告人は、北海道旅客鉄道株式会社(JR北海道)および日本鉄道貨物株式会社(JR貨物)である(①・②両事件に共通)。また、本件においては、①事件の上告補助参加人として国鉄労働組合(国労)が、②事件の上告補助参加人として全国動力車労働組合(現全日本建設交運一般労働組合全国鉄道本部、全動労）が、それぞれ訴訟に参加している。

本件は、国鉄の分割民営化に当たって、これらの上告補助参加人組合に所属する組合員が被上告人会社によって採用されなかったことが不当労働行為に該当するか否かが争われた事件であるが、日本国有鉄道改革法（昭和六十一年法律第八十七号、国鉄改革法。以下「改革法」ともいう）の解釈がその重要な争点となった。

二　国鉄改革法の概要

改革法は、国鉄の経営が破綻したことを受け、経営形態の抜本的改革に関する基本的事項を定めることを目的としていた（一条）が、具体的には六条および八条において、国鉄が経営する旅客鉄道事業および貨物鉄道事業を旅客鉄道会社六社と貨物鉄道会社一社に、それぞれ「引き継がせる」旨を規定するとともに、十五条において、国鉄がこれらの承継法人（以下「ＪＲ各社」ともいう）に事業の引継ぎを行ったときは、国鉄を国鉄清算事業団（事業団）に「移行させ、承継法人に承継されない資産、債務等を処理するための業務等を行わせるほか、臨時に、その職員の再就職の促進を図るための業務を行わせる」ことを定めていた。

また、改革法二十三条は、ＪＲ各社の成立時における職員の採用手続について、以下のように規定していた。

［1］承継法人の設立委員は、国鉄を通じ、その職員に対し、各承継法人の職員の労働条件および採用基準を提示して、職員の募集を行う（一項）。

［2］国鉄は、これを受け、承継法人別に、その職員となる意思を表示した者の中から、前記採用基準に従い、その職員となるべき者を選定し、その名簿（採用候補者名簿）を作成して設立委員に提出する（二項）。

［3］採用候補者名簿に記載された国鉄の職員のうち、設立委員から採用する旨の通知を受けた者であって、昭和六十二年四月一日に国鉄の職員であるものは、承継法人の成立時（同日）に、当該承継法人の職員として採用される（三項）。

［4］職員の採用について、承継法人の設立委員がした行為は、当該承継法人がした行為とする（五項）。

三　本件における事実経過

昭和六十一年十二月四日、運輸大臣は、改革法に併せて制定された「旅客鉄道株式会社及び日本貨物鉄道株式会社に関する法律」(昭和六十一年法律第八十八号）附則二条に基づき、ＪＲ各社の共通設立委員および会社ごとの設立委員を任命。同月十一日、ＪＲ各社合同の第一回設立委員会において、国鉄在職中の勤務状況からみて、当該会社の業務にふさわしい者であること（勤務状況については、職務に対する知識技能および適性、日常の勤務に関する実績等を国鉄における既存の資料に基づき、総合的かつ公正に判断すること）等が、各社共通の採用基準として定められ、労働条件とともに国鉄に提示された。

同月十六日、運輸大臣は、改革法十九条に基づき閣議決定を経て定められた基本計画の中で、国鉄職員のうち承継法人の職員となる者の総数を二一万五〇〇〇人（うちＪＲ北海道は一万三〇〇〇人、ＪＲ貨物は一万二五〇〇人）と決定。同月二十四日、国鉄が上記採用基準に該当しないことが明白な者を除く職員約二三万四〇〇〇人に対し、承継法人の職員となる意思を確認するため、意思確認書の用紙を配布したところ、最終的には国鉄職員二二万七六〇〇人が確認書を提出し（うち、承継法人への採用希望者は二一万九三四〇人）、国鉄は、これをもとに承継法人ごとに採用候補者を選定し、採用候補者名簿を作成することとなった。

昭和六十二年二月六日、国鉄はこうして作成された採用候補者名簿を設立委員に提出。同月十二日、ＪＲ各社合同の第三回設立委員会において、名簿に記載された者全員を承継法人の職員に採用することが決定されたが、本件組合員はその中に含まれていなかった。

同年四月一日、ＪＲ各社の発足と同時に行われた職員の採用（四月採用）において、右の採用決定者は予定通りその職員となったが、ＪＲ各社に採用決定をみなかった国鉄職員は、同日以降、事業団の職員となり、「日本国有鉄道退職希望職員及び日本国有鉄道清算事業団職員の再就職の促進に関する特別措置法」(昭和六十一年法律第九十一号、特措法)のもとで、同法が失効するまでの三年間にその再就職が図られることとなった。

なお、その後、被上告人JR北海道は、募集対象者を北海道地区に勤務する事業団の職員とし、採用予定人員を約二八〇人、採用予定日を昭和六十二年六月一日、採用基準を国鉄および事業団在職中の勤務状況からみて同被上告人の業務にふさわしい者とする職員の追加採用(六月採用)を行ったが、本件組合員に採用された者はいなかった。

これに対して、上告補助参加人組合は、右の四月採用および六月採用に際して所属組合員が採用されなかったのは不当労働行為に当たるとして、北海道地方労働委員会に対し、救済を申し立てたところ、同委員会は、平成元年一月(①事件)および同年三月(②事件)に、本件組合員を被上告人会社の設立時に採用されたものとして取り扱うこと等を命じる救済命令を発した。

これを受けて、被上告人会社が上告人中労委に対し、初審命令を不服として再審査を申し立てたところ、上告人は、平成五年十二月(①事件)および同六年一月(②事件)に、不利益取扱いを受けた組合員の具体的特定はできないが、少なくとも本件組合員の一部については不当労働行為の成立が認められるとして、初審命令を変更した上で、職員採用に関する選考をやり直し、その結果、採用すべきものと判定した者については、これを採用したものとして取り扱うこと等を命じる一部救済命令を発した。

本件は、被上告人会社が、この上告人による命令のうち、再審査の申立てを棄却して救済を命じた部分の取消しを求めた事件である。

四　原審の判断（要旨）

以下にみるように、本件不採用が不当労働行為に当たらないという結論においては原審の判断に違いはなかったが、その理由付けは①事件と②事件とで大きく異なっていた。

①事件（平成十二年十二月十四日東京高裁判決［労判八〇一号三七頁］**）**

イ　設立委員は、国鉄において作成した名簿に記載された者の中からさらに選別して採用者を決定する権限は有するが、名簿に記載されなかった国鉄職員についてこれを承継法人の職員に採用する権限はなかった。国鉄による採用候補者の選定及び名簿の作成は、専ら国鉄の権限と責任に委ねられたものであり、国鉄が、設立委員の権限に属する採用候補者の選定及び名簿の作成行為を補助ないし代行しているものと解することはできない。

使用者性に関する基準（**朝日放送事件最高裁判決**（注：**平成七年二月二十八日第三小**

法廷判決〔民集四九巻二号五五九頁〕参照)に照らして本件をみると、改革法上、国鉄と設立委員はそれぞれ別個独立の主体と位置づけられているところ、国鉄の右権限は改革法により特に付与されたものであり、しかも設立委員が国鉄の同権限に規制を及ぼし又は指揮監督することを許容する規定がないことからすれば、設立委員が国鉄における採用候補者の具体的選定及びこれに基づく名簿作成過程を、現実的かつ具体的に支配、決定することができる地位にはなかったというべきであるから、設立委員をもって不当労働行為責任が帰属する使用者と認めることはできない。

そうすると、本件四月採用に関して国鉄の行った採用候補者の選定及び名簿作成の過程に不当労働行為に該当する行為があったとしても、その行為に関する労組法七条の使用者としての責任は、これを行った国鉄又は清算事業団が負うべきものであって、被控訴人らの設立委員、ひいては被控訴人らがその責任を負うことはないといわざるを得ない。

なお、一般論として、不当労働行為の責任主体である使用者には、「近い将来において労働契約を締結する可能性がある者」も含まれるとする考え方もあり得るが、本件においては、従前の国鉄とその職員の間に存在した労働契約関係を承継法人に当然引き継ぐという方式は採用されていないこと、設立委員において名簿に登載された者について採否を決する余地はあったものの、名簿に登載されなかった者については、その採否を決する余地すらなかったことなどからみて、国鉄による前記候補者の選定及び名簿の作成に関して、設立委員、ひいては被控訴人らが、「近い将来において労働契約を締結する可能性がある者」にあたると認めることはできない。

ロ　企業は、契約締結の自由を有し、労働者の雇用に当たり、いかなる者を雇い入れるか、いかなる条件でこれを雇うかについて、法律その他による特別の制限がない限り、原則として自由にこれを決定することができる（**三菱樹脂事件最高裁判決**（注：**昭和四十八年十二月十二日大法廷判決**〔民集二七巻一一号一五三六頁〕）参照）ことからすると、雇入れの段階においては、雇い入れた後の段階と異なり、企業者の自由が広く認められるものであり、採用希望者の地位及び利益との権衡の下にその自由が制限されるという場面ではなく、雇入れの拒否については労組法七条一号本文前段の不利益取扱いに係る不当労働行為が成立する余地はない。

本件の場合、承継法人の職員の採用は、改革法二十三条に基づいて設立委員において行われる新規採用であるうえ、同採用手続は憲法及び労組法に抵触するものとは解されず、また、右採用に関して法律その他による特別の制限も存在しないということができるから、右採用手続に関して労組法七条一号本文前段の不利益取扱いに係る不当労働行為が成立する余地はなく、本件四月採用及び六月採用に関してかかる不当労働行為の成立を前提とする中労委及び参加人らの主張は採用できない。

②事件（平成十四年十月二十四日東京高裁判決〔労判八四一号二九頁〕）

イ　改革法に定める承継法人の設立と職員の採用手続を前提とすると、国鉄は、被控訴人ら承継法人の設立委員が提示した採用の基準に従って、被控訴人ら承継法人のために採用候補者の選別をする事務を委ねられているにすぎず、設立委員、ひいては被控訴人らが雇用契約の一方当事者であり、労働組合法七条にいわゆる「使用者」であることはいうまでもない。そして、採用手続の過程において不当労働行為があったときは、被控訴人らは、当該不当労働行為に具体的に関与したか否かにかかわらず、不当労働行為責任を免れないものと解するのが相当である。

また、確かに、企業には、法律その他による特別の制限がない限り、採用の自由が保障されるというべきであるから、職員を採用するに当たって、採用希望者の過去の職歴中の組合活動歴を採否をめぐる考慮事由の一つとして斟酌し、この者を採用しなかったとしても、それだけでは直ちに不当労働行為に当たるとはいえないが、いかに採用の自由があるといっても、特定の労働組合を弱体化させ、あるいは不当に支配介入する不当労働行為の意思をもってされた採用拒否が不当労働行為に当たらないとはいえないし、採用の形態によっては、営業譲渡の際の譲受会社による不採用や季節労働者の再採用拒否のように不当労働行為法の観点からみれば、解雇や雇止めとみるべきものがあり、企業が特定の労働組合の排除を目的として営業譲渡を行い、譲受会社において、当該特定の労働組合の組合員の採用を拒否したような場合には、［労働組合法七条一号］本文前段の不利益取扱いに当たることは明らかである。

そして、本件の四月不採用及び六月不採用は、国鉄の事業を引き継ぐ被控訴人らが国鉄の職員であった本件組合員を採用しなかったというものであり、しかも、職員の採用対象者は国鉄又は国鉄が移行した清算事業団の職員に限られ、外部採用は予定されていなかったことに鑑みると、国鉄の事業を引き継ぐ被控訴人ら承継法人が設立された経緯、本件組合員が採用されなかった経緯等の具体的な事情の如何にかかわらず、被控訴人らの職員の採用が新規採用であり、企業には採用の自由があることのみを根拠として、本件組合員の不採用がおよそ同号本文前段の不利益取扱いには当たらず、したがって、同法三号の支配介入にも当たらないと解することも相当ではない。

ロ　しかしながら、他方、国鉄の分割民営化においては、国鉄とは別個の被控訴人ら承継法人が設立され、各承継法人が新たに職員を採用するという制度が改革法によって採用されたもので、国鉄が被控訴人ら承継法人のために行った採用候補者の選別も、承継法人の職員の新規採用を実施するために行われたものであるから、国鉄による採用候補者の選別が不当労働行為に当たるかどうかを判断するに当たっても、一般的な職員の新規採用の場合と同様の観点から検討されるべき側面があることは否定できないところ、企業には、一定の制約の下での採用の自由が保障されていることに鑑みると、国鉄による採用候補者の選別や、それに基づく被控訴人ら承継法人の職員の採否の決定に当たり、採用希望者が承継法人の職員としてふさわしい者か否かという観点からの相当程度の裁量が認められるべきである。

以上の観点から考えた場合、国鉄の分割民営化そのものに一貫して反対して、違法な争議行為やワッペン着用闘争等の職場規律に反する行為を繰り返し、分割民営化後をも想定して国鉄当局が提案した「現場協議に関する協約」の改定、余剰人員調整対策、労使共同宣言の締結、広域異動の募集、企業人教育にことごとく反対するなどの本件組合員の行為は、国鉄再建のために、国鉄を分割民営化し、職場規律等を確立するとともに、民間企業並みの生産性や効率性を実現することが必要であるという国鉄改革の方針に相反し、いわば国是として国鉄の再建を担わされた承継法人の職場の秩序や規律を乱し、再建の妨げとなるものといわざるを得ず、このような行動をとってきた職員は、国鉄改革に賛成し、これを積極的に受け入れようとした職員と比較して、たとえ業務知識、技能、経験、実績等の面においては遜色のない評価を受け、又は受けるべきであったとしても、承継法人の職員としてふさわしい者か否かという観点からは、劣位に評価されたとしてもやむを得ないものといわざるを得ない。

このような点に鑑みると、限られた採用定員を前提に承継法人の職員の採用候補者の選別を委ねられた国鉄が、採用候補者の選別をした際、処分歴、昇給昇格歴、業務知識、技能、業務処理能力といった点に加え、違法な争議行為やワッペン着用闘争等の職場規律に反する行動を繰り返し、職員に企業人としての自覚と行動力を身につけさせることを目的として行われた企業人教育の実施にも反対してこれに参加しなかったことなど国鉄の分割民営化に強硬に反対する立場からの一連の行動が相当程度の重きをもって考慮された職員管理調書に依拠したことは、国鉄の再建という当時の特別な状況下における労働者の団結権の保障と企業の採用の自由との調和点として、不当労働行為に当たるとはいえず、そのような状況下においては、本件組合員を含む特定の採用希望者を採用候補者に選別しなかった国鉄に不当労働行為意思があったとも認められない。

かくして、本件における四月不採用及び六月不採用は、本件組合員が全動労に所属していること自体を理由とし、あるいは本件組合員が全動労組合員として労働組合の正当な行為をしたことの故をもってなされたものとはいえず、これをもって労働組合法七条一号本文前段の不利益取扱い又は同条三号の支配介入に当たるとはいえない。

【判旨】

一　多数意見（上告棄却）

イ 改革法は、所定の採用手続によらない限り承継法人設立時にその職員として採用される余地はないこととし、その採用手続の各段階における国鉄と設立委員の権限については、これを明確に分離して規定しており、設立委員自身が不当労働行為を行った場合は別として、専ら国鉄が採用候補者の選定及び採用候補者名簿の作成に当たり組合差別をしたという場合には、労働組合法七条の適用上、専ら国鉄、次いで事業団にその責任を負わせることとしたものと解さざるを得ず、このような改革法の規定する法律関係の下においては、設立委員ひいては承継法人が同条にいう「使用者」として不当労働行為の責任を負うものではないと解するのが相当である。

本件における四月採用の場合、設立委員自身が不当労働行為を行ったとはいい難く、設立委員ひいては被上告人らが同条にいう「使用者」として不当労働行為の責任を負うものではないというべきである。

ロ 企業者は、経済活動の一環としてする契約締結の自由を有し、自己の営業のために労働者を雇用するに当たり、いかなる者を雇い入れるか、いかなる条件でこれを雇うかについて、法律その他による特別の制限がない限り、原則として自由にこれを決定することができる(**三菱樹脂事件最高裁判決**参照)。そして、労働組合法七条一号本文は、雇入れにおける差別的取扱いがその前段に定める不利益取扱いに含まれる旨を明示的に規定しておらず、雇入れの段階と雇入れ後の段階とに区別を設けたものと解される。そうすると、雇入れの拒否は、それが従前の雇用契約関係における不利益な取扱いにほかならないとして不当労働行為の成立を肯定することができる場合に当たるなどの特段の事情がない限り、同条一号本文にいう不利益取扱いに当たらないと解するのが相当である。

　本件六月採用は、既に被上告人ＪＲ北海道が設立された後において、同被上告人が採用の条件、人員等を決定して行ったものであり、同被上告人が雇入れについて有する広い範囲の自由に基づいてした新規の採用というべきであって、その採用拒否について上記特段の事情があるということはできない。したがって、六月採用における採用拒否は、労働組合法七条一号本文にいう不利益取扱い（注：②事件の場合、同条三号の支配介入を含む）に当たらないというべきである。

二　少数反対意見（破棄差戻し）

イ　改革法二十三条に定める採用手続の各段階における作業は、各々独立の意味を持つものではなく、すべて設立委員の提示する採用の基準に従った承継法人の職員採用に向けられた一連の一体的なものであって、同条において国鉄と設立委員の権限が定められていることを理由に、その効果も分断されたものと解するのは、あまりにも形式論にすぎるものといわざるを得ない。

改革法の国会審議において、法案を所管する運輸大臣は、国鉄と設立委員の関係について、国鉄は設立委員の採用事務を補助する者で、民法上の準委任に近いものである旨を繰り返し答弁し、さらに、国鉄は設立委員の補助者であるから、国鉄の組合と団体交渉をする立場にはないと説明しているのであって、国会の法案審議における大臣の答弁は、立法者意思として法解釈に際して重く評価しなければならない。また、大臣の発言を受けて、当時、国鉄が承継法人の職員採用に関しての団体交渉に応じなかった経緯も考慮すべきである。

このように改革法は、承継法人の職員採用(四月採用)について国鉄に設立委員の補助的なものとして権限を付与したものと解すべきであるから、採用手続過程において国鉄に不当労働行為があったときは、設立委員ひいては承継法人が労働組合法七条の「使用者」として不当労働行為責任を負うことは免れない。

ロ 雇主は、労働者を採用するに当たり、どのような者を採用するか、いかなる条件で採用するか、について採用の自由を有するが、営業譲渡とか新会社を設立して旧会社の主たる資産を譲り受け、労働者を承継するといったような、雇主が労働者の従前の雇用関係と密接な関係があると認められるような事情がある場合には、採用の自由が制限されることもある。

本件六月採用は、被上告人JR北海道が、設立直後に追加採用として、募集対象者を北海道地区に勤務する事業団の職員に限定して行ったものであり、同被上告人は、事業団移行前の上記職員と国鉄との雇用関係とこのような密接な関係を有していた以上、六月採用において労働者採用の自由について制限を受けるものというべきである。したがって、六月採用が新規の採用であることを理由として、その採用拒否が労働組合法七条一号本文にいう不利益取扱いに当たらないと断ずることはできない。

【評釈】　判旨（多数意見）の結論に賛成。しかし、その理由付けには疑問がある。

一　国鉄改革とは何だったのか

分割民営化前夜、国鉄の経営は破綻に瀕していた。

東海道新幹線が開通した昭和三十九年に初の単年度赤字（三〇〇億円）を記録した国鉄は、昭和五十五年度以降、「毎年一兆円を超す赤字を出し続けることになり、負債は雪ダルマ式に膨れ上がる。……国鉄最後の年度となった昭和六十一年度末の数字で見ると、一日約六三億円の赤字を出し続ける事業体で、長期累積債務が二五兆一〇〇〇億円に上っていた。その頃の国鉄の年間運賃収入は三兆二〇〇〇億円ほどだったから、なんとその七・八カ年分を借金として溜め込んだことになる」(田中一昭著『道路公団改革　偽りの民営化』(WAC、平成十六年)二四九頁)。

「いまのままでは、国鉄は完全に破綻してしまう。新幹線と山手線くらいは残るかもしれないが」(松田昌士著『なせばなる民営化　JR東日本』(生産性出版、平成十四年)六六頁)。当時の国鉄は、そこまで追い込まれていた。

このように破滅的な状況にあった国鉄を救うためには、余剰人員の大規模な整理が当然のことながら必要となる。昭和六十年七月に国鉄再建監理員会が中曽根康弘首相に提出した最終答申「国鉄改革に関する意見　―鉄道の未来を拓くために―」では、当時約二七万六〇〇〇人いた職員の適正規模が約一八万三〇〇〇人とされ、両者の差に当たる約九万三〇〇〇人が余剰人員とされた。

こうしたなか、国鉄が本格的な余剰人員対策としてまず実施したものに、昭和六十一年三月から募集が開始された広域異動がある(以下、本節における引用は、断りのない限り、松田・前掲書による)。「当時、北海道や九州では職員がたくさん余っていて、本州には少ないという状況があった。また、同じ本州内部でも、職員が余っているところと、東京、大阪のように業務量が増大していているところとがあった」(八三頁)。広域異動は「そうした職員数の地域的なアンバランスを新会社が発足する前にできる限り調整するために」(同右)行われたのである。

これに続いて、二万人を目標にした希望退職者の募集が行われ、「最終的には約四万人の応募があった」（八三頁）。他方、政府機関や市町村などの公的部門に応募する職員もあり、「当時の国鉄は、去るも地獄、残るも地獄と言われたのだが、『それで鉄道が救えるのなら、私は喜んで他の道に行きましょう』と言って、自ら進んで他の公的部門に転出して行く人も多かった」（八四頁）という。

このように最大限の努力を払って余剰人員対策を進めてもなお、依然として「国鉄改革時に、新会社に新規採用されない職員が相当数出ることは避けられそうになかった。そうした職員に対しては、国鉄の清算法人である国鉄清算事業団において職業訓練なども行いながら再就職対策を講ずることになっていたが、現実問題として国鉄清算事業団に行くと考えている職員がいるとは思えない。この問題をどう処理するかは、非常に頭の痛い問題であった」（八五頁）。そして、「この難題を解決するために考え出されたのが、国鉄改革法第二十三条のいわゆる『新規採用方式』であった」（同右）。

思うに、一〇万人近い余剰人員の整理（雇用対策）を短期間で行うことは、誰が考えても生やさしいことではない。確かに、ＪＲが発足をみた昭和六十二年四月一日時点で、旧国鉄職員のうち約二万三七〇〇人が国鉄清算事業団に行くことになったが、その中には本来業務要員約二五〇〇人、公的部門等採用内定者約一万一二〇〇人が含まれており、これらの者を除けば、このときに再就職先が決まっていなかった者は約七六〇〇人にとどまった（以上、労働省編『昭和六十二年版労働運動史』（労務行政研究所）五四三頁による）。そこには、政府や国鉄自身の努力もあったとはいえ、職員や労働組合が協力したことも大きかった。そうした努力や協力がなければ、清算事業団で再就職先を探さなければならなかった者は、何倍にも膨れあがっていたに違いない。

このように余剰人員対策に協力を惜しまなかった労働組合がある一方で、非協力を貫いた組合もあった。その違いが、組合員の運命を分けたともいえる。特措法の失効に伴い、事業団が平成二年四月一日付けをもって最終的に解雇した者の数は、再就職内定者を含め一〇四七人。「地域別では北海道五一二人、九州四八九人、本州・四国三七人で、組合別では国労が九六六人と九割以上を占め、その他全動労六四人、動労千葉九人などであった」（労働省編『平成二年版労働運動史』（労務行政研究所）五一八頁）。

他方、国鉄改革の場合、「少なくとも管理局長以上の人間は、原則として新会社に移らず、全員が退職することになった。分割民営化に対する立場がどうであったにせよ、国鉄が経営破綻しておよそ八万人の職員が職場を去らなければならなくなったことは、厳然たる事実であったから、その責任はやはり重く受け止めるべきであった」（八九―九〇頁）。その結果、「年齢で言えば、原則的には五〇代以上は全部リタイア」（九〇頁）することになる。

「これだけ多くの経営陣、幹部職員がきちんと責任をとった」（九〇頁）改革は、おそらく前例をみない。そして、最高裁は、つまるところ、それ以上の責任をとることを国鉄の承継法人である被上告人会社には求めなかったのである。

二　仮定の議論に基づいた判決

逃げを打った最高裁。確かに、本判決（多数意見）にはそういわれても仕方がない一面がある。本件不採用が不当労働行為に該当するか否か、というより本質的な問題への回答を避けたからである。「ＪＲ各社は、その成立の時の職員採用について、専ら国鉄が採用候補者の選定及び採用候補者名簿の作成に当たり組合差別をしたという場合に、労働組合法七条にいう『使用者』として不当労働行為の責任を負うものではない」。ネット上で公開された判決要旨の第一点にはこう書かれていたが、これを読んで「逃げたな」という印象を持った者は、少なくなかったように思う。

しかし、「国鉄が採用候補者の選定及び採用候補者名簿の作成に当たり組合差別をした」というのは、あくまでも仮定の話でしかない。にもかかわらず、判決がこのことをあたかも当然の前提であるかのように論理を展開したことは、判決の読み手に一定の先入観を与えたといえる。また、①事件の最高裁判決を収録した民集が、判示事項の第一点を「ＪＲ各社の成立の時の職員の採用について専ら日本国有鉄道が組合差別をした場合におけるＪＲ各社の設立委員ひいてはＪＲ各社の労働組合法七条にいう使用者としての責任」としたことは、明らかにミスリーディングであった。つまり、そこでは、国鉄による組合差別がもはや仮定の話を通り越して、既定事実となってしまったからである。

なるほど、判決理由には「仮に」という表現が一か所ではあるが用いられており、判決文をよく読めば、それが仮定の議論であることはわかる。また、訴訟の当事者ではなく、既に過去の存在となった国鉄や事業団に責任を押しつけても実害はない。そう裁判官が考えたとしても、一概には責められない。それが累を他に及ぼさない、判決の影響を最小限の範囲にとどめることのできる方法でもあったからである。

では、仮に「国鉄が採用候補者の選定及び採用候補者名簿の作成に当たり組合差別をした」といえるような事実があった場合、ＪＲ各社に労組法七条にいう「使用者」としての責任を問うことはできないのだろうか。理論的に考えれば、その回答は「否」である。少数意見も述べるように、改革法二十三条を根拠としてその責任を否定することは「あまりにも形式論にすぎる」。「国鉄は設立委員の採用事務を補助する者」であることを、改革法の国会審議において、運輸大臣が繰り返し答弁していたという経緯も軽視すべきではない。また、新会社設立後の六月採用においても、その募集対象者は北海道地区に勤務する事業団の職員に限定されていたのであって、これを通常の新規採用と変わらないものとして、採用拒否が不利益取扱いに当たらないとすることには無理がある。

だが、判決を下す裁判官の頭の中には、通常、結論がまず先にある。理由付けは、後で考える（この点は、労委命令においても違いはない）。それゆえ、こうした「後知恵」にすぎない理由付けに多少無理があったとしても、それは大きな問題ではない。

本件の場合、ＪＲ各社が不当労働行為責任を負わないという結論はいずれにせよ変えることができないし、変えるべきでもない。多数意見に与した裁判官にとって、それは譲ることのできない一線だったのである。

また、国鉄改革法の解釈問題としてことを論じる限り、他に影響を与える心配もない。何といっても、改革法は空前にして絶後の法律だった（国鉄類似の法人の経営が将来破綻したとしても、膨大な借金をかかえる国に、もはや清算事業団のような組織を設置する余裕はない）からである。

さらに、雇入れの拒否についても、「それが従前の雇用契約関係における不利益な取扱いにほかならないとして不当労働行為の成立を肯定することができる場合に当たるなどの特段の事情」がある場合には、労組法七条一号にいう不利益取扱いに当たることを多数意見は否定していない。本件の場合、たまたま六月採用については、このような特段の事情を認めなかっただけであって、これまでの判例法理（例えば、**青山会事件＝平成十四年二月二十七日東京高裁判決**［労判八二四号一七頁］を参照）を変更するつもりは、最高裁にもなかった。多数意見を好意的に読めば、このように読める。

判決の影響を極力狭い範囲に限定する。本判決の狙いが、そうした意図の貫徹にあったとすれば、それは十分に成功した。とはいえ、本件の場合、判決が仮定した「国鉄が採用候補者の選定及び採用候補者名簿の作成に当たり組合差別をした」といった事実は、そもそも実際にあったといえるのか。それが筆者には疑問なのである。

三 不当労働行為はあったのか

右にみたように、国鉄改革法二十三条は、本判決がＪＲ各社の不当労働行為責任を否定するに当たり、大きな役割を果たした。しかし、国鉄改革はもとより、改革法二十三条も、特定の人間（特定労組の組合員）を排除することを目的としたものではなかった。例えば、国鉄改革を職員局職員課長、同局次長としてリードした葛西敬之氏（現ＪＲ東海名誉会長）は、このことを明らかにして次のように語る。いささか長くなるが、同氏の著書『未完の「国鉄改革」』（東洋経済新報社、平成十三年）から、該当部分を引用したい。

「もう一つ、我々にとって手探り状態だったのが『職員を六社の旅客会社、一社の貨物会社に分ける』ことだった。分割民営化については、国労は反対、動労はその時点では態度保留、ないしそれまでの反対を崩していない状態だったが、賛成に転じていく気配。鉄労は賛成であった。そのように見解を異にする労働組合を束ねつつ分割民営化を進めていき、最後に職員をいくつかの会社に分け、しかも採用定員を超える職員には過不足なく雇用対策を施すというのは、法律的に見ても実務的に見ても至難なことであった。正直に言って、『分けなくてはいけない』ということだけは分かっているのだが、どうやったら分けられるかは五里霧中であった」（二六〇―二六一頁）。

この難題を見事に解決してくれたのが法務課の法律専門家であり、彼の意見は以下のようなものであった。「分割の際の職員の各会社への配置方法は難しいですね。本人の意思に反して『お前はここに行け』というのは法的に不可能です。名実ともに本人の意思に従って分かれていく形でなければならない。これをやれる方法はたった一つしかない。それは何か。国鉄という法人格が清算事業団と一体であり、地域の鉄道会社をはじめとする新会社は新たに設立され、新たに必要な要員を採用して事業を行うことにしなければならない。そうすれば、国鉄職員は自動的に全員が清算事業団に引き継がれることになる。いったん国鉄を退職して、新しい会社に応募して、採用試験を通って採用された者が新しい会社の社員として入っていく。つまり、本人が会社を選ぶのです。『お前は東海、お前は東日本に行け』などと命令を下して、それが『憲法違反ではないか』と訴えられたら、命じた方が負ける。唯一の方法は、『国鉄イコール清算事業団』であり、『新しい会社は名実ともに新設の法人である』という仕組みしかありません」（二六二頁）。

「その結果できたのが日本国有鉄道改革法第二十三条である。この改革法第二十三条は、その後の分割民営化移行後、北海道と九州を中心に採用漏れになり清算事業団に行った人間の雇用継続確認の訴えのなかで争われることになる。結果としてはすでに、裁判所で改革法第二十三条の有効性が確認されている。

昭和六十年の夏に『これしかない』と法務課の専門家が喝破したものが法律となり、まさにこれなしには職員の会社等への配置はできなかった」(二六三頁)。

では、採用候補者名簿は、どのようにして作成されたのか。これについても、葛西氏は次のように述べ、名簿の作成がきわめて整然と行われたことを明らかにする。

「名簿を作る際は、まず各人に対して『あなたは国鉄を退職して新しい会社に応募しますか。それとも退職しないで清算事業団に行きますか』と聞く。『退職して新しい会社に行きたい』という人には、旅客会社六社と貨物会社等のなかから、第一志望から順番をつけて書かせる。当初国鉄分割民営化の法案を作るときに、これしか職員の会社別の配置の方法がないということで、改革法第二十三条は『何もしないでいれば全員が自動的に清算事業団に行く』という構成であった。運輸省から『全員が国労の指示に従って「私は清算事業団に行きます」と言ったら、JRは人間が足りなくなって、発足できないではないか。だからそんな制度ではだめなのだ』という反論もあった。

職員局は、『絶対にそんなことはない。必ず応募します。組合が何と言おうと応募します。心配ないですよ。しかも一社だけではなくて、第一志望から複数志望を書かせれば、結果としては第一志望で入るのか第二志望で入るのかはわからないけれども、全国のバランスをとることができます』という見解であった。実際には、どこにも志望を出さない職員はいなかったし、現実に募集をしてみると整然と応募が行われた。

そして本州三社では、ほとんど全員が採用数のなかに収まった。むしろ採用予定数を下回った。一方北海道と九州では、それでもなおかなりの余剰人員が出てきた。『広域異動』をあらかじめやってできるだけの事前調整はしていたが、それだけではとても間に合わないくらいの数であった。結局、ＪＲ各社に採用されずに北海道・九州を中心に就職先未定のまま清算事業団に残った人間が七、八千人くらい出る形になったが、全体としてみれば、雇用対策・希望退職は予想を上回る成功であったと言えると思う。

国鉄という組織はきわめて非効率な組織であり、規律が乱れているといわれてきたが、昭和六十一年十二月から六十二年三月までのほんのわずかな時間に全職員の希望をとり、名簿を作成し、その名簿に順位を記載して設立委員会に提出した。たった一人の重複もなければ書き漏らしもなく、作業は短期間で整然と行われた」（三〇三―三〇四頁）。

なお、前述したように希望退職者が予想を大幅に上回ったことから、「本州ではほとんど不採用者が出ないという形になった」（三〇三頁）が、これを評して、葛西氏は次のようにいう。「元来分割民営化は特定の人間を排除することを目的としたものではなく、効率化と人事権の確立、規律の正常化を目指したものであったから、選別しないで済むことは決して悪いことではなかった」（同右）。

確かに、合理的な理由を欠く差別や選別は許されるべきではない。労組法も「労働者が労働組合の組合員であること」を理由とする解雇を、明文(七条一号)をもって禁止する。そして、「現実にも労働組合の所属等を理由とする大規模かつ広範な採用差別(国労排除)が行われた」(①事件における上告代理人の上告受理申立て理由)というのが上告人中労委の見解であり、それは労働委員会に共通した見方でもあった。

しかし、本当にそういえるのか、筆者には大いに疑問がある。どのような労働組合に所属していようと、あるいは組合に所属していなくても、仮に本件組合員と同じことをしていれば、その結果(不採用)は変わらなかった。こう考えるからである。つまり、本件の場合、組合所属と不利益取扱いとの間には実質的な因果関係がなく、したがって不当労働行為も成立しない。このように言い換えてもよい。

会社再建に協力した者には再建後の会社における雇用を保障するが、協力を拒否した者には雇用を保障できない。経営が破綻した会社において、このようなことさえ会社が従業員にいえないとすれば、会社再建など到底かなわず、結局は従業員全員が職を失うことになる。しかし、たまたま労働組合の組合員が組合活動の一環として協力を拒否した場合には、その者に対しても、協力を惜しまなかった者とまったく平等に雇用を保障しなければならない。このように「正直者が馬鹿をみる」ような考え方が労働法の常識であるとすれば、そうした常識は変えなければならない。

「労働組合と接するときは常に会社側が課題を先取りし、投げかけるべきである。それが経営の責任であり、役割であると考えていた。特定組合を敵視はしないが、課題に取り組む能力の差は結果として残らざるを得ない」。葛西氏はこのようにも述べる(二四三頁)。同じことは、個々の職員についてもいえるのであって、国労や全動労からの脱退を当局がこうした「能力の差」と評価しても、これを怪しむべきではない。

以上を要するに、②事件における原審の判断を支持するというのが筆者の見解であるが、このような考え方は、なお少数の域にとどまっている(例えば、こうした少数説として、下井隆史「全動労・東京高裁判決をめぐって(上)」『週刊労働ニュース』平成十四年十二月九日号掲載がある。なお、同教授のより詳細な見解については、下井「JR不採用事件について」『日本労働研究雑誌』四六一号(平成十年十一月)四一頁以下を参照)。それが、わが国の現実であることも知る必要があろう。

【参考文献】(国鉄改革に関するもの、文中で引用したものを除く)

葛西敬之著『国鉄改革の真実――「宮廷革命」と「啓蒙運動」』(中央公論社、平成十九年)
秋山謙祐著『語られなかった敗者の国鉄改革――「国労」元幹部が明かす分割民営化の内幕』(情報センター出版局、平成二十一年)
牧久著『昭和解体――国鉄分割・民営化30年目の真実』(講談社、平成二十九年)

3 福岡雙葉学園事件＝平成十七年八月二日

福岡高裁判決（判時一九二二号一六三頁）

学校法人における人事院勧告に準拠した給与の減額と、期末勤勉手当による減額調整

【事実】

控訴人（原告）Xらは、学校法人を経営する被控訴人（被告）Yに勤務する教職員であり、Yの給与規程には、期末勤勉手当を「六月三十日、十二月十日および三月十五日にそれぞれ在職する職員に対して、その都度理事会が定める金額を支給する」旨の規定（四条十号）がある。

Yは昭和五十一年ころから、人事院勧告に倣って給与改定を実施してきたが、増額改定が行われた場合には、その年の四月から十一月分の給与について、実際に支払われた金額と改定後の給与規程によった場合の差額を、十一月末ころに別途支給していた。

平成十四年五月三十日、Yは理事会において、十二月期の期末勤勉手当の算定基礎額と

乗率を定め（期末手当は、本俸、扶養手当、調整手当及び教職調整額の合計額を算定基礎額とし、その二・六か月分とする。また、勤勉手当は、本俸、調整手当及び教職調整額の合計額を算定基礎額とし、その〇・六か月分とする）、平成十四年度の人事院勧告を受けて同年十一月の理事会で正式に決定することを議決し、同年六月二十日、Xらを含む職員に対して、その旨の通知を行った。

その後、二・〇三％の給与引下げ等を内容とする人事院勧告を受け、Yは、同年十一月十四日の理事会において、職員の月給を定める給与規程別表を人事院勧告に準拠して改定すること、および十二月期の期末勤勉手当の支給額について、上記提案による算定基礎額（ただし、改定後の給与規程別表による）と乗率によりこれを算定した上で、さらに人事院勧告に倣って調整を行うことを決定。同月二十日には、Xらを含む職員に対して、その旨の通知を書面で行った。なお、その書面には、上記改定が平成十四年四月一日に遡及して実施されること、および四月から十一月の差額は十二月期の期末勤勉手当から控除される旨の記載があり、十二月十日、その内容に従って、期末勤勉手当が支給された。

また、平成十五年度においても、Yは五月二十八日の理事会において、前年度と同様の議決を行い、一・〇七％の給与引下げ等を内容とする人事院勧告を受けて、十一月十日には、前年度と同様の調整を行うことを理事会で決定。同月二十日には、Xらを含む職員に対してその旨の通知を行い（ただし、前年度とは異なり、調整の内容には詳細に触れたものの、遡及という表現は用いられなかった)、十二月十日、通知内容に従った期末勤勉手当が支給された。

これに対し、Xらが調整額(減額分)と遅延損害金の支払いを求めて提訴したところ、一審(**平成十六年十二月二十二日福岡地裁判決**〔労判九〇二号八八頁〕)は、次のように述べ、Xらの請求を棄却した。

(1)　上記認定事実によれば、Yは、平成十四年度および平成十五年度における十二月期の期末勤勉手当について、当該年度の五月に行われる理事会において、「正式には、当該年度の人事院勧告を受けて、当該年度の十一月に開催する理事会において決定する旨議決しているから、当該年度の五月に行われた理事会において、理事会が期末勤勉手当の具体的な支給額までを決定したとはいえない。したがって、Xらが、五月の理事会を経たことによって期末勤勉手当について、具体的な金額の支払を請求する権利を取得したと認めることはできない」。

また、「Yは、昭和五十一年ころから毎年十一月に人事院勧告に倣って給与規程を改定してきたものであり、十二月十日支給の期末勤勉手当の算定基礎額は、改定後の給与規程によっていたと認められるところ、五月の理事会においては、期末勤勉手当の算定基礎額をどの時点における給与規程によるのかが明らかでなく、具体的な支給額は定まっていない。仮に十二月十日時点での給与規程によると解釈した場合においても、その時点での給与規程の内容が確定していないことからすれば、［五月の理事会において］乗率が決定したとしても、支給額が具体的に確定したとはいえない」。

そして、平成十四年度および平成十五年度における十二月期の期末勤勉手当についても、「理事会にとっては、人事院勧告に倣って調整する旨の決定によって、人事院勧告によって勧告されたのと同様の算定方法により、具体的な算定を行うことは明らかであるといえるから、その決定が形式的なものであったとはいえない」。

このように、「期末勤勉手当の具体的請求権は、理事会の決定により発生するものであるから、Xらに対する［乗率の］告知をもって具体的請求権が発生するとはいえず、また、前記のとおり、乗率のみによっては具体的金額は確定しないから、乗率の告知の存在は、前記結論を左右するものではない」。

「以上によれば、Yは、平成十四年、平成十五年のいずれも十一月に開催された理事会において、期末勤勉手当の乗率を五月に開催された理事会における提案［の］とおりとし、人事院勧告に倣って調整する旨を決定したと認められ、同決定により、XらはYに対し同決定内容の期末勤勉手当の請求権を取得した」ものといえる。

⑵　他方、期末勤勉手当の支給金額算定方法は、その実質において給与の減額改定を四月に遡及して適用するものであり、違法・無効であるとのXらの「主張は、期末勤勉手当につき、Xらがその主張する具体的な請求権を有していることを前提として、Xらの請

求の理由となり得るところ」、「Xらは、その主張する請求権を有しているとはいえないから、Yが五月の理事会で提案されていた乗率から人事院勧告に倣って、四月から十一月までの間に支払った給与とその期間につき改定後の給与によった場合の支給額の差額を控除するという算定方法により具体的な期末勤勉手当の支給額を決定したことをもって、給与規程の改定を遡及的に適用した結果をすでに決定した支給額から控除したということはできない」。

「また、XらがYが給与規程の改定を遡及して適用し、期末勤勉手当から減額したことを示すものとして主張する前記通知における文言は、具体的な支給額を決定するについての算定方法を示したものにすぎないから、前記結論を左右するものではない」。

(3) 「なお、Y職員の期末勤勉手当の支給額は、給与規程によって労働契約の内容となっている俸給、諸手当とは異なり、給与規程四条十号によって、その都度理事会が定めることとされており、他に期末勤勉手当の支給額について定めた規定や合意は存在［しない］ことからすれば、Yが、職員に対して支払う期末勤勉手当の支給額は、専らYの理事会の裁量によって定まるものといえる。そして、Yが教育機関であり、各職員の業績の査定が困難であること、県や市から補助金を受けていること、Yが昭和五十一年ころから、人事院勧告に倣って給与を増額し、当該年度の四月分から十一月分の増額に相当する分については別途支給してきたこと、［平成十四年度および平成十五年度においても、Yは」具体的な期末勤勉手当の支給額の算定にあたり、上記のとおり、一定の基準額から給与規程の改定を前提にその差額を控除するという算定方法によったにすぎないことを考慮すると、Yが十一月に開催された理事会において決定した期末勤勉手当の支給額が、Yの理事会の裁量を逸脱する違法、無効なものとはいえない」。

したがって、平成十四年十二月十日および平成十五年十二月十日に支給された期末勤勉手当の支給額は、「いずれもYによって減額されたということはできず」、「Yは、Xらに対し、支給すべき金額の全額を支払っており」、給与全額払いの原則に反するともいえない。

【判旨】　原判決取消し

一　本件の場合、平成十四年度および平成十五年度の「十二月期の期末勤勉手当が、これに先立つ五月理事会において具体的な支給額まで決定したということはできず、これが決定されたのは十一月理事会においてであること」は原判決が説示するとおりである。

しかしながら、これら両年度においては「人事院勧告の内容がいわゆるマイナス勧告であったにもかかわらず、従前同様に同勧告に従って、給与規程を減額改定した上、それを四月期に遡って実施することとして、十二月期の期末勤勉手当においてそのための

『調整』をした結果、両年度の十二月期の期末勤勉手当について減額支給したものであること、そのためにそのような減額支給は認められないとするXらとの間で本件紛争が生じたものであること」は明らかであり、この減額支給（調整）の効力こそが「本件の核心的な争点というべき」である。

「原判決は、この点につき、『Xらの当該主張は、Xらが期末手当等の具体的な請求権を有していることが前提となるところ、Xらはそのような請求権を有しているとはいえないから、当該主張はその前提を欠いている』かのようにいい、或いは、期末勤勉手当の支給額の決定は専らYの理事会の裁量に委ねられているとした上で、十一月理事会における期末勤勉手当の支給額の決定をもって裁量を逸脱する違法、無効なものとはいえないと結論しているが、これらについてはたやすく同意することができない」。

二

「思うに、賞与もまた本質的には月払いの賃金と同様に労働者に対する賃金にほかならないと解すべきであり、したがって、賞与の支給の有無及びその支給額は、労働契約の重要な内容をなすものというべきである。

この点を本件について見るに、Yの給与規程では、期末勤勉手当の支給について、『六月三十日、十二月十日、及び三月十五日にそれぞれ在職する職員に対して、その都度理事会が定める金額を支給する』と定められているだけであるが（第四条）、ここにいう期末勤勉手当とは賞与にほかならず、また、ここでは期末勤勉手当が支給されること自体は当然の前提とされているのである。しかも、Yは、私立学校の運営という社会の経済状況に左右されにくい事業を営んでおり、それに勤務するXらを含む教職員の業績にも大きな較差はないことから、原則として同一の条件での支給が継続されているという実情もあるのである。そうであれば、十二月期に期末勤勉手当が支給されることは、YとXらとの労働契約の重要な内容となっているものといわなければならない。なるほど、上記のとおり、［Yの］給与規程では『その都度理事会が定める金額を支給する』と規定されており、十二月期の期末勤勉手当については十一月理事会の決定により支給額が決定されることとされていたことは既に認定したとおりであるが、それだからといって、具体的な支給額が決まらなければ、期末勤勉手当の請求権が発生しないというものではない。このことは、偶々十一月理事会において具体的な支給額が決定されなかったというような場合を考えて見れば明々白々である。そのような場合においても、Xらが十二月期の期末勤勉手当の請求権を有していること自体に疑問を差し挟む余地はないのである。したがって、［この点において］原判決の説示を採用することができないことは明らかである」。

三　「ところで、上記のように、十一月理事会において具体的な支給額が決定されなかった場合における十二月期の期末勤勉手当については、従前の支給実績（具体的には前年の支給額ということになろう。）に基づいて請求権が発生するものと解するのが相当である。それは、毎年度の期末勤勉手当の支給実績がその都度個別の労働契約の中に取り込まれ、労働契約の要素と化しているものと解されるからである。

そうだとすると、十一月理事会において従前の実績を下回る支給額が決定された場合においても、それは労働契約の内容を労働者に不利に変更するものにほかならないから、それが効力を有するためには原則として個別に労働者側の同意があることを要するものというべきである。したがって、労働者側の個別の同意がない場合において、当該決定が有効であるといえるためには、その減額が必要やむを得ないものであるなど合理的な理由があり、かつ相当であるなど、特段の事情が認められなければならない」。

本件の場合、「Xらは、両年度の人事院勧告の内容に従った給与規程の減額改定自体は、これをやむを得ないものとして受け容れていることが認められるから、これについては黙示の同意があったものとみなされる。また、そうであれば、両年度の十二月期の期末勤勉手当が減額改定された給与規程に基づいて算定されることについても、同様に黙示の同意をしているものと認めて差し支えない」。しかしながら、他方で「Xらが『調整』による減額について同意をしていないこと［も］明白である。

そうすると、本件においては、『調整』による減額について、労働者側の個別の同意がないにもかかわらず、なおその効力を肯定すべき特段の事情が認められるか否かのみを判断すれば足りることになる」。

四　本件は、Yが「昭和五十一年以来、長きにわたって給与規程を人事院勧告に倣って改定してきたこと、したがって各年度の十二月期の期末勤勉手当もその都度の人事院勧告に準拠して支給してきたこと、そのようなところから、平成十四年度及び平成十五年度についても人事院勧告の内容がいわゆるマイナス勧告であったにもかかわらず、従前同様に同勧告に従って、両年度期末勤勉手当についても減額支給した」事案であるが、「同じく人事院勧告に倣うといっても、その勧告内容の如何によっては労働者側にとっては大きな差が出現することになるのは見易いところである。それにもかかわらず、YとXらとの間に、勧告内容がどうであれ、常に毎年度の人事院勧告に従って給与規程が改定され、十二月期の期末勤勉手当の支給額もこれに基づいて算定されるということについて明示又は黙示の合意があったとまでは認められない。むしろ、昭和五十一年以来、人事院は一貫していわゆるプラス勧告をしてきたのであり、同勧告の直接の対象である一般職国家公務員はもとより、労働者側、使用者側、さらには国民一般においてもそのこと自体を疑うようなことは絶えて無かったのである。したがって、上記両年度のように、いわゆるマイナス勧告がなされるというような事態はおよそ想定されていなかったものと言わなければならない。そうであれば、Yにおいて、長年にわたって上記のような運用をし、これが当然の如くにYの職場に受け容れられてきたという事実があるからといって、それは勧告内容がいわゆるプラス勧告であり、労働者側にとって相応の利益になるものであったが故に、たまたま労働者側の個別の同意を得るまでもなかったというに過ぎず、上記両年度のようにいわゆるマイナス勧告がなされた場合についてまで、安易にこれと同視することは許されない。

もっとも、人事院勧告は、物価の変動や一般職国家公務員給与の民間企業におけるそれとの格差の有無・程度などの諸事情を勘案してなされるものであるから、その勧告内容は相応の客観的な根拠を有するものと評価することができるが、それだからといって、Yの給与規程などが常に人事院勧告に倣った内容に改定されなければならないという必然性はないし、また、その旨の労使間の協定や合意があったともいえない以上、この点をもって前記判断を左右することはできない」。

五　「さらに、Yが人事院勧告に倣ったと強調する『調整』については、法律（一般職の職員の給与に関する法律）で、その支給すべき俸給等が定められる一般職国家公務員の場合には、その改定時期をいつからと定めるかは、国会の法律案の議決で決められるが、民間給与を決定する場合にも、それが当然合理性を持ちうることにはならない。この場合には、労働条件を遡って不利益に変更出来るかという問題に直面せざるを得ず、しかも、その金額自体は全体の額からすれば僅少にしかならないことからすれば、そのような調整をすることが許されるためには、さらに特段の事情が必要であると考えられる。

然るに、Yは、人事院勧告に倣ったということ以上には何ら特段の事情を主張せず、それだけでは上記のような『調整』を合理的なものであるとすることができないことは、前記**四**で判断したとおりである」。

六　「以上によれば、平成十四年度及び平成十五年度の十二月期の期末勤勉手当の支給は、Xらの個別の同意を得ることもないまま、また、そのような結果もやむを得ないとするだけの特段の事情も認められないにもかかわらず、平成十四年度及び平成十五年度の人事院勧告に従って給与規程に基づく給与の減額改定をした上、さらにはそれを四月に遡らせるという労働者にとって不利益（減額）をもたらす結果となる内容の両年度の人事院勧告に漫然と従って『調整』をして支給したという点において違法であり、その限りにおいて無効であるものと言わなければならない」。

七　「そうすると、その余のXらの主張（労働基準法二十四条一項違反）については判断するまでもなく、上記両年度の十二月期の期末勤勉手当のうち、上記のとおり違法・無効とされる減額部分の支払いを求めるXらの請求は理由があることになる」。

【評釈】　判旨には疑問がある。

一　賞与と期末勤勉手当

民間でいう賞与（一時金）を、公務員の世界では期末勤勉手当という。社会福祉法人のような公益法人のほか、学校法人も、公務員に準じた給与体系を採用していることから、賞与に代えて期末勤勉手当と称し、これを支給しているところが多い。

民間企業における賞与の場合、当期利益の従業員への配分といった性格が強く、その額は企業業績によって大きく変動する。したがって、労働基準法が賞与を労働の対償としての賃金と考えていることは疑う余地がない（同法十一条）としても、通常の賃金とは違い、その計算方法を就業規則（給与規程）で予め規定すること（同法八十九条二号）はおよそ不可能に近く、労働基準法も、賞与についてはこれを「臨時の賃金等」に含め（同法二十四条二項）、その「定めをする場合においては、これに関する事項」を就業規則の記載事項として規定するにとどまっている（同法八十九条四号）。

「賞与の額は、会社の業績及び従業員の勤務成績などを考慮して各人ごとに決定する」。厚生労働省のモデル就業規則に倣い、賞与の支給額をこのように規定している企業も少なくない。会社の業績や従業員の成績次第で、高くもなれば低くもなる。それが賞与の宿命と考えてよい。

こうした支給額の上下変動は、程度の差こそあれ、公務員や法人職員に支給される期末勤勉手当についても同様にみられることであり、その額がこれまでもアップダウンを繰り返してきたことはよく知られている。公務員の給与が民間給与に準拠して決定され（国家公務員法六十四条二項、地方公務員法二十四条三項〔現二項〕）、法人職員の給与がその公務員給与に準拠して決められる以上、そうならなければ、むしろおかしいのである。

このように、賞与や期末勤勉手当については、支給実績が年度ごとに変動（上下）することは、その性格上当然のことであり、仮に前年度の支給実績を下回ったとしても、これを不利益変更と解すべきではない。

したがって、判決（**判旨三**）のいうように、毎年度の支給実績が「その都度個別の労働契約の中に取り込まれ、労働契約の要素と化している」とすることは、こうした期末勤勉手当の性格を無視したものといわざるを得ず、「十一月理事会において具体的な支給額が決定されなかった場合における十二月期の期末勤勉手当については、従前の支給実績（具体的には前年の支給額ということになろう。）に基づいて請求権が発生する」としたり、「十一月理事会において従前の実績を下回る支給額が決定された場合においても、それは労働契約の内容を労働者に不利に変更するものにほかならないから、それが効力を有するためには原則として個別に労働者側の同意があることを要する」とすることは、このような誤った解釈を前提とするものとして、同様に認め難いということになる。

公務員（以下、断りのない限り「国家公務員」を指す）の場合、十二月期を含む期末勤勉手当の支給月数は、夏の人事院勧告を受け、秋の臨時国会等で「一般職の職員の給与に関する法律」（給与法）が改正されることにより、年度ごとに決まるのが通例となっているが、その支給月数は、当該年度限りのものであり、それが翌年度における支給月数を保障するものでないことは、いわば当然のこととして理解されている。

例えば、平成十四年十一月に改正された給与法は、十二月期の期末勤勉手当について、期末手当の支給月数を一・五五から一・八五に改める（平成十五年度以降廃止することが決まっていた三月期の期末手当について、その支給月数を〇・五五から〇・五〇に改め、うち〇・三〇相当分を十二月期に前倒しで支給することにしたもの）とともに、勤勉手当の支給月数を〇・五五に据え置くものであったが、平成十五年四月一日以降、十二月期の期末手当の支給月数をさらに一・七〇に改める（その一方で、勤勉手当の支給月数は〇・七〇に引き上げる）ことを規定していた。しかし、平成十五年十月に改正された給与法は、これにまったく拘束されることなく、十二月期の期末手当の支給月数をさらに一・四五に引き下げるものとなった。すなわち、十二月期の期末手当を一・七か月分とする給与法の改正規定はついに一度も施行されることのないまま、その姿を消す。公務員の場合には、そうしたことさえ現実にあったのである。

確かに、本件の場合、両年度における十二月期の期末勤勉手当の乗率（支給月数）は、ともに三・二か月（期末手当二・六か月、勤勉手当〇・六か月）とされており、乗率それ自体がダウンしたというケースではない。実際にも、公務員の場合、十二月期の期末勤勉手当の支給月数が二・七か月を超えたことはなく、三月期に勤勉手当が支給されたこともないほか、三月期の期末手当も平成十五年度以降これが廃止されており、人事院勧告に倣ったとはいっても、Yの場合、その対象はあくまでも本俸の改定にとどまっていたようである（なお、本俸の改定時期も、Yでは両年度を通じて十二月となっており、少なくとも平成十五年度については、十一月実施の公務員と一か月のズレがあった）。

しかし、判決は、より一般的に期末勤勉手当の支給額が前年度の支給実績を下回る場合には、原則として労働者の個別同意がない限り、その変更を認めない（前年度の支給実績に基づいて請求権が発生するとする）ものとなっており、仮にこのような考え方に従うとすれば、人事院勧告に準拠して期末勤勉手当の支給月数を変更している数多くの法人は、たちどころに頭をかかえざるを得なくなる（民間企業における賞与についても、利益配分の仕組みとしての賞与制度がそもそも維持できなくなる）。

賞与や期末勤勉手当については、各年度における支給実績はその年度においてしか意味を持たず、ある年度の支給額が前年度の支給実績を下回ることがあったとしても、それは賞与や期末勤勉手当の性格上当然のことであって、これを不利益変更の問題として論じるべきではない（このことは、賞与の減額事由［産休や育児時間の欠勤扱い等］についても基本的にいえることであって、そこに不利益変更の概念を持ち込むことには疑問がある。反対：**高宮学園（東朋学園・差戻審）事件＝平成十八年四月十九日東京高裁判決**［労判九一七号四〇頁］）。この制度の根幹ともいうべき認識を欠いていたところに、本判決の最も大きな問題がある。こういっても、誤りはないのである。

二　期末勤勉手当と減額調整

とはいえ、右のようにいうことは、本俸の減額改定分（減額改定を四月に行ったとした場合に支給すべき給与額と、実際に支払った給与額との差額分）を期末勤勉手当において「調整」することまでをも直ちに正当化するものでは必ずしもない。このような減額調整は、不利益を事実上遡及させるものとして許されないとの考え方は、これを無視できないからである。

では、期末勤勉手当における減額調整とはそもそも何なのか。また、裁判例は、これをどのように理解してきたのか。以下では、こうした問題について、公務員のケースを例に検討することから始めることにしよう。

（一）公務員における減額調整

俸給を増額改定する場合には、これを四月一日に遡って適用する。公務員については、昭和四十七年度以降、このような方式が採用されてきた（六月期の期末勤勉手当へのはね返りを含む）。このことは、改正給与法の附則に明記され、改正前の法規定に基づいて支給された給与は、改正後の法規定による給与の内払とみなす旨の規定（確認規定）がこれに併せて設けられることもあった。

こうしたなか、平成十四年度以降、平成十五年度および十七年度を含め、三回にわたり公務員の俸給は減額改定を経験することになる（注：平成二十一年度、二十二年度および二十三年度においても、減額改定が実施された）が、そのいずれにおいても遡及適用方式は採用されず、減額改定規定については、公布の日の属する月の翌月の初日から施行する旨の定めが附則に置かれた上で、十二月期の期末手当において減額調整を行う旨が別途同じ附則で定められることになった（平成十四年度と平成十五・十七年度では、以下にみるように、附則の規定内容がやや異なっていた。なお、平成十四年度の場合、地方公務員については、三月期の期末手当で減額調整を行ったところも多かった）。

イ　平成十四年度における減額調整の根拠規定：改正給与法附則（概要）

５　平成十四年十二月に支給する期末手当の額は、改正後の給与法の規定にかかわらず、これらの規定により算定される期末手当の額（基準額）から、第一号に掲げる額から第二号に掲げる額を減じた額に相当する額を減じた額とする。この場合において、第一号に掲げる額から第二号に掲げる額を減じた額が基準額以上となるときは、期末手当は、支給しない。

一　平成十四年十二月一日まで引き続いて在職した期間で同年四月一日から施行日の前日までのもの（継続在職期間）について支給される給与のうち俸給、初任給調整手当及び扶養手当並びにこれらの額の改定により額が変動することとなる給与（俸給等）の額の合計額

二　継続在職期間について改正後の給与法の規定により算定した場合の俸給等の額の合計額

ロ　平成十五年度（十七年度）における減額調整の根拠規定：改正給与法附則（概要）

5　平成十五年（十七年）十二月に支給する期末手当の額は、改正後の給与法の規定にかかわらず、これらの規定により算定される期末手当の額（基準額）から次に掲げる額の合計額（調整額）に相当する額を減じた額とする。この場合において、調整額が基準額以上となるときは、期末手当は、支給しない。

一　平成十五年（十七年）四月一日において職員が受けるべき俸給、俸給の特別調整額、初任給調整手当、扶養手当、調整手当、研究員調整手当、住居手当、通勤手当、単身赴任手当及び特地勤務手当、暫定筑波研究学園都市移転手当並びに教職調整額の月額の合計額に百分の一・〇七（〇・三六）を乗じて得た額に、同年四月から施行日の属する月の前月までの月数を乗じて得た額

二　平成十五年（十七年）六月に支給された期末手当及び勤勉手当の合計額に百分の一・〇七（〇・三六）を乗じて得た額

注（　）内は平成十七年度。なお、十七年度（改正附則五条一項）においては、前年度における国立大学の法人化に伴い、一号から教職調整額が削除された。

このように、減額調整の方法は、各年度により異なるものとなったが、平成十四年度においても、六月期の期末勤勉手当は、改正附則五項一号にいう俸給「額の改定により額が変動することとなる給与」として調整の対象とされたことから、年度ごとの差異は、実際には調整の対象となる「俸給等」に含まれる諸手当の違いにとどまることになった（例えば、平成十四年度には超過勤務手当、休日給および夜勤手当がこれに含まれることになったのに対して、平成十五年度および十七年度にはこれらの手当に代えて、住居手当や通勤手当が含まれることになった）。

ただ、いずれにせよ、俸給の減額改定自体は四月に遡及させず、十二月期の期末手当の支給額を算定するに際して減額調整を行うという方法が採られたのであり、人事院自身も給与勧告を行うに当たり、不利益不遡及原則に則り四月遡及は行わないことを明確にする一方で、年間でみて官民給与を均衡させる観点から、十二月期の期末手当で所要の調整を行う旨を明らかにしていたことは注目に値する。

(二) 減額調整と裁判例

「本件人事院勧告が、不利益不遡及の原則を踏まえて、改定を同年四月には遡及させないで年間の官民の給与を均衡させるという目的は、正当であり、かつ、速やかに調整が行われる必要があること及び弾力的な調整として月例給より特別給を対象とすることとして、勧告後の期末手当を対象として四月からの一年間で均衡を採るように措置をする方法は相当であり、本件全証拠によっても、上記の調整措置として、本件特例措置に代わるもので本件特例措置より適切なものを見出すことは困難であるから、本件特例措置は、許容された裁量の範囲内にあり、合理的であるということができる。これまでの国家公務員の給与改定が、……昭和四十七年以降三〇年以上にわたり、ほぼ四月改定を実行してきたことに照らしても、本件人事院勧告において、上記の選択をしたことには合理的根拠があると評価される。国家公務員にとっては、本件特例措置により十二月期の期末手当が減額されることは手痛いことであるが、民間の給与水準との均衡を考慮した措置として、受容するのもやむを得ないものである」。

平成十四年度人事院勧告等事件＝平成十七年九月二十九日東京高裁判決〔判時一九二〇号一四六頁〕において、東京高裁はこのように述べ、十二月期の期末手当における減額調整措置(本件特例措置)の違法性を否定する(同事件の一審判決(**平成十六年十月二十一日東京地裁判決**〔判時一八八〇号一二〇頁〕)もほぼ同旨)。

その背景には、「現行制度上、毎年四月一日における官民の給与状況を調査して勧告がされることからすると、調査又は勧告の時点から給与の改定に至るまでの時間の経過が必至であるために、官民の較差を年間の給与総額において均衡を保つための措置として、すでに発生している俸給等に係る措置を含めて相応の調整措置を講じることも避けがたい」という事情があり、年間を通じて官民給与の均衡を図る現行の人事院勧告制度は、それなりの合理性を有する制度として、裁判所においても理解されているということができる。

確かに、上記判決も述べるように、国家公務員の給与に関しても「既に発生確定した部分について、後の立法によってこれを処分し、又は変更することは、国家公務員が労働の対価としての賃金に相当する給与によって生活の糧を得ていることに照らしても、また、その財産権に対する侵害とみる余地もあることから、無前提に許されるものではない」ということができ、本件特例措置は「既に発生した給与請求権を処分し、又は変更するものではないものの、経済的にみれば、平成十四年四月から同年十一月までの給与について改正前の給与法により算定した金額と改正給与法により算定した金額との差額を返戻させること、あるいは十二月の期末手当と相殺することと同一の結果を招来することになるものであり、給与を生活の糧とする国家公務員にとって、相応の苦痛を与えるものである」ともいえるが、だからといってその合理性を認められないわけではない。判決はこういっているのである。

このような考え方は、地方公務員についてもほぼ同様に維持されており、次のように述べる**兵庫県（期末手当減額）事件＝平成十八年二月十日大阪高裁判決**〔労判九一〇号一二頁〕）は、その典型ということができる。

「公民均衡の観点からすると、地方公務員の給与は、年度の途中で既に支給済みの給与等も含めて年間ベースで見直す運用を行うことが適切であり、県人事委員会の給与勧告の場合、現にこのような運用が昭和四十七年から現在まで約三〇年以上もされており、長年の慣行として定着しているものといえる」。「そして、このような給与改定システムの運用上、県人事委員会が行う調査の結果、地方公務員の給与が民間の給与を下回る場合だけでなく、上回ることも有り得ることは当然の事理であるところ、前者の場合のみ見直しの結果に基づく遡及的な調整が許容され、後者の場合にその方法のいかんを問わずこれが許容されないとするのは衡平を失するものとして、納税者である市民の納得を到底得られず、ひいては財政に対する信頼を損ねることにもなりかねないものというべきであるから、給与減額の場合であっても、これを遡及適用する合理的理由はあり、その必要性は相当大きいものといえる」。

年間ベースで民間との給与の均衡を図るという考え方は、ここでも重要なキーワードとなっているが、公務員の給与が民間を下回る（公務員給与を引き上げる）場合にのみ遡及調整を認め、公務員の給与が民間を上回る（公務員給与を引き下げる）場合には遡及調整を認めないというのでは、バランスを失するとの考え方（一審（**平成十七年四月二十二日神戸地裁判決**〔労判九一〇号二五頁〕）も、ほぼ同旨）は、当たり前のこととはいえ、これほど給与原資の負担者である納税者にとって説得力のある論理もない。

公務員の場合には、「最終的には立法政策の選択に委ねられるべきである」（**前掲・東京高裁判決**）とか「立法裁量権を逸脱・濫用したとまで認めることはできない」（**前掲・大阪高裁判決**）などとして、逃げを打つこともできる。また、判事に支給される期末特別手当（期末手当と勤勉手当を合体させたもの）は、給与法による指定職俸給表の適用を受ける職員の例に準じ、その他の裁判官に支給される期末勤勉手当は、一般の官吏の例に準じてこれを支給することが法定されており（裁判官の報酬等に関する法律九条一項）、裁判官としても、自己否定につながるような判断はできない。穿った見方をすれば、そうした事情もなかったとはいえまい。

（三）法人における減額調整

ただ、右の論理が何の問題もなく通用する公務員の世界と、民間（公務員準拠型の法人）では多少話が違ってくる。それゆえであろうか、従前、国や道、町から交付される措置費を主要な財源として運営されてきた社会福祉法人について、人事院勧告に従った給料表の改定（ベースダウン）や手当の減額（期末手当、勤勉手当、扶養手当、寒冷地手当の支給率の減率）を内容とする給与規程の改定それ自体は有効としつつ、期末手当における減額調整に関しては、これをあっさりと無効と判断した裁判例（**八雲会事件＝平成十八年三月二日函館地裁判決**〔労判九一三号一三頁〕）もある。

右の事件の場合、平成十四年度の減額改定に関しては、同年度規程の附則で「減額改定された給料表及び扶養手当に関する規定については平成十四年四月一日から適用する」旨がストレートに定められており、十五年三月期の期末手当による減額調整が「既に具体的に発生していた原告らの賃金請求権を不利益に変更したものであって」許されないと判断されたことはやむを得ないとしても、このような事情を伴わなかった平成十五年度の減額改定（十二月期の期末手当における減額調整）についてまで、判決は「実質的には、平成十五年度規程を平成十五年四月に遡及適用して、既に具体的に発生していた原告らの賃金請求権を不利益に変更するものであるから、許されない」としており、公務員との違いを際立たせるものとなっている（二審（**平成十九年三月二十三日札幌高裁判決**〔労判九三九号一二頁〕）も、ほぼ同旨）。

こうした考え方に基づけば、本件判決も結論においては妥当（減額調整措置は違法）ということになるのかもしれないが、公務員に認められることがなぜ民間では認められないのか、という疑問は依然として残る（なお、**札幌高裁判決**は、この点に関連して「被控訴人の主張は、法律や条例で俸給及びその改定時期が定められる公務員につき、立法裁量の範囲内である場合には合理性を有するものであるとしても、民営の事業所である被控訴人の給与についてまで合理性を有するとはいえず、採用の限りではない」とする）。

これまでベースアップのときには、長年にわたって遡及適用までしてきたのに、ベースダウンになると、賞与（期末勤勉手当）による調整すらできない。これを理不尽と考える経営者は決して少なくないであろうし、父兄のなかには「授業料を返せ」といいたくなる者がいたとしても不思議ではない。それゆえ、裁判が目指すべきものが「衡平の確保」であるならば、上告審で結論が覆る余地は十分にあるといえよう（**【後記】**を参照）。

三　まとめにかえて——国立大学法人への教訓

国立大学法人の給与規程は、給与法の内容を「丸写し」にしたものが多い。そのような大学においては、期末手当や勤勉手当についても、その支給月数が本則に定められているため、本件において問題となったような減額調整を行う場合には、附則で改正給与法附則と同じような定めを置くことが必要になる。

平成十七年度の減額改定の際には、十二月期の期末手当の支給月数がたまたま○・○五か月分アップしたために、減額調整分を多少とも勘案して、増率分を○・○二五か月分にとどめる等の操作を行った国立大学法人も少なくなかった。わずかであっても、期末手当の支給月数がアップするのであるから、不利益変更の問題は生じない。多くの国立大学にとって、減額調整問題を回避する道はそれしかなかったのである。

また、法人化前のことではあるが、平成十四年度における十二月期の期末手当の支給額も、実際には前年度の支給実績を下回らなかった。支給月数が〇・三〇か月分アップしたために、これにマイナス改定後の俸給額を掛け合わせ、かつ、減額調整を実施したとしても、まだおつりがあったのである。

したがって、仮に本件において、Yが人事院勧告に完全に準拠した期末勤勉手当の改定を行っていたとすれば、判決の論理を前提とする限り、平成十四年度については結論が逆になっていた可能性もある。同年度の場合、Yが本俸の遡及改定を行うことを明言していたため、その点から違法とされる余地はあった（**前掲・函館地裁判決**を参照）が、支給額の増減だけで考えると、こうなるのである。

とはいえ、平成十五年度がそうであったように、期末勤勉手当の支給月数そのものを下げざるを得ない場合もある。このようなとき、給与規程にその支給月数を定めていれば、不利益変更の問題が生じることは避けられない。筆者自身は、給与規程に定める期末勤勉手当の支給月数は、当該年度限りのものとして理解する（前述したように、給与法も同様の理解に立つ）のが当事者の意思解釈としても最も妥当であると考えるが、裁判所が同じように判断してくれるという保証はない。

だとすれば、期末勤勉手当の支給月数を定める規定を給与規程から削除する以外に方法はない（注：大阪大学の給与規程では「期末手当の額は、その期ごとに決定する」等の定めを本則に設けるにとどめている）。それでも減額調整の問題は残るが、支給額の計算方法までは具体的に明示する義務は使用者にない。「人件費の大半を運営費交付金（＝税金）で賄っている以上、公務員の支給額を超える期末勤勉手当は支給できない。支給額もそれを前提として決定する」。それで十分と考えるのであるが、どうであろうか。

【後記】平成十九年十二月十八日最高裁第三小法廷判決（判時一九九六号一三七頁）

次のように述べ、原判決を破棄。被上告人（控訴人）らの控訴を棄却した。

「上告人においては、長年にわたり、四月分以降の年間給与の総額について人事院勧告を踏まえて調整するという方針を採り、人事院勧告に倣って毎年十一月ころに給与規程を増額改定し、その年の四月分から十一月分までの給与の増額に相当する分について別途支給する措置を採ってきたというのであって、増額の場合にのみ［遡］及的な調整が行われ、減額の場合にこれが許容されないとするのでは衡平を失するものというべきであるから、人事院勧告に倣って本件調整を行う旨の十一月理事会の決定は合理性を有するものであり、同決定がこの観点からその効力を否定されることはない」。

4　国立病院機構事件＝平成十八年十二月二十七日　東京地裁判決（判時一九六〇号一五五頁）

国立病院・療養所の独立行政法人化に伴う新たな就業規則の制定と、就業規則の不利益変更法理

【事実】

一　被告Yは、平成十六年四月一日、独立行政法人通則法（以下「通則法」という）および独立行政法人国立病院機構法（以下「機構法」という）に基づき、全国一五四か所の国立病院・療養所を承継し、設立された特定独立行政法人（当時）である。

原告Xら二七名は、国立病院・療養所に正職員（定員内の常勤職員）または賃金職員（一年以内の任用期間で、日々雇用という形式で任用されていた職員）として勤務し、法人化に伴ってYの常勤職員もしくは非常勤職員またはYの委託事業者の職員になった者であり、いずれも訴外全日本国立医療労働組合に所属している。

その内訳は、国立病院・療養所の正職員から、機構法附則二条に基づき、Yの常勤職

員になった者が一五名（以下「XⅠら」という）、国立病院・療養所の賃金職員を平成十六年三月三十日または同月三十一日に退職となり、同年四月一日以降、Yの非常勤職員になった者が一〇名（以下「XⅡら」という）、同じく賃金職員を退職となり、委託事業者の職員になった者が二名（以下「XⅢら」という）となっている。

二　平成十六年四月一日、Yは、通則法五十七条に基づき、常勤職員の労働条件を定めるため、職員就業規則および職員給与規程（以下、両者を併せて「職員就業規則等」という）を制定し、同日これを施行した。

XⅠらを含む国立病院・療養所の正職員であった者は、それまで一般職の国家公務員に適用される一般職の職員の給与に関する法律（以下「給与法」という）や、一般職の職員の勤務時間、休暇等に関する法律（以下「勤務時間法」という）等の適用を受けていたが、同日以降、職員就業規則等の適用を受けることになった。その結果、管理職の給与水準は維持されたものの、一般職の給与は減額されることになった（ただし、平成十九年九月三十日までは現給保障の措置が講じられる）。

また、Yは、職員就業規則の制定に伴い、それまで看護師等に適用範囲を限定していた変形労働時間制を全職員に適用できるようにするとともに、祝日（祝日法による祝日または年末年始の休日をいう）に職員が勤務した場合の措置を代休日の指定に一本化し、従前は認めていた休日給の支給の選択を認めないこととした。

三　他方、国立病院・療養所には、平成十五年十一月当時、約六〇〇〇名の看護師、看護助手、検査技師、調理師、ボイラー技士、保育士、医療事務従事者等が賃金職員として稼働していたが、平成十六年三月三十日または同月三十一日には、いずれもその任用期間が満了した。また、同年四月一日の法人化に際して、Yが賃金職員の制度を廃止したことにより、Yの職員は、常勤職員と短時間勤務（一日六時間以内）の非常勤職員からなる二種類の職員で構成されることになった。

その結果、かつての賃金職員のうち看護師や検査技師については、本人の希望に応じて病棟勤務の常勤職員または外来勤務の短時間非常勤職員として採用され、夜勤可能な看護師約二八〇〇名と検査技師約四五〇名が常勤職員となった。また、その他の職種については、本人が希望した場合には短時間勤務の非常勤職員として採用され、他の事業者（病院が業務を委託することになった事業者を含む）への就職あっせんを希望した場合には事業者への就職あっせんが行われた。

こうして、XⅡら（看護助手五名、洗濯夫三名、調理助手・ボイラー技士各一名、賃金職員としての在職期間は九年から二八年）は、Yの短時間非常勤職員となり、XⅢら（保母助手二名、賃金職員としての在職期間は一二年一か月ないし一七年一か月）は、院内保育所の業務を受託した事業者の職員となった。

さらに、平成十六年四月一日にYが制定・施行した非常勤職員就業規則では、一週間の勤務時間が三〇時間以内とされ、住居手当や扶養手当の規定がなく、期末勤勉手当が支給されない等、従前の国立病院・療養所における賃金職員の労働条件と比較すると、XⅡら非常勤職員が現実に受け取る給与の額も減額されることになった。

四　本件は、以上の事実をもとに、Xらが、①XⅠらに係る請求として、新たに定められた賃金等の労働条件は就業規則の不利益変更法理に照らして無効である等として、国立病院・療養所当時と同一の労働条件に係る権利の確認を、②XⅡらに係る請求として、国立病院・療養所当時の雇用関係や労働条件はYに承継されている等として、従前の労働条件に係る権利の確認および未払賃金の請求と、正職員となる期待権を侵害された等として慰謝料の請求を、③XⅢらに係る請求として、同じく期待権を侵害された等として慰謝料の請求を、それぞれ求めた事案である。

【判旨】　請求棄却

一　XⅠらに係る請求について

判決は、機構法が、国立病院・療養所からYへの職員の引継ぎ（いわゆる身分承継）について定める（附則二条）一方、権利義務の承継に関してはその対象を国立病院・療養所の所掌事務に関するものとしていること（附則五条一項）、また、通則法は、それぞれの「特定独立行政法人が、その職員の給与の支給の基準を定め、これを主務大臣に届け出るとともに、公表しなければならない」等と規定していることから、「以上の各規定の内容及び機構法にはその職員の労働条件に関する規定がないことを総合すると、国立病院・療養所の職員は、Ｙ設立の日にＹの職員となるが、Ｙの職員となった者の給与の支給の基準、勤務時間及び休日等の労働条件は、設立されたＹ自身が、機構法所定の各事情を考慮して決定することとされていることは明らかというべきである」として、「国立病院・療養所の正職員は当然にＹの常勤職員となるが、その労働条件は承継されない」とした上で、次のように判示した。

(1)　就業規則の不利益変更法理の適用について

「国立病院・療養所における労働条件はＹに承継されないから、Ｙにおいて定められた労働条件は、全く新たに定められたものであって、従前の労働条件が変更されたものではない。したがって、Ｙが常勤職員に関して新たに定めた就業規則中に、国立病院・療養所における労働条件と比較して、職員に不利益な部分があったとしても、その不利益に関して、就業規則の不利益変更の法理が適用される余地はない。職員就業規則等は、従来の労働条件を変更して不利益を労働者に受忍させることを許容することができるだけの高度の必要性に基づく合理性（不利益の内容、程度に合理性があることのほか、十分な代償措置の付与、労使交渉の実施、多数従業員の受容等の事情を含む。）がなければ、その効力が認められないというわけではない」。

「しかし、Ｙで働く職員の労働条件は、Ｙにおいて新たに定められるといっても、Ｙがその内容を全く自由に決められるというわけではない」。

「通則法五十七条三項、五十八条二項は、Ｙ職員の給与支給基準並びに勤務時間、休憩、休日及び休暇について『給与法の適用を受ける国家公務員の給与、民間企業の従業員の給与、当該特定独立行政法人の業務の実績及び中期計画の第三十条二項三号の人件費の見積りその他の事情』、『勤務時間法の適用を受ける国家公務員の勤務条件その他の事情』を考慮して職員の労働条件を定めることを義務づけて」おり、これらの「規定は、国立病院・療養所の正職員（一般職の国家公務員であり、給与法、勤務時間法が適用されていた。）であった者で、Ｙの成立によってＹの常勤職員となったものの労働条件を定めるにあたっては、給与法や勤務時間法の適用を受ける国家公務員の勤務条件その他の事情として、従前の労働条件であった国立病院・療養所における労働条件を十分に考慮することを義務づけていると解され、したがって、Ｙにおける労働条件はこのような考慮をした合理的な内容のものであることを要すると解される」。

「これに反し、Ｙが従前の労働条件を全く無視した不利益な労働条件を定めた場合には、通則法の上記規定の趣旨に反して労働条件が定められたことにほかならないのであって、そのような場合には、当該労働条件を定めた就業規則や給与規程は、国立病院・療養所の正職員であった者でYの常勤職員となったものに対して効力を有しないとされることもあると解され」、「このような場合には、従前の労働関係を規律した根拠規定が暫定的に労働関係を規律する根拠規定となる余地があるというべきである」。

(2) 職員就業規則等が定める労働条件の合理性

① 給与支給水準について

ＸＩらの平成十六年三月三十一日における基本給月額と同年四月一日における基本給月額を比較すると、「その減額率は約二・五パーセントから約九・五パーセント（基本給のみ）」であり、「減額の幅は級号俸が上がる程大きくなるように定められており、最大約一一パーセントの基本給の減額をしていると認められる」。

また、国立病院・療養所における看護師（平均年齢三五歳）の平均給与月額（平成十四年九月分）と人事院の「民間給与の実態」調査に基づく民間病院等における看護師（平均年齢三三・五歳）の平均給与月額（平成十四年四月）を比較したところ、「国立病院・療養所の方が平均一二・三パーセント高いという格差があり、年齢が高くなるほど概ね格差が大きく」なっていることが認められる。

このように「基本給の減額率が最大約一一パーセントと設定されていることについては、前記のとおり、国立病院・療養所と民間病院の看護師の給与格差が平均一二・三パーセントであったこと、とくに年齢が高い階層で格差が大きいことに照らすと、合理性を欠くものとは認められない」。

他方、「Ｘらは、管理職の基本給は減額されていないことは公平性を欠くとか、職務軽減がないにもかかわらず賃金の減額をすることは許されないとも主張する」が、「院長・所長、副院長・副所長・部長といった役職で比較した場合、公務員給与が民間給与を大きく下回っていると認められるのであるから、これらの職の基本給を減額しないことが公平性を欠くとは考えられないし、合理的な範囲内で基本給を減額するために職務軽減をすることが必要であるとも解されないから、Ｘらの主張は理由がない」。

以上に加え、Ｙが「平成十九年九月三十日までは現給保障をしていることも併せて考慮すれば、Ｙが定めた給与規程が合理性を欠くものであったとは認められない」。

②　変形労働時間制について

「Ｙは病院・療養所を事業とするものであって、業務時間は二四時間であり、従来から看護師等は二四時間業務ができるように変形労働時間制が採られている。このような事業所においては、業務の必要性に対応できるようにするため、また、業務の繁閑に応じた弾力的な勤務時間の配分が行えるようにするため、事務職等を含めて就業規則に変形労働時間制が採用できるような定めをすることには、合理的な理由があるというべきである。前記のとおり、通則法は、勤務時間や休日の定めをするにあたって、国家公務員の勤務条件のほか、様々な事情を考慮することとしているのであって、従前の国家公務員の労働条件より不利な点があるからといって、そのことだけで、合理性がないとはいえない」。

また、「Xらは、変形労働時間制の対象を拡大するに際して代償措置が採られていないし、看護師以外の職は賃金面などで相当な処遇を受けていないから、変形労働制の対象を拡大したのは著しく合理性を欠くと主張するけれども、Yが新たに勤務時間制度を策定するにあたり、変形労働時間制の導入に伴う代償措置を採り、又は特段の処遇がない限り、その変更に合理性がないとはいえない」。

③　祝日に勤務した場合の休日給支払の廃止について

「祝日に勤務した場合に代休日の指定を受けずに休日給を受領することは、就業規則上に定められた休日数を実際には減少させることになる。そこで、休日給の制度を採らないことによって、職員の実質的な休日数を確保することは、職員の健康・福祉の増進を図り、さらに効率的な医療体制を確保することにもなると考えられる。したがって、祝日に勤務した場合には代休日の指定を受けることとし、休日給の支給を受ける選択を認めなかったことには、合理的な理由があるというべきである」。

また、Xらは、祝日代休制度の改正により「年次休暇が取りにくくなった、代休が祝日勤務をした直後に取れない、大幅な人員不足や労働時間の増加を招いただけであるなどと主張する」が、制度改正の結果「年次休暇が取りにくくなり、又は総労働時間が増加したと認めるに足りる証拠は」なく、「仮に代休が勤務をした祝日の直近に取れないという事実があったとしても、そのことから休日給選択を廃止したことが不合理ということにはならない。したがって、Xらの主張は理由がない」。

④「以上に検討したところによれば、職員就業規則等が従前の労働条件を無視したような不合理なものであるとは認められず、XⅠらに対して効力がないとは認められない」。

二　XⅡらに係る地位確認・未払給与請求について

(1)　公序良俗違反について

Xらの主張は、「国がXⅡらを任用期間満了による退職とし、Yが賃金職員制度を採用せず、労働条件を大幅に切り下げた上でXⅡらを非常勤職員として採用したことは社会の一般的秩序に反し、社会的妥当性を欠くものであって、XⅡらは国立病院・療養所における労働条件と同様の条件でYの職員になったとみるべきであるという主張であると理解することができる」。

しかし、「任用行為が反復継続していたという一定の事実が継続しているからといって、公序（社会の一般的秩序）を根拠として、賃金職員としての任用期間が満了し、Yの非常勤職員として採用された事実が明白であるにもかかわらず、従前の労働条件でYの職員となったとみることができるとするのは、疑問である」。

「そもそも、XⅡらは、制度上、任用期間が定められた賃金職員であり、新たな任用行為がない限り、期間満了をもってその身分を喪失する立場にあるというほかない」。

また、「Yは、人事制度を構築するにあたり、国立病院・療養所が独立行政法人化されてYとなった趣旨に合致するよう考慮すべきことは当然であるとしても、その目的、業務に最も適した制度を選択、決定することができるのであり、Yが賃金職員という制度を採用するか否かについては、基本的にはYの判断に委ねられる問題と解すべきである（機構法附則二条は、国立病院・療養所の正職員について、原則として、Yの担当の職員となることを定めたものであり、同条は、賃金職員が当然にYに承継されることを定めたものとは認められない。）」。

例えば、平成八年の人事院判定は、「現在賃金職員が従事している業務について精査し、業務の見直し、外部委託、病棟の区分見直し等により合理化し得る業務については合理化を行い、短期あるいは八時間未満の勤務で足る業務には、職務の再編を行って短期や短時間の非常勤職員を充て、また、常時勤務を要する職には部内の定員配分の一層の適正化等を行って常勤職員を充てるなど、それぞれあるべき姿に向けて努力し、賃金職員を減少させていくべきである」としていたこと、また、「国立病院・療養所の独立行政法人化が決定して以降、一貫してその総人件費の抑制や人件費率の引下げのための経営改善が求められていたこと」を考慮すれば、「行政が担う事務・事業の内容・性質に応じて最も適切な組織・運営の形態を追求し、効率的・効果的な事務・事業の実施を確保することを目的とする独立行政法人（通則法一条、三条参照）であるＹが、その設立に際し、効率的・効果的な事務・事業の実施を確保すべく、職員の種類を常勤職員と一日六時間以内の短時間勤務の非常勤職員で構成すると判断したことに合理性がないといえるものではない」。

確かに、「Ｙの非常勤職員は、①勤務時間は週三〇時間以内とすること、②賃金は東京・神奈川・大阪では時給一一〇〇円、その他の地方都市は時給八一〇円とされること、③手当は通勤手当、夜間看護等手当、超過勤務手当、休日給、夜勤手当、宿日直手当、賞与に限定され、俸給の調整額、調整手当、扶養手当、住宅手当、寒冷地手当は支給されないこと、④退職金は支給されないとされたことが認められ、これらの労働条件は、国立病院・療養所の賃金職員であったときと較べると、その待遇面を悪化させるものであると認められる」。

しかしながら、「これらの労働条件自体は、Ｙが、その成立にあたり、総人件費の抑制や人件費率の引下げが求められている状況の下で、非常勤職員について定めたものであって、その効力を否定しなければならないほど低廉なものである」とはいえず、「国立病院・療養所の賃金職員は任用期間が定められ、自動的に更新されるものではなかったことも併せて考えると、この切下げが、公序に反するとはいえない」。

「以上によれば、公序良俗違反を根拠としてXⅡらが従来と同様の労働条件でYの職員となったとするXらの主張は理由がない」。

(2) 解雇権濫用法理の適用

「Xらは国がXⅡらを退職としたことは解雇権濫用の法理により無効であると主張する」が、「この主張が、**前記(1)**の公序良俗違反により無効であるという主張と同様に、解雇権濫用の法理によれば、XⅡらは従来と同様の労働条件でYの職員となったとみるべきであるという趣旨であれば、**前記(1)**と同様であって、この主張を認めることはできない」。

また、「Xらの主張が、解雇権の濫用の法理により、XⅡらと国（国立病院・療養所）との間で、平成十六年三月末の任用期間満了後に、従前と同様の条件で更新されたと同様の関係となったと解すべきである（この関係がさらに、Yに引き継がれた）という趣旨であれば、これも認めることができない」。

確かに「私法上の雇用契約においては、期間の定めのある雇用契約が多数回にわたって更新された場合、雇用の継続が期待され、かつその期待が合理的であると認められるときには、解雇権濫用の法理が類推適用される余地があると解される」。

しかしながら、「Xらの身分に関するXⅡらとYとの関係は、私法上の雇用関係ではなく、公法上の任用関係であるから、その身分は、任用行為によって決定され、任用行為以外の事情や当事者の期待、認識によって、その内容が変わる余地は」なく、国がXⅡらを退職としたことについても、「解雇権濫用の法理を適用する余地はない」。

三　XⅡおよびXⅢらの慰謝料請求について

「Xらは、賃金職員が採用の際及び採用後に正職員となることを採用担当者や上司から約束され、かつ、職場の実態としても先任順に賃金職員から定員内の正職員へ採用されることが労使慣行となっていたと主張」し、そのような主張に沿う実態がかつてはみられたことも事実である。

しかし、その後、厚生省保険医療局国立病院部長名で「賃金職員の過員の解消、処遇の適正化及び改善（法令に定めのない手当及び休暇の是正、賃金職員の処遇についての手引きの順守等）、賃金職員に対する採用条件の適正な提示（募集、採用時における手引きで定めた労働条件の明示等）、賃金職員の任用更新の適正化（任用中断日の厳格な実施）等」を求める改善命令が発出された平成五年十二月以降、「先任順による常勤職員への採用の運用はなくなり、いつか正職員になれるというような話がされることは全くなくなった」等、運用面でも改善が図られたことが事実として認められる。

「以上の事実によれば、賃金職員がいずれ正職員になれるとの期待を抱いたことに合理的な理由が認められた時期があったとしても、改善命令及びこれを受けたその後の運用により、そのような期待は解消され、あるいは、そのような期待は法的に保護するに値しないものとなったというべきである」。

したがって、「国立病院・療養所がXⅡ及びXⅢらを任用期間満了により退職とし、YがXⅡ及びXⅢらをYの常勤職員として採用しなかったことが、XⅡ及びXⅢらの正職員になれるとの期待権を侵害したとは認められないから、Xらの主張は理由がない」。

【評釈】　判旨の結論に賛成

平成十九年一月一日現在、四万八三四六人。国立病院機構（以下「機構」という）は、当時、公務員型の独立行政法人、つまり特定行政法人のなかにあっても、一際大きい存在であり、その常勤職員数は、特定独立行政法人（同年十月一日現在、八法人）全体の八割以上を占めるものとなっていた。

国の借金（国債残高）だけでも約一〇年分の一般会計税収に相当するという、先進国にはおよそ例をみない深刻な財政状況の下、行政機関等における総人件費の削減は既に至上命題となっており（行革推進法（簡素で効率的な政府を実現するための行政改革の推進に関する法律）の制定に伴い、総人件費改革は法定事項となった）、公務員型であれ非公務員型であれ、法人化は、それ自体が総人件費の削減を前提とするものとして、その制度設計が行われていた。

職員数（定員）を減らすか、職員一人当たりの人件費を削減する。それ以外の道は残されていないというロック・イン状態に、行政機関や独立行政法人（国立大学法人を含む）は置かれる。事件の背景には、そんな現実があった。

一　就業規則の作成と不利益変更法理

身分は承継されるものの、労働条件までは承継されない。このことは、機構の場合にも法律上明確であった（機構法附則二条および五条一項）。しかし、機構の定めた「労働条件は、全く新たに定められたものであって、従前の労働条件が変更されたものではない」といえるのかどうか。本件における最大の争点は、まさしくそこにあった。

仮にこのようにいえるのであれば、そもそも機構による就業規則の作成は、労働条件＝就業規則の変更には該当しないことになり、「不利益変更の法理が適用される余地はない」との命題も自動的に導かれる。こうした判断をストレートに示したところ（**判旨一**（1）前段）

に、本判決の最も大きな意義がある。

理論的に考えれば、そう解する以外にはない。しかし、先例がないという不安は同時期に法人化を迎えた国立大学にもあった。右の引用部分に続く判示部分は不要との感もある(括弧書きで例示された「十分な代償措置の付与」や「多数従業員の受容」は、就業規則の不利益変更に合理性が認められるための十分条件とはなり得ても、必要条件となるものではない)が、このような先例が当時存在していれば、国立大学法人における就業規則の内容も、もう少し違ったものになっていたように思われる(なお、国立大学の場合には、非公務員化を優先したという事情もあって、従前の勤務条件をほぼ踏襲する方式が多くの法人で採用された)。

確かに、判決は、機構がその職員の労働条件を「全く自由に決められる」としたわけではない。通則法五十七条三項および五十八条二項は「給与法や勤務時間法の適用を受ける国家公務員の勤務条件その他の事情」を考慮して、職員の労働条件を定めることを義務づけていることから、国立病院・療養所の正職員であった者で、機構の成立に伴って、その常勤職員となったものの労働条件を定めるにあたっては「従前の労働条件であった国立病院・療養所における労働条件を十分に考慮する」義務が機構にはある。**判旨**(一(1)中段)を素直に読めば、そう読めないこともない。

しかし、判決が右の義務を多分に努力義務に近いものとして理解していたことは、機構が「従前の労働条件を全く無視した不利益な労働条件を定めた場合」であっても、これらの者に対して「効力を有しないこともある」とか、「従前の労働関係を規律した根拠規定が暫定的に労働関係を規律する根拠規定となる余地がある」と述べるにとどまり、断定的な表現を極力避けている（**判旨一**(1)後段）ことからも明らかといえる。

したがって、判決が、①基本給の減額（最大約一一パーセント）を主として民間病院との給与格差（平均一二・三パーセント）を理由に「合理性を欠くものとは認められない」とし、②事務職等への変形労働時間制の拡大についても、業務の必要性（二四時間業務）から「合理的な理由がある」ことを認め、③祝日勤務に対する休日給の廃止（代休指定への一本化）についても、職員の健康・福祉の増進に資することなどから「合理的な理由がある」とした（**判旨一**(2)）としても、何一つ不思議はなかった。一定期間の経過措置（三年半の現給保障）にしても、これを基本給減額の合理性を補強するための要素として位置づけるというのが、判決の立場であった。

ただし、厳密にいえば、正職員だけが「一般職の国家公務員であり、給与法、勤務時間法が適用されていた」（**判旨一**(1)中段）というわけではない。賃金職員もまた、一般職の国家公務員であることに変わりはなく（後述する「当然退職の法理」も、このことを前提とし、人事院規則にその根拠規定がある）、給与法二十二条や勤務時間法二十三条には、賃金職員を含む非常勤職員に関する規定も置かれている（人事院規則一五―一五（非常勤職員の勤務時間及び休暇）は、この勤務時間法に基づいて定められた規則である）。なお、国家公務員の場合、勤務時間法により、週休日と休日（祝日と年末年始の休日）が区別されており、休日給や代休日といった概念は、後者の休日における勤務に対応するものとなっている（週休日における勤務には、超過勤務手当や振替で対応）。判旨を正確に理解するためには、こうした公務員法に固有の概念も押さえておく必要がある。

非公務員型の独立行政法人や国立大学法人の場合、職員の給与については通則法六十三条の規定が適用ないし準用されるという仕組みが採用されていた。しかるに、同条三項は「前項の給与及び退職手当の支給の基準は、当該独立行政法人の業務の実績を考慮し、かつ、社会一般の情勢に適合したものとなるように定められなければならない」と規定し、国家公務員の給与を考慮要素としては定めていなかった。

しかし、国家公務員法二十八条一項には当時、この通則法六十三条三項のモデルとなったとも考えられる「この法律に基いて定められる給与、勤務時間その他勤務条件に関する基礎事項は、国会により社会一般の情勢に適応するように、随時これを変更することができる。その変更に関しては、人事院においてこれを勧告することを怠ってはならない」と定めた規定があり、その結果、非公務員型の独立行政法人や国立大学法人も、国家公務員の給与を事実上無視できないものとなっていた（なお、現在の準用規定である通則法五十条の十第三項は、国家公務員の給与に言及するものとなっている）。

また、政府が公務員の給与改定（人事院勧告）の取扱いを決める際には「独立行政法人の役職員の給与改定に当たっては、国家公務員の給与水準を十分考慮して国民の理解が得られる適正な給与水準とするよう要請するとともに、中期目標に従った人件費削減や国家公務員の給与構造改革を踏まえた給与の見直しの取組状況を的確に把握する」（平成十九年十月三十日閣議決定）といった決定がなされることが多く、ここにいう独立行政法人には国立大学法人も含まれる。

独立行政法人（国立大学法人を含む）の給与水準は、国家公務員の水準を下回ることはあっても、これを上回ることは認められない。国家公務員の給与水準を「十分考慮」するとは、簡単にいえば、そういうことなのである。

本件は、公務員型の独立行政法人（特定独立行政法人、現在の行政執行法人）と関わるケースであり、就業規則の作成時における労働条件の決定が争点となった事件であるが、同様の問題は、公務員型であると非公務員型であるとを問わず、就業規則の変更時においても起きる。その場合、裁判所により合理性の有無が判断されることは避けられないとしても、いずれの法人においても、就業規則の変更（労働条件の決定）に自由度がほとんどない（ロック・イン状態にある）という現実は、やはり銘記する必要がある。

人件費の大半が運営費交付金（＝税金）によって賄われるという点において、独立行政法人（国立大学法人を含む）には、一般の民間企業とは異なる特殊性がある。このような法人の特殊性がどの程度、裁判所によって考慮されるのか。法人の労働条件をめぐる今後の訴訟においては、この点が最大の関心事となろう。

二 賃金職員の廃止と公序違反

国家公務員の場合、非常勤職員には、大別して二種類のものがある。事件当時の分類でいえば、①勤務時間が常勤職員と変わらない日々雇用職員と、②勤務時間が常勤職員の四分の三以下とされる時間雇用職員がそれであった（なお、現在、非常勤職員は、期間業務職員とそれ以外の非常勤職員とに二分されるが、期間業務職員の多くは、従前の日々雇用職員に該当すると考えてよい）。

本件でいう賃金職員は、この日々雇用職員に当たるが、法令上もその処遇については、時間雇用職員との間に違いがあった（例えば、年次休暇以外の休暇について定めた人事院規則一五―一五第四条にいう「人事院の定める非常勤職員」とは、当時、日々雇用職員を指し、時間雇用職員には付与されない休暇が与えられていた）。

本件の特徴は、機構が法人化を機にこうした賃金職員を廃止したことにある（ただし、その約半数は機構の常勤職員となっている）が、賃金職員については、それまでどちらかといえば常勤職員に近い処遇（日々雇用職員に一般に認められる以上の処遇）がなされていたことから、法人化に伴って短時間勤務の非常勤職員になった者にとっては、労働条件が相当大幅に低下する（時間雇用職員の処遇に引き下げられる）こととなった。

賞与はかろうじて維持されたものの、その額は大きく低下している（年間四・四か月分の期末勤勉手当が、月当たり五千円の賞与となる）。それまでは、年度ごとに退職したものとして扱われていたため支給されていた退職手当（〇・三か月分）も支給されなくなる。

また、機構への採用はあくまでも新規採用として扱われたことから、継続勤務したものとは取り扱われず、年次休暇もゼロからスタートする等々。機構の設立にあたっては、こうした労働条件の「変更＝悪化」がみられた。

賃金職員は、その任用期間が満了することにより、当然退職する（人事院規則八―一二（職員の任免）七十四条一項三号（現五十二条三号）を参照）。退職手当が公務員時代には年度ごとに支給されていたことも、年次休暇が機構の非常勤職員となった時点でリセットされたことも、すべてこの「当然退職の法理」を前提としていた。

そうである以上、機構は、いわば白地のキャンバスに絵を描くことができたのであり、機構によって新しく定められた労働条件が「その効力を否定しなければならないほど低廉なものである」とでもいうことができない限り（**判旨二(1)後段**）、公序違反を認める余地はそもそもなかった、ともいえる。

確かに、職員の引継ぎについて定めた機構法附則二条が正職員のみを対象とする規定であったと解釈する（判旨二(1)前段）ことには疑問もなくはない。同条は「機構の成立の際現に［国立病院・療養所］の職員である者」を引継ぎの対象として規定するにとどまり、当該職員が正職員に限られることを明確にはしていないからである（同様の疑問は、国立大学法人法附則四条にもあったが、国立大学の場合には非常勤職員の任用期間が概ね三月三十日までとされ、法人「成立の際現に職員である者」がほとんどいなかったことから、その解釈が現実に問題となることはなかった）。

また、機構が賃金職員の廃止に踏み切った背景には、勤務時間や職務内容が常勤職員と変わらない賃金職員について、常勤職員との間で処遇に格差を設けることは説明が難しいという、判決では触れられなかった事情もあったに違いない（このような事情から、国立大学も、法人化後は日々雇用職員に相当する職員の採用を原則としてストップしている）。

ともあれ、公務員型であろうが非公務員型であろうが、法人化後は、労働条件の変更が従前に比べかなり困難になる。その意味で、法人化は労働条件を変更する唯一のチャンスでもあったのである。

三　公法上の任用関係と解雇権濫用法理

機構の非常勤職員就業規則には、当時、次のように定める規定が置かれていた。それは、当該職員が公務員としての身分を有することの証でもあった。

（退職）

第五十四条　非常勤職員は、次の各号の一に該当する場合には、当然退職する。

一　任用期間が満了した場合

二　死亡した場合

この「当然退職」規定は、前述のように人事院規則を根拠とするものであったが、一般職の国家公務員である非常勤職員については、判例（**大阪大学事件＝平成六年七月十四日最高裁第一小法廷判決**〔判時一五一九号一一八頁〕）も、「任用予定期間が経過したときは任期満了により当然に退職する」ものとした上で、当該職員が「任用予定期間が満了したことによって退職した」場合には「任用予定期間の満了後に再び任用される権利若しくは任用を要求する権利又は再び任用されることを期待する法的利益を有するものと認めることはできない」との考え方から、任命権者が当該職員を「再び任用しなかったとしても、その権利ないし法的利益が侵害されたものと解する余地はない」としていた。

本判決も、このような確立した判例法理を踏襲するものであり、こうした公法上の任用関係においては、職員の「身分は、任用行為によって決定され、任用行為以外の事情や当事者の期待、認識によって、その内容が変わる余地は」なく、国が賃金職員を退職としたことについても、「解雇権濫用の法理を適用する余地はない」と明言する（**判旨二⑵**）。

本件は、再任用の拒否が問題となったケースではないが、公法上の任用関係と私法上の雇用関係との大きな違いを改めて浮き彫りにするものとなった（なお、最近のケースとしては「国家公務員の任用は国家公務員法及び人事院規則に基づいて行われる公法上の行為であって、これに基づく本件勤務関係が公法上の任用関係であることは明らかである」とした上で、「その任用形態の特例及び勤務条件は細部にわたって法定されているのであって、当事者の個人的事情や恣意的解釈によってその規制内容をゆがめる余地はなく」、原告の「非常勤職員としての地位はその雇用期間が満了すれば当然に終了するものというほかない」とした、**情報・システム研究機構（国情研）事件＝平成十八年十二月十三日東京高裁判決**〔労判九三一号三八頁〕がある）。

確かに、右の判例（**大阪大学事件の最高裁判決**）も、「任命権者が、日々雇用職員に対して、任用予定期間満了後も任用を続けることを確約ないし保障するなど、右期間満了後も任用が継続されると期待することが無理からぬものとみられる行為をしたというような特別の事情がある場合には、職員がそのような誤った期待を抱いたことによる損害につき、国家賠償法に基づく賠償を認める余地があり得る」ことを否定するものではない。

しかし、本件の場合、判決は「賃金職員がいずれ正職員になれるとの期待を抱いたことに合理的な理由が認められた時期があったとしても、改善命令及びこれを受けたその後の運用により、そのような期待は解消され、あるいは、そのような期待は法的に保護するに値しないものとなったというべきである」（**判旨三**）としており、結局のところ、期待権の侵害は認められていない。

ただ、このような法律環境も、機構が非公務員化すれば大きく変わる。就業規則に先にみたような「当然退職」規定を設けることも、もとより許されなくなる。契約期間の満了だけでは、もはや労働契約を「更新しない理由」とはならない（「労働基準法の一部を改正する法律の施行について」（平成十五年十月二十二日基発第一〇二二〇〇一号）。

とはいうものの、そうした時代を機構が迎えるのはまだ先のことと、当時は考えられていた（ようやく平成二十七年四月一日に、中期目標管理法人（その意義については、拙著『法人職員・公務員のための労働法**72**話』（ジアース教育新社、平成二十七年）三九五頁を参照）として非公務員化）。

労働関係法令が全面適用されるという環境の下で、相次ぐ法改正にどう対処していくのか。国立大学法人と同様、国立病院機構にとっても、これからが本当の正念場といえるのかもしれない。

【後記】なお、本件は、二審（**平成二十三年三月三十日東京高裁判決**［判例集未搭載］）においても、一審の判断が維持され、控訴棄却となった。

平成 28 年 12 月 14 日大阪地裁判決
大阪大学事件 233
平成 29 年 1 月 18 日東京高裁判決
大阪大学事件 234－235
平成 29 年 4 月 14 日高知地裁判決
高知大学事件 176
平成 29 年 7 月 12 日新潟地裁判決
新潟大学事件 168／174
平成 29 年 7 月 14 日大阪高裁判決
大阪大学事件 233
平成 29 年 12 月 13 日東京地裁判決
福岡教育大学事件 159

3 労委命令

昭和 58 年 4 月 6 日中労委命令
京セラ（旧サイバネット工業）事件 134
平成 2 年 8 月 6 日北海道労委命令
函館信用金庫事件 250－252
平成 20 年 11 月 4 日大阪府労委命令
（事件名不詳） 217
平成 28 年 1 月 29 日福岡県労委命令
福岡教育大学事件 159－164
平成 28 年 6 月 15 日中労委命令
暁星学園事件 206
平成 29 年 3 月 1 日中労委命令
福岡教育大学事件 159

平成 27 年 11 月 30 日福岡高裁判決
福岡教育大学事件 162
平成 27 年 12 月 15 日横浜地裁判決
関東学院事件 190－191
平成 28 年 1 月 7 日名古屋地裁岡崎支部判決
トヨタ自動車事件 222
平成 28 年 1 月 13 日大阪地裁判決
桃山学院事件 195－200
平成 28 年 3 月 4 日金沢地裁判決
金沢大学事件 242
平成 28 年 3 月 22 日山形地裁判決
山形大学事件 176
平成 28 年 5 月 13 日東京地裁判決
長澤運輸事件 153－156／207
平成 28 年 5 月 19 日東京高裁判決
関東学院事件 190
平成 28 年 7 月 13 日大阪高裁判決
京都大学事件 170／172
平成 28 年 7 月 26 日大阪高裁判決
ハマキョウレックス事件 211－212
平成 28 年 8 月 18 日東京地裁判決
大阪大学事件 234－235
平成 28 年 9 月 12 日東京高裁判決
専修大学事件 140
平成 28 年 9 月 28 日名古屋高裁判決
トヨタ自動車事件 222－223
平成 28 年 11 月 2 日東京高裁判決
長澤運輸事件 207－211
平成 28 年 11 月 24 日東京高裁判決
山梨県民信用組合事件 158

平成27年3月25日大阪地裁判決
京都社会保険事務局事件　29－30／66－68
平成27年4月20日福岡高裁判決
佐賀大学事件　181－182
平成27年4月24日札幌高裁判決
専修大学事件　91－92
平成27年4月27日新潟地裁判決
阿賀野市（水原郷病院）事件　67－68
平成27年5月7日京都地裁判決
京都大学事件　168－170／172
平成27年6月12日神戸地裁判決
神戸大学事件　182
平成27年6月18日東京高裁判決
日本航空事件　19－20
平成27年7月17日水戸地裁土浦支部判決
高エネルギー加速器研究機構事件　171－174
平成27年7月29日福岡地裁判決
杉森学園事件　78－80
平成27年7月29日東京地裁判決
日本電気事件　149
平成27年9月4日大阪地裁判決
カプコン事件　151－152
平成27年9月16日大津地裁彦根支部判決
ハマキョウレックス事件　211
平成27年9月18日札幌地裁判決
専修大学事件　91－92
平成27年9月29日東京地裁判決
東京医科歯科大学事件　188
平成27年11月13日東京地裁判決
獨協学園事件　188

平成 26 年 1 月 28 日福岡高裁判決
福岡中央労基署長（福岡大学）事件 247－248
平成 26 年 1 月 30 日名古屋高裁判決
鈴鹿医療科学大学事件 93－97
平成 26 年 2 月 25 日大阪地裁判決
金蘭会学園事件 88－90
平成 26 年 2 月 25 日甲府地裁判決
都留文科大学事件 188
平成 26 年 3 月 13 日福岡高裁判決
福岡大学事件 247－248
平成 26 年 4 月 11 日水戸地裁判決
茨城大学事件 191－193
平成 26 年 6 月 12 日大阪高裁判決
獨協学園事件 84－86／88
平成 26 年 6 月 16 日福岡高裁判決
大分県立竹田高校事件 182
平成 26 年 10 月 7 日大阪高裁判決
金蘭会学園事件 88－90
平成 26 年 10 月 30 日東京地裁判決
国公労連行政職部会事件 166－167
平成 27 年 1 月 21 日東京地裁判決
国立高等専門学校機構事件 176
平成 27 年 1 月 22 日東京高裁判決
茨城大学事件 192－193
平成 27 年 1 月 28 日福岡地裁判決
福岡教育大学事件 162／175－176
平成 27 年 2 月 18 日東京地裁判決
東京都（都教委）事件 142－143
平成 27 年 3 月 4 日東京高裁判決
都留文科大学事件 187－188

平成 24 年 2 月 29 日東京地裁判決
東芝事件 203－204／213－216
平成 24 年 3 月 16 日札幌高裁判決
北海道教育大学事件 188
平成 24 年 3 月 29 日津地裁決定
鈴鹿医療科学大学事件 95
平成 24 年 9 月 28 日東京地裁判決
専修大学事件 138
平成 24 年 10 月 12 日秋田地裁判決
ノースアジア大学事件 43－44
平成 24 年 11 月 16 日東京高裁決定
茨城大学事件 194
平成 24 年 12 月 13 日大阪高裁判決
アイフル（旧ライフ）事件 128
平成 24 年 12 月 26 日福岡地裁判決
福岡中央労基署長（福岡大学）事件 247－248
平成 25 年 1 月 31 日東京地裁判決
伊藤忠商事事件 147－149
平成 25 年 4 月 19 日神戸地裁判決
獨協学園事件 84－85
平成 25 年 4 月 22 日福岡地裁判決
福岡大学事件 247－248
平成 25 年 6 月 28 日津地裁判決
鈴鹿医療科学大学事件 93－97
平成 25 年 7 月 10 日東京高裁判決
専修大学事件 138－140
平成 25 年 8 月 23 日札幌地裁判決
北海道大学事件 55－56
平成 25 年 12 月 2 日札幌地裁判決
専修大学事件 91－92

平成 18 年 12 月 27 日東京地裁判決
国立病院機構事件　30／331－356
平成 19 年 3 月 23 日札幌高裁判決
八雲会事件　327－328
平成 19 年 5 月 17 日大阪高裁判決
関西金属工業事件　83
平成 20 年 4 月 22 日東京地裁判決
東芝事件　122
平成 21 年 12 月 16 日岐阜地裁判決
岐阜大学事件　182
平成 21 年 12 月 18 日大阪地裁判決
泉州学園事件　81－83／85
平成 22 年 11 月 4 日名古屋高裁判決
岐阜大学事件　182
平成 22 年 11 月 12 日札幌地裁判決
北海道教育大学事件　188
平成 23 年 2 月 23 日東京高裁判決
東芝事件　119－122／127－128
平成 23 年 3 月 30 日東京高裁判決
国立病院機構事件　30／356
平成 23 年 3 月 31 日京都地裁判決
京都大学事件　52－55
平成 23 年 4 月 28 日京都地裁決定
京都社会保険事務局事件　66
平成 23 年 7 月 15 日大阪高裁判決
泉州学園事件　81－83／85
平成 24 年 1 月 10 日水戸地裁決定
茨城大学事件　194
平成 24 年 2 月 22 日東京高裁判決
加茂暁星学園事件　48

平成 16 年 3 月 31 日京都地裁判決
京都大学事件 37
平成 16 年 10 月 21 日東京地裁判決
平成 14 年度人事院勧告等事件 323
平成 16 年 12 月 22 日福岡地裁判決
福岡雙葉学園事件 305－308
平成 17 年 4 月 22 日神戸地裁判決
兵庫県（期末手当減額）事件 326
平成 17 年 8 月 2 日福岡高裁判決
福岡雙葉学園事件 303－330
平成 17 年 9 月 29 日東京高裁判決
平成 14 年度人事院勧告等事件 323－324／326
平成 17 年 10 月 28 日名古屋地裁判決
名古屋大学事件 31－32
平成 17 年 12 月 28 日大阪高裁判決
京都大学事件 37－38
平成 18 年 1 月 17 日名古屋高裁判決
山田紡績事件 73
平成 18 年 2 月 10 日大阪高裁判決
兵庫県（期末手当減額）事件 325－326
平成 18 年 3 月 2 日函館地裁判決
八雲会事件 327／329
平成 18 年 3 月 24 日東京地裁判決
情報・システム研究機構（国情研）事件 26／203
平成 18 年 4 月 19 日東京高裁判決
高宮学園（東朋学園）事件 318
平成 18 年 12 月 13 日東京高裁判決
情報・システム研究機構（国情研）事件 24－26／203／355

平成８年４月 24 日仙台高裁判決
みちのく銀行事件 243－245
平成９年９月４日札幌高裁判決
函館信用金庫事件 252
平成 10 年 10 月 16 日徳島地裁判決
中央タクシー事件 240
平成 11 年２月 25 日神戸地裁判決
芦屋郵便局事件 104
平成 11 年４月 27 日東京高裁判決
片山組事件 113／266
平成 11 年５月 25 日東京地裁判決
筑波大学事件 32
平成 11 年 10 月４日大阪地裁判決
ＪＲ東海事件 149－151
平成 12 年３月 22 日大阪高裁判決
芦屋郵便局事件 104
平成 12 年 12 月 14 日東京高裁判決
ＪＲ不採用（北海道）事件（①事件） 280－282
平成 14 年２月 27 日東京高裁判決
青山会事件 296
平成 14 年９月 13 日大阪地裁岸和田支部決定
佐野第一交通事件 196
平成 14 年 10 月 24 日東京高裁判決
ＪＲ不採用（北海道）事件（②事件） 283－286／302
平成 15 年２月 18 日名古屋地裁判決
桜花学園名古屋短大事件 48
平成 15 年 12 月 26 日名古屋高裁判決
桜花学園名古屋短大事件 48
平成 16 年３月 26 日東京地裁判決
独立行政法人Ｎ事件 145－146

平成 29 年 12 月 26 日第三小法廷決定
大阪大学事件 233

2 下級審判例

昭和 52 年 7 月 15 日東京高裁判決
エスエス製薬事件 189－190
昭和 54 年 10 月 29 日東京高裁判決
東洋酸素事件 70－73／83
昭和 55 年 12 月 16 日東京高裁判決
日立メディコ事件 41－42／45
昭和 58 年 5 月 24 日福岡地裁小倉支部判決
東筑紫学園事件 50
昭和 61 年 11 月 13 日東京高裁判決
京セラ（旧サイバネット工業）事件 134／136－137
昭和 62 年 1 月 29 日福岡高裁判決
北九州市病院局事件 67
昭和 63 年 11 月 25 日東京地裁判決
亜細亜大学事件 45－46
平成元年 9 月 22 日東京地裁判決
カール・ツアイス事件 249－250
平成 2 年 3 月 28 日東京高裁判決
亜細亜大学事件 47
平成 5 年 9 月 21 日東京地裁判決
片山組事件 115／262／273
平成 7 年 3 月 16 日東京高裁判決
片山組事件 262－264／266－274
平成 8 年 3 月 15 日長野地裁上田支部判決
丸子警報器事件 229－230

平成 12 年 9 月 22 日第二小法廷判決
函館信用金庫事件 250－252
平成 15 年 12 月 22 日第一小法廷判決
ＪＲ不採用（北海道）事件 29／62／275－302
平成 19 年 1 月 25 日第一小法廷判決
愛知県（積善会）事件 180
平成 19 年 12 月 18 日第三小法廷判決
福岡雙葉学園事件 328／330
平成 21 年 12 月 18 日第二小法廷判決
パナソニックプラズマディスレイ事件 19／41－42
平成 24 年 2 月 29 日東京地裁判決
東芝事件 203－204
平成 25 年 12 月 19 日第一小法廷決定
茨城大学事件 194
平成 26 年 3 月 24 日第二小法廷判決
東芝事件 118－122
平成 27 年 2 月 26 日第一小法廷判決
海遊館事件 189
平成 27 年 6 月 8 日第二小法廷判決
専修大学事件 138－140
平成 28 年 2 月 19 日第二小法廷判決
山梨県民信用組合事件 157－158
平成 28 年 9 月 23 日第二小法廷決定
日本航空事件 20
平成 28 年 10 月 4 日第三小法廷決定
山口県教委事件 241－242
平成 29 年 7 月 27 日第一小法廷決定
専修大学事件 140
平成 29 年 8 月 25 日第三小法廷決定
大阪大学事件 234－235

昭和60年3月7日第一小法廷判決
水道機工事件 271
昭和61年3月13日第一小法廷判決
電電公社帯広局事件 131－133／135－136
昭和61年7月14日第二小法廷判決
東亜ペイント事件 95
昭和61年12月4日第一小法廷判決
日立メディコ事件 41－42
昭和62年2月6日第二小法廷判決
横浜市立中山中学校事件 181
昭和63年9月8日第一小法廷判決
京セラ（旧サイバネット工業）事件 133－134／136
平成元年9月7日第一小法廷判決
香港上海銀行事件 196－197
平成元年12月7日第一小法廷判決
日産自動車村山工場事件 114／271
平成6年7月14日第一小法廷判決
大阪大学事件 22－24／354
平成7年2月28日第三小法廷判決
朝日放送事件 280－281
平成8年2月23日第二小法廷判決
コック食品事件 120
平成9年1月28日第三小法廷判決
改進社事件 120
平成9年2月28日第二小法廷判決
第四銀行事件 252－253
平成10年4月9日第一小法廷判決
片山組事件 111－116／146／257－274
平成12年9月7日第一小法廷判決
みちのく銀行事件 155／245－246

判例・命令索引

1　最高裁判例

昭和30年4月19日第三小法廷判決
農地委員会解散処分事件　180
昭和39年5月27日大法廷判決
富山県立山町事件　59−60
昭和43年12月25日大法廷判決
秋北バス事件　132
昭和47年3月21日第三小法廷判決
（事件名不詳）　180
昭和48年12月12日大法廷判決
三菱樹脂事件　282／287
昭和49年5月30日第一小法廷判決
社会保険審査会事件　109−110／274
昭和49年7月22日第一小法廷判決
東芝柳町工場事件　72
昭和50年4月25日第二小法廷判決
日本食塩製造事件　41
昭和51年7月8日第一小法廷判決
茨石事件　179
昭和52年1月31日第二小法廷判決
高知放送事件　71−72
昭和52年10月25日第三小法廷判決
三共自動車事件　119
昭和53年10月20日第二小法廷判決
鉄道爆破事件　180
昭和54年10月30日第三小法廷判決
国鉄札幌駅事件　268

初　出　一　覧

第１部　現場からみた労働判例 —— 40 Stories

「新・国立大学法人と労働法」第１回〜第 40 回（最終回）
『文部科学教育通信』369 号（平成 27 年８月 10 日号）
〜408 号（平成 29 年３月 27 日号）所収

第２部　重要労働判例とその解説 —— 4 Important Cases

1　片山組事件＝平成 10 年４月９日最高裁第一小法廷判決
『労働判例』738 号（平成 10 年７月 15 日号）所収

2　ＪＲ不採用（北海道）事件＝平成 15 年 12 月 22 日
最高裁第一小法廷判決
『判例評論』549 号（『判例時報』1867 号、平成 16 年
11 月１日号）所収

3　福岡雙葉学園事件＝平成 17 年８月２日福岡高裁判決
『判例評論』573 号（『判例時報』1940 号、平成 18 年
11 月１日号）所収

4　国立病院機構事件＝平成 18 年 12 月 27 日東京地裁判決
『判例評論』587 号（『判例時報』1984 号、平成 20 年
１月１日号）所収

著者紹介　小嶌典明（こじま・のりあき）

昭和 27 年大阪市生まれ。神戸大学法学部卒業。大阪大学名誉教授。同博士（法学）。平成29年4月より、関西外国語大学外国語学部教授。労働法専攻。

小渕内閣から第一次安倍内閣まで、規制改革委員会の参与等として雇用・労働法制の改革に従事するかたわら、法人化の前後を通じて計8年間、国立大学における人事労務の現場で実務に携わる。

最近の主な著作に、『職場の法律は小説より奇なり』（講談社）のほか、『労働市場改革のミッション』（東洋経済新報社）、『国立大学法人と労働法』（ジアース教育新社）、『労働法の「常識」は現場の「非常識」――程良い規制を求めて』（中央経済社）、『労働法改革は現場に学べ！――これからの雇用・労働法制』（労働新聞社）、『法人職員・公務員のための労働法72 話』（ジアース教育新社）、『労働法とその周辺――神は細部に宿り給ふ』（アドバンスニュース出版）、『メモワール労働者派遣法――歴史を知れば、今がわかる』（同前）がある。

法人職員・公務員のための
労働法 判例編

平成30年2月5日　第1版第1刷発行

著　者　小嶌　典明
発行人　加藤　勝博
発行所　株式会社ジアース教育新社
〒101-0054
東京都千代田区神田錦町1-23
宗保第2ビル5階
TEL 03-5282-7183　FAX 03-5282-7892

ISBN978-4-86371-448-9
○定価はカバーに表示してあります。
Printed in Japan